エリア・スタディーズ 104

イスラエルを知るための62章【第2版】

立山良司〔編著〕

明石書店

はじめに

イスラエルのユダヤ人社会の間ではいつも、一体性と多様性という相反する力が作用している。

同じ宗教を信じ、過去の栄光や迫害の歴史など集団的な記憶を共有してきたことは、まったく異なる環境に住む世界各地のユダヤ人に「われわれ」という帰属意識を与えてきた。独立以降、ずっと直面してきた安全保障上の困難さは、ユダヤ系国民の間に強い一体感を生み出してきた。宗教上の理由から兵役が免除されている超正統派（ハレディーム）の若者は別として、ほとんどのユダヤ系国民の若者にとって徴兵に応じることはある種の通過儀礼であり、男女を問わず「国を守る」という意識はかなり強い。祝祭日の多くはユダヤ暦に基づいており、世俗派も宗教派も伝統や習慣を守ろうとしている。学校教育でもユダヤ的な伝統や行事は積極的に取り入れられている。

本書の第Ⅱ部（歴史）で触れているように、イスラエルはもともとユダヤ人の民族主義運動「シオニズム」によって生まれてきたイデオロギー国家だ。シオニズムに対する批判は世界的には非常に強いが、イスラエルの圧倒的多数のユダヤ系国民は濃淡の違いはあってもシオニズムを是として受け入れている。その意味で彼らのほとんどは「シオニスト」であり、シオニズムとユダヤ教ないしユダヤ的伝統を通じて自分たちの一体性を日々確認している。

その一方で、イスラエルのユダヤ人社会は多様だ。第一に同じユダヤ系国民といっても、本人あるいは両親の出身地はさまざまで、背景となっている文化や言語、伝統、習慣などは千差万別だ。1960年代までイスラエルの移民受け入れ政策は「離散ユダヤ人の融合」だった。つまり多様な背景をもつ移民が融合し合い「新しいユダヤ人」に生まれ変わることが、想定され期待されていた。しかし、さまざまな出自をもつ人々が簡単に融合しないことは、同じ移民社会の米国でも実証されている。イスラエルでも1980年代頃からアジア・アフリカ系ユダヤ人（スファラディームないしミズラヒーム）たちが自分たち独自の文化的背景の見直し作業に取り組むなど、エスニック的な「違い」が強調され、時に尊重されるようになっている。

「ユダヤ教徒」イコール「ユダヤ人」といっても、宗教の位置づけや信仰の度合いは個人によって異なっている。その結果、宗教と社会の関係をどう規定するかは独立以前から重大な問題であり、世俗派と宗教派との間で繰り広げられている「聖」と「俗」の対立は近年、ますます拡大している。

こうした構造的な多様性に加えユダヤ人社会ではことのほか、人とは異なる意見や行動が重視される。幼稚園の子どもさえ「ディベート（討論）ごっこ」で遊んでいるし、イスラエル軍でも上官への批判は日常的に行われている。「横並び」や「前例がない」といったことが物事の基準になっている日本社会とは対極にあるといってよい。それだけに科学や芸術分野ではもちろんのこと、経済活動や日常生活でも個性や独自性が追求されている。イスラエルから発信される映画、音楽、舞台芸術などが日本や世界で注目されているのも、個性的な作品が多く生み出されているからだろう。

本書は歴史や政治、安全保障、パレスチナ問題などイスラエルを語るときに通常使われる切り口に加えて、歳時記や人の一生、言語、料理、文学、音楽や映画、メディア、経済などの側面を取り上げ、イスラエルのユダヤ人社会の中で、一体性と多様性という相反する力が作用している状況を浮かび上がらせようと試みた。

イスラエルのクラシック音楽は日本でもかなり知られているが、ミズラヒームの音楽やジャズ・ファンが若者の間でも増えていることはイスラエル国外ではほとんど知られていないだろう。「産めよ育てよ」といった子育て事情や、教育熱心な「ジューイッシュ・マザー」の存在は、イスラエル社会の日常的な光景であり、ユダヤ的伝統に基づいたそれなりの背景をもっている。SNS（ソーシャル・ネットワーキング・サービス）の利用時間が2011年には世界一となったのも、「おしゃべりはイスラエルのナショナル・スポーツ」といわれるほど議論好きな国民性が、新しいメディアの活用にそのまま反映された現代イスラエルの一側面だ。

もちろん、イスラエルはユダヤ人だけのものではない。人口の25%は非ユダヤ人であり、なかでも5人に1人はアラブ系国民（パレスチナ人）だ。パレスチナ問題の一方の当事者である彼らの地位や帰属意識はきわめて複雑である。本書でアラブ系国民の問題を正面から取り上げたのは第60章だけで、決して十分とはいえない。一冊の本としてそれこそ一体性を保持するために、イスラエルのユダヤ人社会に一定程度焦点を絞らざるを得なかったからである。

もちろん、多くの課題やジレンマを抱えているイスラエルのユダヤ人社会のすべてを62章で書き表すことは不可能だ。それでも普段あまり紹介されることのない面を含め、イスラエルのユダヤ人社会のさまざまな顔を知る上で、本書が少しでも役に立てば幸いである。

本書を上梓するにあたっては明石書店編集部の大槻武志氏と小林洋幸氏（故人）に大変お世話になった。特に小林氏には電子版の出版などで、たいへん細かい点まで配慮していただいた。若くして他界された小林氏の冥福をお祈りしたい。また改訂版の出版に際しては、同社編集部の佐藤和久氏に尽力していただいた。執筆者一同を代表し心から感謝の意を表したい。

なお、本書で示された意見や見解は執筆者個人のものであり、執筆者が属する組織の意見や見解を必ずしも反映するものではない。

立山　良司

２０１８年５月

イスラエルを知るための62章【第2版】

目次

Ⅲ　イスラエル歳時記

Ⅶ　文化・芸術・若者／255

※本文中、とくに出所の記載のない写真については、原則として執筆者の撮影・提供による。

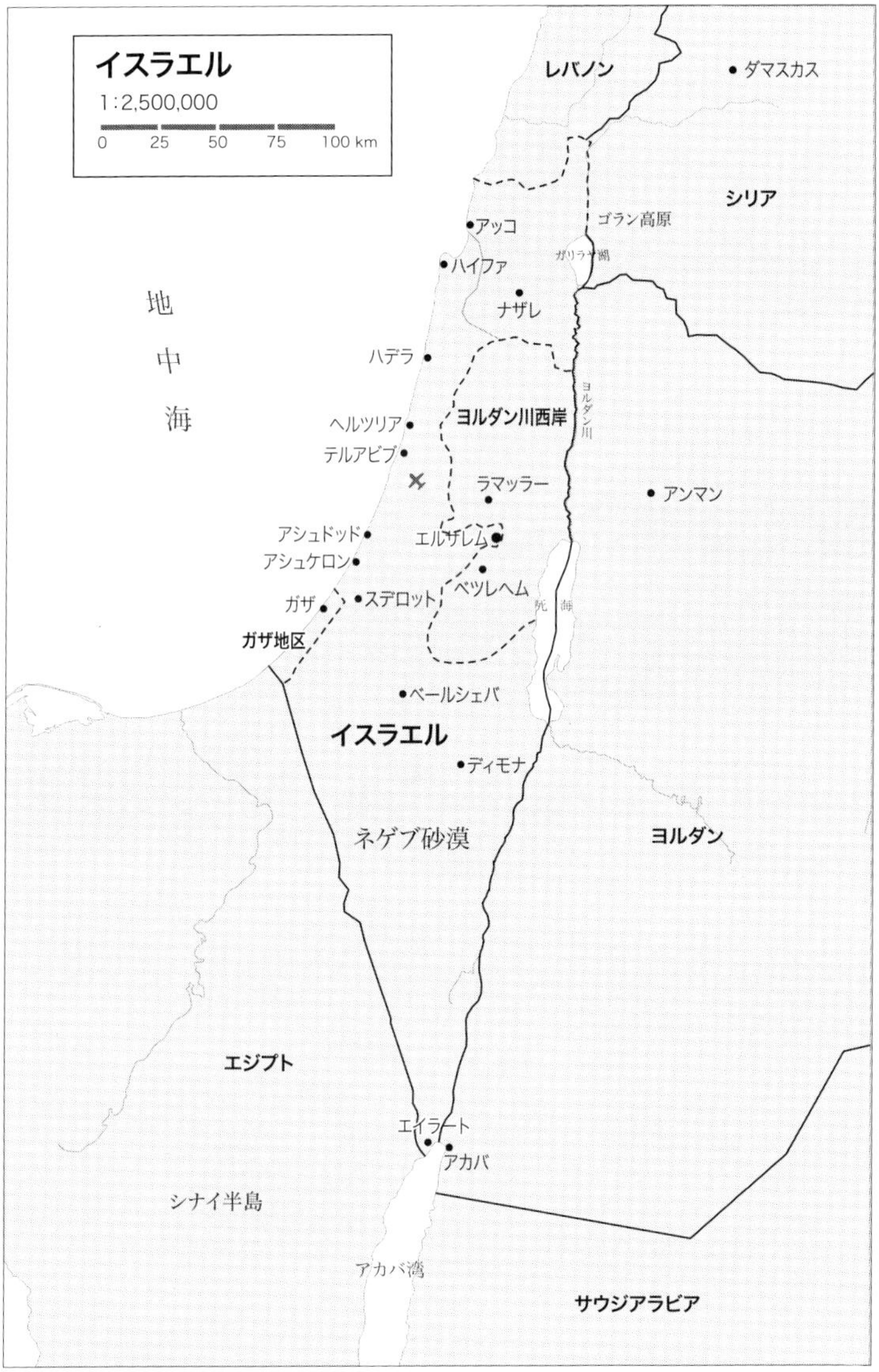

イスラエル
1:2,500,000
0 25 50 75 100 km
レバノン
ダマスカス
シリア
ゴラン高原
ガリラヤ湖
アッコ
ハイファ
ナザレ
地中海
ハデラ
ヨルダン川
ヨルダン川西岸
ヘルツリア
テルアビブ
ラマッラー
アンマン
アシュドッド
エルサレム
アシュケロン
ベツレヘム
ガザ
スデロット
死海
ガザ地区
ベールシェバ
イスラエル
ディモナ
ネゲブ砂漠
ヨルダン
エジプト
エイラート
アカバ
シナイ半島
アカバ湾
サウジアラビア

● イスラエル基本データ ●

独　立	1948年
人　口	884万2000人（2018年4月現在）
面　積	2万2072平方キロメートル（日本の5.8%）
主要言語	ヘブライ語、アラビア語、ロシア語、英語
主要宗教	ユダヤ教、イスラム教、キリスト教
通　貨	シェケル（2018年5月末現在、1シェケル＝30.51円）
1人当たりGDP	4万258ドル（2017年）

● イスラエル国旗 ●

● イスラエル紋章 ●

I

イスラエルという国

1

一瞬も退屈のない国

★波乱と緊張と多様性の中で★

イスラエルについて多くの日本人がもっているイメージには、あまり肯定的なものはないように思える。戦争やテロ、うまくいかない和平交渉、武力の過剰な行使や占領地での入植活動に対する批判、核兵器保有をめぐる問題、イランやハマスとの確執など、マイナス・イメージのリストがどんどん続くからだ。もちろん、強い軍事力とそれを支える先端的な技術、モサドに代表される世界屈指の情報機関といった高い評価もあるだろう。だが、こうしたプラス・イメージも戦争やテロといったマイナス面と裏腹の関係にある。

イスラエル人は自分たちの国をよく「一瞬も退屈のない国」と形容する。実際、1948年に独立して以来、70年のこの国の歴史は波乱に満ちている。周辺アラブ諸国との間では、四回の主要な戦争を勝ち抜いてきた。1973年の第四次中東戦争以来、国家間戦争はなくなったが、イスラエル側が「テロ」と呼び、パレスチナ側が「解放闘争」と呼ぶパレスチナ・ゲリラとの戦いは熾烈を極めた。さらにパレスチナのイスラム組織ハマスや、レバノンのシーア派組織ヒズボラとの大規模な武力衝突も繰り返し起こっている。核開発を進めているイランに対してもイスラエルは警戒感を強めており、イスラエルがイランの核関連施設を攻撃するのではないかとの観測が絶えない。

それだけにイスラエル社会には常に一定の緊張感がある。地中海を見渡せるテルアビブの海岸通りにあるカフェに座ってのんびりしようと思っても、自動小銃を手にした若い兵隊の一団が隣にいたりする。ショッピングモールやホテルの入り口には金属探知機が置いてあり、拳銃をもったガードマンの荷物検査を受けなければならない。空港でのチェックは観光立国でもあるこの国の評判をかなり落としているが、どんなに評判が悪くても緩和されない。「安全」は何ものにも優先されるからだ。

イスラエル中央統計局のデータによれば、２０１８年４月の独立記念日時点での人口は８８４万人であり、そのうち約75％がユダヤ人である（表参照）。その意味でイスラエルを単純に「ユダヤ人国家」と規定することはできない。国民の４人に１人は非ユダヤ人だからだ。

それでもイスラエルが、19世紀後半に起こったユダヤ人の民族主義運動シオニズムに立脚した国であることは事実だ。ユダヤ人の子どもたちが通う学校では、ユダヤ人が迫害されてきた歴史とイスラエル建国の正統性が繰り返し教えられている。祝祭日や国の行事は、基本的にユダヤ暦とシオニズム運動の歴史に基づいている。裏返せば、アラブ系国民は「二級市民」的な扱いを受けることが多い。

表　イスラエルの人口構成（2018年４月現在）

	人　口	割合（％）
ユダヤ人	6,589,000	74.5
アラブ系	1,849,000	20.9
その他	404,000	4.6
合　計	8,842,000	100.0

出所：イスラエル中央統計局

イスラエルはまた全く違った顔ももっている。政治的な意見がさまざまであるように、イスラエルは社会的にも多様な世界だ。

同じユダヤ人といっても、移民社会だけに出身地によって文化的背景は大きく異なる。大きくは欧米系（アシュケナジーム）とアジア・アフリカ系（スファラディーム）に二分されるが、1990年代ごろからスファラディームの一群であるオリエント系（ミズラヒーム）も自己主張を強めている。彼らはみなヘブライ語を話すが、もともとの母語はポーランド語、ルーマニア語、ロシア語、アラビア語、ペルシャ語、トルコ語などさまざまだ。その一方で、「サブラ」と呼ばれるイスラエル生まれのユダヤ人も増えている。

イスラエルではユダヤ人を法的に、ユダヤ教を信じているか、母親がユダヤ人である者と定義している。この定義からもわかるように、「ユダヤ人」という場合、宗教と民族の二つの側面をもっている。この二つの側面は個人や集団のレベルで異なるアイデンティティを作り出している。たとえば、「自分はユダヤ人だが、宗教的には無神論だ」と民族性だけを強調する完全に非宗教的なユダヤ人もいれば、非常に熱心な正統派ユダヤ教徒でシオニズムを否定している非民族的な集団も存在している。

全体的にみれば世俗的なユダヤ人が多数派で一般的だが、宗教的なユダヤ人も「子沢山」を背景にじわじわと存在感を増している。彼ら宗教派は「豚肉を食べてはいけない」「安息日にはいっさい労働をしてはならない」といったユダヤ教の戒律を、個人だけでなく社会全体で守るべきだと主張しており、「宗教は個人の問題」と考えている世俗派の反発を買っている。

近年のイスラエル社会でもう一つの顕著な政治的な流れは、民族主義的な傾向が強まっていることだ。社会が全体的に右傾化を強めている背景の一つは、パレスチナ側との和平プロセスが行き詰まっていることと関係している。イスラエルはパレスチナ解放機構（PLO）と1993年に暫定自治合意（オスロ合意）を結び、和平プロセスを本格化させた。しかし、それからすでに25年がたっているが、対立はまったく解消されていない。和平プロセスの失敗はイスラエル側にもパレスチナ側にも大きな失望感や傷跡を残している。イスラエルでは自分たちの安全が確保されていないという意識が強まり、そのことが宗教化とあいまって右傾化を促進している。

イスラエルは文化面でも多様性に富んでいる。もともとユダヤ人は日本人とは正反対で、自己主張が強い。小学生の集まりをみていても、誰も「前へならえ」や「右へならえ」などしようとしない。議論が大好きで、子どもの頃からディベートごっこを楽しんでいたりする。こうした気質に加えて出身地や母語、さらに宗教的か否かなどの違いがミックスされ、文化の分野でも強烈な個性が花開いている。

クラシック音楽の世界では、イスラエル・フィルハーモニー管弦楽団は日本でもかなりおなじみの存在で、演奏家の来日も多い。また最近、元気なのがイスラエルの映画産業だ。『戦場でワルツを』や『シリアの花嫁』『ミラル』『運命は踊る』などのイスラエル映画が日本でも紹介され好評を博している。日本人科学者11人がウルフ賞を受賞し、そのうち四人はその後ノーベル賞に輝いた。村上春樹の本がイスラエルでブームになっているといった現象もある。アニメに代表される日本のサブカルチャーも、イスラエルの若者の支持を得ているようだ。

規制緩和や民営化などの自由化が推進された1990年代以降、経済も好調で、国際通貨基金（I

MF）によれば2017年の一人当たり国内総生産（名目）は4万258ドルと日本を上回っていて、世界で20番目につけている。これだけ戦争やテロに直面しながらも、豊かな経済を実現していることは驚きだ。基幹産業である農業をはじめ、多くの産業がハイテクを使った世界の最先端を走っているか目指しているからだろう。イスラエルの先端技術は日本にもかなり取り入れられている。

ただ規制緩和や市場優先といった新自由主義的な政策に基づく経済発展が多くの国で貧富の差を拡大しているように、イスラエルもまた格差の問題に直面している。シオニズム主流派は社会主義的な色彩が強く平等を重視した。しかしこの20年ほどの間に一部の豊かな層と、多数の貧しい層とのギャップが広がっている。

イスラエルを取り囲む外部環境も大きく変化している。2011年にはアラブ諸国で、「アラブの春」と呼ばれた政治変動が相次いだ。特に隣国シリアでは7年以上にわたり内戦が続いている。一時劣勢に立たされていたバッシャール・アサド政権側は2017年までに優位を取り戻した。しかしこの間に、イスラエルが「実存的な脅威」とみなすイランがシリアで軍事的なプレゼンスを確立した。イランの影響力拡大やイスラム過激主義の蔓延の結果、イスラエルとサウジアラビアが接近するなど、イスラエルとアラブ諸国の関係に変化が生じている。だが、パレスチナ問題解決の糸口はみえない。2018年に独立70周年を祝ったイスラエルは、繁栄を謳歌する一方で、激動する中東の中で新たな懸念や脅威にも直面している。

（立山良司）

2

自然と気候

★「肥沃なる三日月地帯」の南端★

聖書の「ヨシュア記」などは、現在のイスラエルやパレスチナを「乳と蜜の流れる地」と表現している。だが実際に行ってみると、イメージとはかなり違う。乾季が本格化する5月頃からは自然の草花もほとんどドライフラワーとなり、「乳と蜜の流れる地」という表現に首をかしげたくなる。

それでも雨季も終わりに近づいた2月から4月初めにかけては、アネモネやシクラメン、タチアオイなどが一斉に咲く。ガリラヤ湖を臨む北部の丘陵地帯一面を春菊の黄色が彩っているさまは、目にも鮮やかだ。テルアビブなどの生垣にはブーゲンビリアやハイビスカスもよくみかける。さらにオリーブやブドウ、ナツメヤシ、ザクロなどがたわわに実をつけているのをみると、やはりこの地域は「肥沃な三日月地帯」の一部なのだと再認識できる。

この地域はかつて、多くの動物の宝庫でもあった。聖書の時代にはヒョウやライオンもいたようだ。数十年前までエルサレムでは朝起きて靴を履く前に、必ず逆さにしてサソリが入っていないかチェックしたといわれる。しかし乱獲や開発の結果、自然環境も大きく変わり、エルサレムやテルアビブなどで野生

ヨルダン地溝帯に生息する野生のヤギ

の動物をみかけることはまずない。すでに絶滅したり絶滅が危惧されている哺乳類や両生類も多い。それでも南部の砂漠地帯やヨルダン地溝帯には野生の動物が生息しており、アイベックス（野生のヤギ）やオリックスをみかけることもある。

イスラエル政府のデータによれば、イスラエルの全面積は２万２０７２平方キロメートルで、日本のわずか６％ほどでしかない。この面積にはイスラエルが１９６７年の第三次中東戦争で占領しその後、併合したとしている東エルサレムとゴラン高原が含まれている。これとは別にイスラエルはやはり第三次中東戦争以来、ヨルダン川西岸とガザ地区を占領下に置いている。かつてはシナイ半島も占領していたが、１９７９年に結ばれた平和条約に基づきエジプトに返還された。

イスラエルは大体三つの地域に分けられる。北部はガリラヤ湖から地中海岸にかけて広がる丘陵地帯で、標高５００メートルを超す小高い丘が点在している。この地域にはアラブ系国民の居住地域も多い。中央部はハイファからアシュケロンまで続く地中海に面した海岸地帯だ。全人口の60％以上が集中し、テルアビブを中心にイスラエル経済の中核となっている。この二つの地域は基本的に地中海気候で、４月頃から10月頃までが夏の乾季、11月頃から３月頃までが冬の雨季だ。花が咲く頃は春を感じられるが、秋はあまり感じられない。ネゲブ砂漠からアカバ湾にまで続く南部は荒野が続く乾燥地帯で、年間を通じほとんど雨が降らず、風景も北部や中部とはまったく違う。ネゲブ砂漠の中央部には、グランドキャニオンのような深く切れ込んだ巨大なクレーターもある。

中東というと暑いというイメージが強い。しかし、標高約800メートルのエルサレムでは8月に最高気温が30度を超すこともあるが、乾燥していることもあり意外に涼しい。特に日が陰ると夏でも長袖が欲しくなるほどだ。冬はかなり冷え込み、雪が降ることもある。坂道が多いエルサレムで雪が降ると多くの車が立ち往生し、町は大混乱に陥ってしまう。ただ地球温暖化の影響か、最近は降雪が減っているといわれる。テルアビブの気温もエルサレムとさほど変わらないが、地中海に面している分、夏は湿度が高くクーラーが必要になる。南部の砂漠地帯は非常に暑く、最も南のアカバ湾に面したエイラートでは8月に40度を超えることもある。

いつもにぎわっているテルアビブのビーチ（樋口陽子撮影）

ゴラン高原北部などを源流とするヨルダン川は、いったんガリラヤ湖に流れ込み、さらに約100キロメートル南にある死海で終わる。このヨルダン渓谷から死海を抜けアカバ湾に至る谷は、地球上の二つのプレートの裂け目に位置する地溝帯だ。標高はほとんどマイナスで、中でも死海は世界で最も低い場所である。死海の南西約4分の1はイスラエル領である。

イスラエルは南北に長く、最も北の町メトゥーラから南端のエイラートまでは約400キロメートルあるが、東西は最も広いところでも100キロメートル程度しかない。ヨルダン川西岸が西側に最も大きく張り出しているテルアビブの北側の海岸地帯では、休戦ライン（グリーン・ライン、第7章参照）と地中海との間はわずか20キロメートルほどしかない。その分、イスラエルには戦略的縦深性がない、つまり懐が浅いために、東側から攻撃されると南北に分断される危険があるとして、安全保障上の観点から西岸を手放すべきでないといった主張もかなりある。

イスラエルの年間降水量は少なく、テルアビブやエルサレムでは500ミリほどしかない。南部のエイラートはわずか31ミリだ。それだけにヨルダン川とガリラヤ湖は貴重な水源だ。ただヨルダン川水系に依存しているのはイスラエルだけではなく、シリア、ヨルダン、さらにパレスチナも依存している。問題は関係国間に同水系の水配分に関する包括的な合意がないことだ。流域の取水量の増加で死海に流れ込むヨルダン川の水量は減少しており、すでに1950年代から蒸発量が流入量を上回っている。このためもともと世界で最も低い場所にある死海の水位はますます減少しており、2016年12月現在でマイナス431メートルと、この50年間で40メートル近くも低下した。湖面も大幅に縮小しており、南側はほぼ干上がってしまった。

ヨルダン川の上流に位置するゴラン高原は安全保障上はもちろんのこと、水資源確保のうえでも非常に重要だ。西岸もまた同様に安全保障面だけでなく、水資源確保にとって重要な役割を果たしている。この地域では雨季に地中海方面から吹く湿った西風が西岸中央部を南北に走っている標高1000メートル程度の山にぶつかり雨をもたらす。雨は西岸地下の水盆にたまり標高の低い海岸地帯、つまりイスラエル方面に地下水脈となって流れてくる。ヨルダン川水系とともにこの地下水もイスラエルにとって貴重な水資源だ。そのためイスラエルは西岸におけるパレスチナ人の地下水汲み上げを厳しくコントロールするとともに、将来もし西岸を手放すとしても、地下水の流れに影響を与える地域は確保し続けるという構想をもっている。こうした構想にパレスチナ側は、もちろん強く反発している。

イスラエルは石油などのエネルギー資源をほとんど保有しておらず、大半を輸入に頼ってきた。しかし米国地質調査所は2010年に東地中海に位置するレバント堆積盆地内に相当量の天然ガスと石油があるとの推定を発表し、海底ガス田が注目を浴びている。イスラエルはすでにハイファ沖で「タマル」と「レビアタン（リバイアサン）」という大規模な二つのガス田を発見している。この結果、確認埋蔵量は6・4兆立法フィートに上り、発電用燃料の半分を占めるなど国内で天然ガス消費量は急速に伸びている。また2017年にはヨルダンへの輸出を開始し、2018年初めにはエジプトへの輸出契約を結ぶなど、イスラエルは天然ガス輸入国から輸出国へと変身しつつある。しかしレバノンとの間では、両ガス田が自国の排他的経済圏（EEZ）内にあるかをめぐり対立が続いている。

米国などで生産が急増しているシェール石油に関しても、世界エネルギー協議会が2010年に、約40億バレルの石油を抽出可能なシェール層があるとの推定を発表した。これが正しければ、イスラエルの石油消費量の約40年分にあたる膨大な量だ。イスラエル中央部、および占領下にあるゴラン高原で開発の試みが行われているが、抽出には大量の水が必要など環境問題を引き起こすとの指摘もある。

（立山良司）

コラム1

世界のユダヤ人とイスラエル

鴨志田聡子

月並みな質問であるが、「ユダヤ人」と聞いてまず思い出すのはどんな人だろうか。アインシュタインや、スティーヴン・スピルバーグ、それともマーク・ザッカーバーグだろうか。その中に建国されて約七十年しか経っていないイスラエルという国に長い間住んでいる、または住んでいたユダヤ人はどれだけいるだろうか。

世界のユダヤ人の人口は1441万700人である。表（ユダヤ人の人口動態研究で有名なヘブライ大学教授セルジオ・デラペルゴラの調査）にあるように、そのうちイスラエルにおけるユダヤ人の人口は633万6400人で、全体の44％だ。残りの807万4300人はイスラエル以外の国に住んでいる。

米国、フランス、カナダ、英国など、さまざまな国に分布している。ただし、イスラエルと米国に全ユダヤ人の約84％が集中している。

また同じくデラペルゴラの都市別人口の調査（2016年）によれば、最も人口が多いのがテルアビブだ。全世界のユダヤ人の23・6％（340万人）がここに住んでいる。次いでニューヨークが14・9％（215万人）、エルサレムが6％（86万5000人）、ロサンゼルスが4・8％（68万6000人）、ハイファが4・3％（62万5000人）である（いずれの都市人口も周辺の衛星都市・地域を含む）。イスラエルと米国の五つの都市に全世界の半分以上のユダヤ人が集中している。

筆者が2006年に初めてイスラエルに行ったときに驚いたことの一つは、そこに世界中から集まってきたいろいろなユダヤ人たちが住んでいることである。イディッシュ語という東欧出身のユダヤ人が話す言語について調査していたため、イスラエルに行く前は、東欧出身のユ

コラム1

世界のユダヤ人とイスラエル

表　ユダヤ人人口の多い国ベスト10（2016年）

順位	国　名	ユダヤ人の人口（人）	世界のユダヤ人の総人口に占める割合（%）	国の総人口（人）	国の人口千人あたりのユダヤ人の人口（人）
1	イスラエル	6,336,400	44.0	8,464,100	748.6
2	米　国	5,700,000	39.5	321,200,000	17.7
3	フランス	460,000	3.2	64,340,000	7.1
4	カナダ	388,000	2.7	35,800,000	10.8
5	英　国	290,000	2.0	65,300,000	4.4
6	アルゼンチン	180,700	1.3	42,400,000	4.3
7	ロシア	179,500	1.2	144,300,000	1.2
8	ドイツ	117,000	0.8	81,100,000	1.4
9	オーストラリア	113,000	0.8	23,900,000	4.7
10	ブラジル	94,200	0.7	204,500,000	0.5

注：* 東エルサレム、ヨルダン川西岸、ゴラン高原のユダヤ人住民を含む。
出所：Sergio Della Pergola (2017), *World Jewish Population, 2016*, Table 4, 5 (pp.23-24) を筆者編集。

ダヤ人に会う機会が圧倒的に多かった。誤解を恐れずにいえば、彼らのほとんどは肌の色が比較的白く、いわゆる「アシュケナジーム」として連想される西欧風のいでたちであった。しかしイスラエルには、ヨーロッパ、中東、アフリカ、そしてアジア出身のユダヤ人が住んでいる。多種多様なユダヤ人がいるためか、髪と目が黒く、見るからに東アジア出身の筆者でも、しばしば「ユダヤ人か？」と聞かれた。実際に中国やインドから来たという、日本人とそれほど見た目が変わらないユダヤ人もいる。

1年半エルサレムに住んで、世界中に住んでいるユダヤ人が、家族や友人に会うためにしばしばイスラエルを訪ねてきているということを知った。どこに住んでいるユダヤ人でも、その人の家族や知人友人の誰かしらがイスラエルに住んでいる。エルサレムの知人の家には、ヨーロッパや南米からいろいろな人たちが泊まりに来ていた。エルサレムの街中でも、図書館でも、突然イディッシュ界の有名人をみかけることが多々あった。「ここにいれば、自分が移動しなくてもいろいろな人に会えるんだな」と思った。

ところでユダヤ人の別れの挨拶の一つに「来年はエルサレムで！」というのがある。これはイスラエル建国前から長年使われてきたフレーズである。文字通り、今度は「離散先」ではなく、エルサレムで会おうという意味だ。筆者はこの挨拶を聞くたびに、大事な人といつも一緒にいられるわけではないのだと切なくなる。しかし、どこにいても心と心はつながっており、身体という物理的なものが一緒にいなくてもまあいいんだろうなと思う。離れて暮らしているからこそ強くなるユダヤ人同士のネットワークも感じる。

II

歴　史

3

シオニズム

★ユダヤ人ナショナリズムの三つの流れ★

「シオニズムはパレスチナの地に、公的に認められ、法的に保障されたユダヤ人のためのホームランドの創設を追求する」――1897年8月、スイスのバーゼルで開かれた第一回シオニスト会議は、シオニズムの目標をこのように設定したバーゼル綱領を採択し、シオニスト機構（後の世界シオニスト機構）の設立を決めた。シオニズム運動が本格的に始動した瞬間だった。

自分たちのホームランドをパレスチナに作ろうとするユダヤ人の民族主義思想や運動を最初に「シオニズム」と呼んだのは、ウィーン在住のユダヤ人ジャーナリスト、ナタン・ビルンバウムで、1890年のことだった。エルサレムには古来「シオンの丘」と呼ばれる場所があり、それがそのままエルサレムを意味することもあった。ビルンバウムは「シオンの地」、つまり「イスラエルの地（エレッ・イスラエル）」に自分たちの国を作る、という思いを込めて、この運動をシオニズムと呼んだのだろう。

それ以前にも東欧を中心に各地のユダヤ人コミュニティで、シオニズムの萌芽がみられた。たとえば1882年にロシア（現在はウクライナ）の大学生十数人が「我々が求めるものは、自分たちの国の中に自分たちの家をもつことである」と宣言し、オ

1897年、スイスのバーゼルで開かれた第1回シオニスト会議。演壇中央の人物がヘルツル（駐日イスラエル大使館広報室提供）

スマン帝国の一角だったパレスチナの地へ移住した。

各地でばらばらに進められていたシオニズム運動を一つの政治運動として統合したのが、テオドール・ヘルツルだった。特派員としてパリに駐在していたヘルツルは1894年、ドレフュス事件に遭遇した。ユダヤ人の砲兵大尉ドレフュスが軍の機密漏洩疑惑で、十分な証拠もないまま有罪とされた事件である。後の再審でドレフュスは無罪を勝ち取ったが、事件の背後にあった根深い反ユダヤ主義は、それまで同化主義者だったヘルツルを一転させた。彼は1896年、小冊子『ユダヤ人国家』を刊行し、ユダヤ人国家建設の必要性を訴え、さらにバーゼルで第一回シオニスト会議を開催したのである。

ヘルツルは1904年に死去したが、シオニズム運動は1917年に大きな成果をあげた。第一次世界大戦でドイツとオーストリアを中軸とする同盟国側についたオスマン帝国の広大な領土、特に東アラブ地域を戦後、どのように分割・処理するかは協商国側の中心だった英国とフランスの重大な関心事項だった。

当時、英国のマンチェスター大学で化学を教えていたハイム・ワイツマン（後の初代イスラエル大統領）らシオニズム指導者は、「スエズ運河は英国にとって死活的な重要性をもっている。戦後、パレスチナに親英、親西欧的なユダヤ人国家ができれば、スエズ運河に対する東アジア方面からの脅威に対する有効な障害になる」と英国政府に働きかけた。彼らの工作が奏功したのがバルフォア宣言である。英外相バルフォアがロスチャイルド卿に宛てた書簡で、英国政府は「パレスチナにユダヤ人のナショナル・ホームを設立することを支持し、この目的達成のため最善の努力をする」とシオニズム運動への支持を明言したのである。

〝三枚舌外交〟といわれるように、戦争終了後の東アラブ地域の処理について英国が約束したのは、バルフォア宣言だけではない。フランスとは東アラブ地域のほぼ北半分をフランスが、南半分を英国がそれぞれの管理下か影響下に置くことを約束した（サイクス・ピコ協定）。さらに、メッカの太守フセインに対しては、オスマン帝国に反旗を翻すならば戦後、アラブの独立王国を建国すると確約していた（フセイン・マクマホン往復書簡）。

第一次世界大戦後の東アラブは結局、サイクス・ピコ協定におおむね沿う形で、英国とフランスに分割された。つまり現在のシリアとレバノンはフランスの、イラクとヨルダン（当時はトランス・ヨルダン）、パレスチナは英国の委任統治領になったのである。英国の委任統治領のうちイラクとヨルダンは1920年代に英国の保護下で国家となり、パレスチナ地域だけが委任統治領として残った。

そのパレスチナ地域で、シオニズム運動はユダヤ人の移住や土地の購入、ユダヤ人コミュニティ作りなどを推進した。しかし、「土地なき民に、民なき土地を」というシオニズム運動のスローガンは事実と全くかけ離れていた。パレスチナには当然、パレスチナ・アラブ人が連綿と住み続け、彼らの社会をしっかり築いていたのである。その結果、二つのコミュニティは次第に対立を深めていった。

ところでシオニズムには三つの大きな流れがある。一つは労働シオニズムで、名称が示しているように、労働を重んじ、社会主義的色彩を帯びている。さらにディアスポラ（離散）を根無し草状態ととらえ、それへのアンチテーゼの意味あいもあり、土地に回帰して農業を営むといった発想が強かった。土地への回帰思想を実践したのが、キブツである（第23章参照）。労働シオニズムは長い間、シオニズム運動の主流であり、その中核政党は労働党だった。しかし、イスラエル社会が多様化しはじめた１９７０年代頃から次第に弱体化し、労働党自身は今やイスラエル政界で脇役になってしまった。

二つ目の流れは「修正シオニズム」と呼ばれる右派の潮流である。修正シオニストたちは、土地をめぐる民族同士の争いは力で解決するしかないという考えで、政治的な決着を重視したシオニズム主流派の方針を「修正する」との立場から、この名称をもっている。力を信奉しているという意味で現実主義的にみえるが、その反面、底流にはある種の楽観論が横たわっている。力を行使し続ければ、パレスチナ人はいずれ抵抗を止めおとなしくなる、というかなり身勝手な楽観論だ。修正シオニズムを代表する政党は現在リクードであり、他の右派政党もこの流れを引いている。

第三の流れは宗教シオニズムである。第４章で述べるように、民族主義であるシオニズムは本来、世俗的な運動であり宗教運動ではない。しかし宗教シオニストは、「イスラエルの地」に帰還しユダヤ人国家を作ることは、神による救済、つまり救世主（メシア）が来ることを早めることになるという宗教的視点でシオニズムをとらえている。たとえばヒルシュ・カリッシャーというラビは、シオニズムという名称が生まれる30年近く前の1862年にその著『シオンを求めて』で、「もし我々がイスラエルの土地で働けば、神は我々の労働を祝福し、我々は豊かな収穫を上げ、エジプトや他の周辺国から穀物を輸入する必要もなくなる。何ものにもまして（聖なる地での）ユダヤ人の営農こそがメシアによる救済に拍車をかけることになる」という趣旨のことを書いている。宗教シオニズムの流れは少数派だが、国家宗教党（現在は「ユダヤの家」）に引き継がれ、入植活動を活発に行っている。

現在、イスラエルは右傾化している（第25章参照）。その背景は、修正シオニズムと宗教シオニズムの二つが、労働シオニズムに代わり主流になっているからである。

（立山良司）

コラム2

「近代シオニズムの父」ヘルツル

鴨志田聡子

テオドール・ヘルツル（ベンヤミン・ゼエヴ・ヘルツル）は、政治シオニズムを先導した人物である。当時西欧のユダヤ人たちはユダヤ教を維持しながらそれぞれの国家で同化を進めていた。しかしヘルツルは19世紀末から、ユダヤ人は一つの民族として自分たちの国家を建設するべきだという考えを打ち出した。その後、世界シオニスト会議を組織し、ユダヤ人の国民国家建設に向けての運動を先導したヘルツルは、イスラエルでは「近代シオニズムの父」と称賛されている。

彼は1860年に当時オーストリア帝国内だったブダペストで生まれた。ウィーンに移り大学では法律を学んだが、文章を書くのが好きでジャーナリストとなった。1891年から『新自由新聞』（ノイエ・フライエ・プレッセ）の特派員としてパリに住み、そこで反ユダヤ主義を目の当たりにし、シオニズムの思想をもつようになる。特に1894年に起こった、ユダヤ人アルフレド・ドレフュス大尉に対する軍事機密漏洩疑惑事件はその決定的な出来事となった。そして彼は1896年に小冊子『ユダヤ人国家』を出版し、世界各地のユダヤ人を取り巻く問題の解決のためにユダヤ人も自らの国家を建設する必要があることを記した。

ヘルツルは『ユダヤ人国家』の冒頭で、国家建設は「ユートピア」への「幻想」ではなく、実現可能なものだと強調している。さらに、「ユダヤ人国家は世界的な要請なのであり、したがってそれは成立するであろう」「もしも多くのユダヤ人が同時に賛同するならば、それは完全に理に適ったこととなり（中略）困難は何も生じないであろう」と述べている。ユダヤ人国家の建設については、18世紀末にナポレオンが、19世紀後半からはナタン・ビルンバウムをはじめとしたユダヤ人らがすでに言及していたが（第3章参照）、長年実現されてこなかった。ヘルツルは、これを現実のものとするためには、ユダヤ人自らがこの思想を受け入れ、団結して立ち上がる必要があると考えた。

しかしユダヤ人の賛同を得るのが難しかった。翌1897年には、ヘルツルが中心となり第一回シオニスト会議をスイスのバーゼルで開いたが、この開催地選びの段階からひと悶着あった。もともと会議の候補地はミュンヘンであったが、地元に同化し、ヘルツルたちの思想を受け入れ難かった地元のユダヤ人の激しい反発にあい、そこでは開催できなかったのである。とはいえ、この会議には中東欧、ロシアを中心に超正統派から無神論者まで200人ほどのユダヤ人代表者が集まったらしく、聴衆の中にはユダヤ人以外も多くいたという。

ヘルツルは『ユダヤ人国家』出版後も生活のために『新自由新聞』への執筆を続けつつ、ウィーンでドイツ語のシオニズム週刊誌『世界』（ディ・ヴェルト）を刊行した。この間、彼は、オスマン帝国にパレスチナへのユダヤ人大量移入を打診したが失敗した。そして第六回シオニスト会議では、英国領ウガンダにユダヤ人国家を建設することを提案し大反発にあった。

ヘルツルはユダヤ人国家をみぬまま、1904年に44歳のときオーストリアのウィーン近郊の町でこの世を去った。遺体はいったんウィーンに埋葬された。だがヘルツルは、いずれユダヤ人の国家ができたら、そこに自分の遺体を運んで埋葬し直してほしいという遺言を残した。イスラエル建国後の1949年、その遺体は彼にちなんで名づけられたヘルツルの丘に埋葬された。

4

宗教共同体から民族共同体へ

★ヨーロッパ近代がもたらした新たな潮流★

フランス革命とそれに続くナポレオンの台頭で幕を開けた19世紀は、まさに変革の時代だった。旧秩序が崩壊し、新しい道徳や思想、制度が作られていった。そんななかにあって、ヨーロッパに住むユダヤ教徒（人）にも二つの大きな時代の波が押し寄せた。「ユダヤ解放」と民族主義の高まりである。

中世キリスト教社会で、ユダヤ教徒は「キリスト殺し」として、さらにキリストの恩寵を拒否するものとして、さまざまな迫害や差別を受けていた。「ゲットー」と呼ばれる、壁で囲まれたユダヤ居住地区に強制的に住まわされ、職業も制限された。こうした状況を大きく変えたのはフランス革命だった。自由と平等を謳った新しいフランスでは、宗教上の差別制度はなくなり、ユダヤ教徒もキリスト教徒と同じ市民権を享受できるようになったのである。このユダヤ解放の波はナポレオンの大陸征服とともに拡大した。

その後の揺り戻しはあるのだが、一度動き出した歴史の歯車を逆転させることはできない。19世紀末までには、ロシアなどを除くヨーロッパのほとんどで、ユダヤ教徒は制度的には解放された。ユダヤ教徒は居住や職業選択の自由を享受し、大学入学や議会への立候補の権利を認められるようになった。ゲットーの壁はなくなり、自由に外に住み活動できるようになったのである。

その一方で、19世紀は民族主義の時代だった。ヨーロッパでは数百年かけて領邦や都市国家などの小さな政治単位が統合され、19世紀にはほぼ現在の領域をもつ新しい主権国家に生まれ変わった。しかし、1870年に統一されたイタリアの最初の議会で、指導者の一人が「我々はイタリアを作った。これからイタリア人を作る必要がある」と演説したように、「国民」という集団がすぐに誕生したわけではない。そのため民族主義が大いに活用され、民族意識が鼓舞された。その結果、どの民族、つまりどの国民に帰属しているかは、集団にとっても個人にとっても決定的な問題になったのである。

この二つの変化に直面し、ヨーロッパに住むユダヤ教徒たちの対応はいくつかに分かれた。多くは自分たちを「ドイツ人だ」「フランス人だ」と意識し、それぞれの住んでいる国に溶け込んでいく同化のプロセスを歩んだ。「近代シオニズムの父」と呼ばれるテオドール・ヘルツルもパリでドレフュス事件に遭遇するまでは、「ユダヤ解放」を信じた同化主義者だった。

あるいは自分たちはあくまで「ユダヤ教という宗教共同体の一員である」という宗教的な帰属意識を前面に押し出し、ユダヤ教の信仰と戒律を守り続けるという集団もいた。超正統派（ハレディーム）と呼ばれるこの集団は今でも、エルサレムやニューヨークでよくみかける。彼らはある意味で近代を拒否したのであり、19世紀で時計を止めてしまった。だからこそ超正統派の男性は現在も、フロックコートのような19世紀ヨーロッパの服装をそのまま引き継いでいる。その意味では、同じように近代を拒否したキリスト教のアーミッシュに通じるところがある。

そうではなく「自分たちは宗教共同体であるだけにとどまらず、民族共同体だ」と考えた人々もいた。ナタン・ビルンバウムによって「シオニズム」と名づけられたユダヤ人の民族運動を奉じた人々、つまりシオニストである。彼らはユダヤ人の共同体が民族共同体である以上、「自分たちの国家を造るべきである」と主張し、パレスチナにおけるユダヤ人国家建設に力を注ぎこんだ。

しかし、シオニズムの担い手たちは当初から、普通の民族主義運動とは違う問題を抱えていた。通常の民族運動では、ある特定の地域に住んでいる相当数の人間集団に対し、共通する歴史や言語、習慣、さらに宗教などを使って、民族という新しい共同体への帰属意識を刷り込み、政治的な主体（最終的には国家）を作り上げようとする。その際、彼らが頻繁に利用するのは、その集団が集団としてもっている栄光や悲劇など「共通の記憶」である。ユダヤ人も、古代ユダヤ王国の繁栄やローマ帝国によるエルサレムの神殿破壊、その後の苦難の歴史など、栄光や悲劇にまつわる共通の記憶は事欠かない。

他方でユダヤ人は、一定のまとまった地域に住んでいたわけではなく、「自分たちの領土」といえる土地をもっていなかった。この結果、シオニズム指導者たちは初めから三つの難題を克服しなければならなかった。ばらばらな地域に住み言語や習慣もかなり違うユダヤ教徒に「自分たちは宗教集団にとどまらず、民族集団を形成している」という新しい帰属意識を植え付け、かつ「自分たちの土地」と主張できる領域を確保し、そこにユダヤ人を移民させ定着させるという三つの難題である。

この三つの難題を乗り越えるためにシオニズム指導者が使ったシンボルがユダヤ教のさまざまな伝統や祭具などだった。特にパレスチナへの移民は世俗的なユダヤ人にとっても、「イスラエルの地へ帰還する」という特別な意味をもっている。歴史家のウォルター・ラカーが「シオニズムは宗教的神秘性の世俗的形態」と規定したように、民族主義運動であるシオニズムは宗教共同体を民族共同体という非宗教的集団に転換しようと試みると同時に、そのために宗教的なシンボルを活用したのである。

こうしてシオニストたちはパレスチナに新しい民族共同体を作るためさまざまな努力をした。各地から来たユダヤ人移民の共通の言葉として、ヘブライ語を現代語に作り直し復活させた。土地を購入するための基金を作り、自分たちの金融システムや労働市場を発展させ、学校教育などを行った。

しかし彼らの努力は、決してうまくいったわけではない。彼らの呼びかけに応じてパレスチナに移民したユダヤ人数は、ロシアの若者が移民をした１８８２年からイスラエルの独立が宣言された１９４８年５月までの66年間に55万人だった。１９３０年当時の世界のユダヤ人人口が推定約１６００万人だから、わずか３％程度でしかない。しかも、ほぼ同じ時期の１８８０年から１９４５年の間に、米国へ移民したユダヤ人人口は２４０万人とパレスチナへの移民よりはるかに多い。多くのユダヤ人にとって、マラリアの危険が残る「未開」のパレスチナよりも、米国が「約束の地」だったのである。それ以上に彼らはシオニズムに無関心で、なかには敵意をもつ者さえいた。こうした無関心や敵意が支持に変わる根本的原因がナチによるホロコーストだったことは、歴史の皮肉である。

他方、もともとパレスチナに住んでいたパレスチナ・アラブ人（現在は一般的にパレスチナ人と呼ばれる）からみれば、シオニズムは侵略活動であり、ヨーロッパ帝国主義の手先だった。パレスチナ・アラブ人のユダヤ人移民への反発は19世紀末には早くも表面化し、その後、二つのコミュニティの間ではさまざまな対立や衝突が続き、現在にいたっている。

（立山良司）

5

パレスチナへの移民の波

★ユダヤ人社会の誕生とアラブ系住民との軋轢★

「イスラエルの地」へ移住することをアリヤーという。ヘブライ語で「上る」を意味し、古代、エジプトやユーラシア大陸の都市からユダヤの地に来る意味で使われたものだが、現代でも使われている。オスマン帝国が支配していた時代、パレスチナには、昔から住んでいたユダヤ人や、ユダヤ教を学ぶために来た移住者がアラブ人とともに暮らしていた。そこへシオニズムの勃興に伴い、19世紀末から1948年までに、主にヨーロッパから約55万人のユダヤ人が移住し、後のイスラエル国家の基盤を築いていった。それは同時に、もともと住んでいたアラブ系住民との軋轢が拡大していくプロセスでもあった。

ヨーロッパからは5回の大きなアリヤーがあり、第一次、第二次などと呼ばれている（次頁表参照）。しかし、ユダヤ人の移住先はパレスチナだけでなく、むしろ米国や他のヨーロッパ諸国、南米などへ向かう者の方が多かった。また、パレスチナに移民しても、過酷な環境や風土に馴染めず去る者も相当数いた。「約束の地」といっても、現実ははるかに厳しかったのである。

当初移民活動の中心となったのは、1880年代に現在のウクライナ地方で結成されたホヴェヴェイ・ツィオン（Hovevei

表　パレスチナへのユダヤ移民の推移（単位：1000人）

年	移民数	ユダヤ人人口	パレスチナの総人口
1882 〜 1903（第一次アリヤー）	35	24	
1904 〜 1914（第二次アリヤー）	40	85	
1916 〜 1918		56	
1919 〜 1923（第三次アリヤー）	40	84	752
1924 〜 1929（第四次アリヤー）	82		
1929 〜 1939（第五次アリヤー）	250	446	1,502
1940		464	1,545
1941		474	1,586
1942		484	1,620
1943		503	1,677
1944		529	1,739
1948（6月8日）		720	873

出所：イスラエル外務省サイト、イスラエル中央統計局、*A Survey of Palestine* より

Zion、「シオンを愛する者たち」)、ビールー（Bilu）などの初期シオニズム運動に参加した若者だった。また、ロシアでのユダヤ人迫害（ポグロム）もアリヤーを促進した。

　イスラエル建国前のパレスチナにおけるユダヤ人コミュニティは「イシューヴ」と呼ばれた。「定住する」という意味が込められている。ディアスポラ状態に対するアンチテーゼだ。イシューヴを作り上げたのは、荒れ地を開拓する移民の厳しい労働と、世界シオニスト会議による政治、財政面での側面支援だった。第一次の移民が作った最初の集落は、リッション・レツィオン（シオンへの第一歩）と名づけられ、現在はテルアビブ近郊の町になっている。第二次では社会主義的思想をもった若者たちが多く、１９１０年に最初のキブツであるデガニア（現在のテガニヤ・アレフ）に入植した。移民の到着地だった港町ヤッフォ（ジャッファ）の郊外に移民が住み、居住地域が広がると、世界シオニスト会議の支援によりテルアビブが建設された。「春の丘」

を意味するテルアビブは、100年後の今、イスラエル最大の都市に発展している。

第三次アリヤーの頃には社会内部の組織も整いはじめる。1920年にはイシューヴ初の選挙が実施され、第一回民族評議会がエルサレムで開会された。また同じ年には、ヒスタドルート（労働総同盟）が結成されている。さらに第四次ではポーランドから逃れてきた中産階級が多く、都市部に住むことを好んだため、テルアビブの市街地域が拡大した。第五次ではドイツからの移民が産業投資を行い、繊維や化学産業が発展している。

こうした相次ぐ移民とユダヤ人コミュニティの拡大、土地の買収は、アラブ系住民に脅威となった。すでに第一次アリヤーの最中に、エルサレム市長がパリのラビ（ユダヤ教の指導者）に対し、「パレスチナを平和なままにしておいてほしい」と手紙で書き送っている。しかし、バルフォア宣言、オスマン帝国解体、大英帝国による委任統治開始と、パレスチナを取り巻く情勢が変動するなか、二つのコミュニティ間で暴力的な衝突が頻発するようになった。このときユダヤ人が作った自衛のための民兵組織が、後にイスラエル国防軍の母体となるハガナである。

1929年、世界シオニスト会議が「ユダヤ機関」の本部をエルサレムに設置すると、ユダヤ国家の実現に向けたものだとしてアラブ系住民の警戒が強まった。同年8月には「嘆きの壁」事件が起きている。嘆きの壁前では、以前からユダヤ教徒とイスラム教徒が対立していた。さらに「岩のドーム」などがある聖地「ハラム・アッシャリフ」（ユダヤ教側の呼称は「神殿の丘」）をユダヤ人が奪おうとしているとの噂がアラブ系住民の間に流れると、対立が流血の事態に発展したのである。

1936年から39年にかけては、「アラブの大蜂起」と呼ばれる、アラブ側の大規模な抵抗運動がパレスチナ全土で展開された。アラブ系住民はアラブ高等委員会を組織して、ユダヤ人を攻撃する一方、英国委任統治政府に対しユダヤ人移民を止めるよう求めて抵抗活動を行った。ユダヤ側もこれに対抗し、各地で武力衝突が発生した。

大英帝国は対処に苦慮し、嘆きの壁事件後の1930年には、ユダヤ人の移民と土地の買収を制限する政策（パスフィールド白書）を発表した。しかし、シオニスト側が猛反発し、結局、マクドナルド首相が世界シオニスト会議代表のワイツマン宛に白書の内容を事実上取り消すような書簡を送った。すると今度はアラブ側が、書簡を「ブラック・レター」と呼んで抗議した。

アラブの大蜂起の最中、パレスチナに派遣された現地調査委員会（ピール委員会）は、委任統治はもはや機能していないと結論づけ、パレスチナをユダヤ、アラブ、委任統治地域の三分割とする和解案を示した（図参照）。これはパレスチナ分割を初めて示唆した和解案だった。ユダヤ側は世界シオニスト会議で分割容認派と反対派が激論を交わした末に分割案の受け入れを決めた。他方、アラブ側（パレスチナ代表とアラブ諸国）はこの提案を拒否した。

図　ピール委員会によるパレスチナ分割案（1937年）

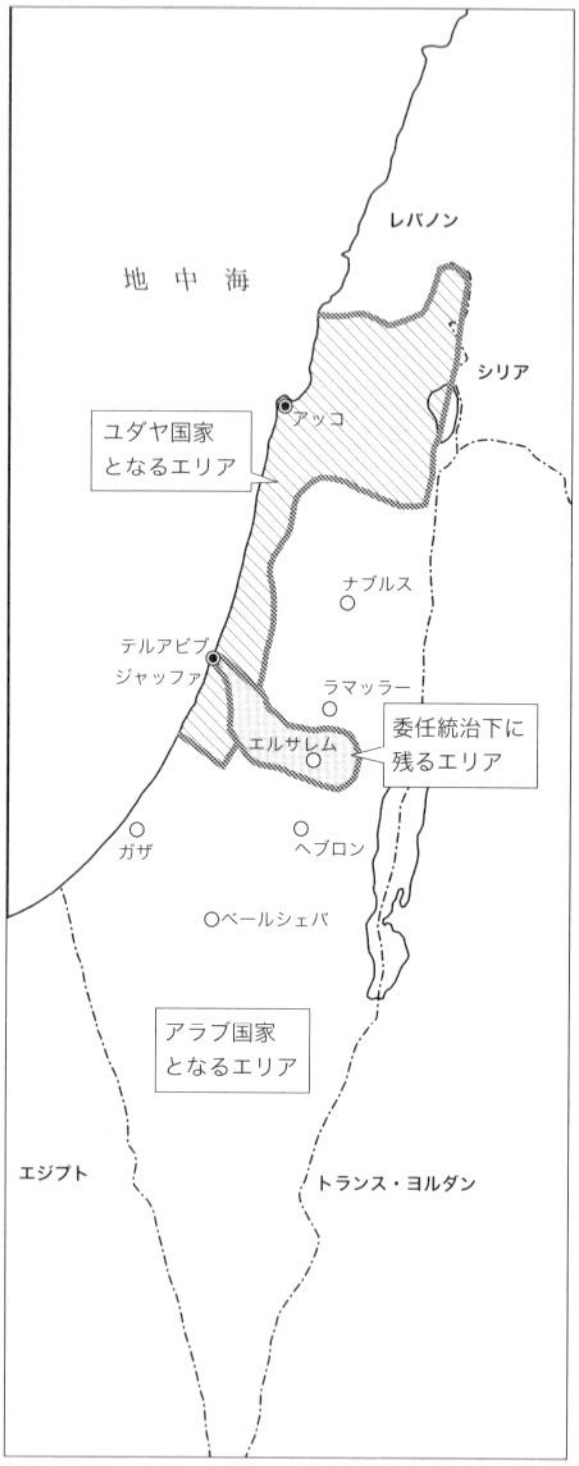

出所：国連パレスチナ問題に関する情報システム（UNISPAL）

1939年には問題

解決の糸口を探るためロンドンで円卓会議が開催されたが、アラブ代表団がユダヤ側との同席を拒否するほど状況は険悪になっていた。英国はユダヤ側に一定期間移民の受け入れ制限を、アラブ側に一定期間後のユダヤ人移民の増加への同意を求めたが両者とも拒絶し、会議は失敗に終わった。この後英国政府は、将来アラブ人とユダヤ人が権限を共有するパレスチナ国家を建設するとしたうえで、ユダヤ人移民数を５年間は毎年７万５０００人までとし、その後はアラブ側の同意により決められる、などを内容とする妥協案を出した。しかし、これもまた双方から拒絶され、問題解決の糸口がつかめないまま、すべては第二次世界大戦に巻き込まれていった。

中断されていたユダヤ人移民が再開されたのは１９４４年だった。ナチによる戦火拡大や第二次世界大戦後の混乱を逃れてパレスチナへの移民を試みたユダヤ人は、１９４８年までに約20万人に上った。しかし、アラブ側との対立を懸念した英国は、これらの移民を「違法」とし、パレスチナへの入域を禁止した。１９４７年には違法移民を乗せた船が英国政府により追い返され、世界的なニュースとなった「エクソダス号事件」が発生している。しかし、実際にはシオニズム組織による支援の結果、違法移民のほとんどはパレスチナの地を踏むことができたのである。

英委任統治政府は違法移民もアラブ・ユダヤ間の衝突も、さらに自らに対するゲリラ攻撃も抑えられないほど無力化していた。戦争で疲弊した英国が委任統治を返上するのは時間の問題だった。

（林真由美）

Ⅱ

歴史

6

ホロコーストとシオニズム

★悲劇をどう解釈するか★

ホロコーストが起こったためにイスラエルが建国されたのか。この二つの出来事の相関性は、時には当然視され、時には否定されてきた。イスラエルの存在意義が語られるときにはホロコーストがもち出される半面で、ナチ犠牲者の国が新たな犠牲者（パレスチナ人）を生み出していると主張されるときには、二つは次元の異なる問題であるとされてきた。ここではパレスチナ問題との関連は扱わないこととするが、まずホロコーストの流れを概観し、その後でホロコーストとシオニズムの関係性についてみてみよう。

ホロコーストは、狂信的な反ユダヤ主義者ヒトラーが最初からユダヤ人の全滅を計画し、彼の明白な命令により実行されたと一般に思われているが、実はそうではない。もちろん、ナチ政権の反ユダヤ主義は明白であったが、１９３９年９月にドイツがポーランドに侵攻し第二次世界大戦が始まるまでは、ユダヤ人迫害はむしろドイツの内政問題であった。その後ドイツが次々と近隣諸国を占領してゆくなかで、ナチのユダヤ人政策は「輸出」され、ヨーロッパ規模の迫害へと拡大した。しかしナチ政権に虐殺の具体的な計画と手段があったわけではなく、彼らはまず「ユダヤ人問題」を移住により解決しようと試み、仏領マダガスカル島への移送を画策するとか、ユダヤ人をポーランドに集めるとか、試行錯誤を繰り返した。これらの政策が戦況の変化や兵站《へいたん》上の理由から行き詰まった結果、ユダヤ人の物理的な抹殺へと向かったと考えられている。

ユダヤ人の絶滅という意味でのホロコーストの始まりは、ドイツが相互不可侵条約を破棄してソ連領内に攻め入った１９４１年６月の独ソ戦の開始にある。展開するドイツ軍の背後で、行動部隊《アインザッツグルッペン》と呼ばれる移動殺戮部隊が、森や沼地でユダヤ人の無差別大量殺害を行った。ただし、ヨーロッパのユダヤ人を絶滅せよというヒトラーの命令は、文書では残っていない。そもそも、そのような文書が存在するとは考えられていない。とはいえ、ヒトラーから殺害へのゴーサインが出されたことは疑いがない。そして１９４２年に入ると、アウシュヴィッツなどのいわゆる絶滅工場が本格的に稼働を開始し、それまでの銃殺からガスによる大量殺害へと移行したことにより、死者数も一挙に増加した。

ホロコーストによる犠牲者総数を特定することは困難である。ホロコースト前の１９３９年の時点でヨーロッパに存在した９５０万人のユダヤ人が、終戦時には３１０万人に減少していた事実、これに移住者数や病死者数などを加味して、研究者は少なくとも６００万人のユダヤ人が死亡したという点で合意している。なかでも死亡率が高かったのが東欧諸国で、リトアニアやラトヴィアでは現地のユダヤ人のほぼ９割が、ポーランドやチェコスロヴァキアでも８割以上が死亡し、これらの国のユダヤ人社会は壊滅した。

さて、ヨーロッパで展開しつつあったホロコーストに対して、パレスチナのシオニストがいかに対応したのかという点について、イスラエルでは長年活発な議論が交わされてきた。その重要な争点は、

1945年以前と以後におけるシオニストの姿勢に対する批判に集約される。

まず、シオニストがナチズムの台頭を、ディアスポラに暮らすユダヤ人に対する警告であり、シオニズムの正しさを証明するものとして「歓迎」し、ヨーロッパの同胞を救い出すために十分な活動をしなかったという批判がある。そしてヨーロッパから脱出するユダヤ人をパレスチナに誘導するために、シオニストがナチと「取引」をしたという指摘もある。その際に引き合いに出されるのが、ドイツ・ユダヤ人の資産をパレスチナへ移転するためにシオニストとナチ政権が合意した1933年の「ハアヴァラ協定」や、ナチにトラックなどの軍需品を提供する代わりにハンガリーのユダヤ人の出国を求めた1944年の「血とトラックの交換」などである。また、パレスチナへの数少ない移住許可が手に入ったとき、その分配においてシオニストが優先され、非シオニストが「見殺し」にされたともいわれた。つまり、シオニストは国家建設という大義のために、ナチに魂を売ったというわけである。

こうした感情的な非難は、宗教的な反シオニスト勢力や、ベングリオンを中心とする政治的主流派に対立する右派陣営により繰り返されてきたもので、歴史的にはあまり根拠がない。ホロコーストの責任をどこかにみつけずにはいられない焦燥感と、政治的へゲモニーをめぐる自己正当化が背景にある。確かに、ヨーロッパのユダヤ人全体が全滅の危機に直面するなかで、誰を優先的に救出するべきかという議論がパレスチナでなされたことは事実である。またここでベングリオンらには、子どもや青年など、これから国家建設を担うことができる若年層を優先する願望があったことも事実である。しかし、現実の救済はタイミング、地理的要因、政治状況、単なる偶然など、さまざまな要素に左右されていた。ユダヤ人の行動の余地は非常に限られていたのである。またナチとの「取引」については、より大きな悪と小さな悪の間の消極的選択しか残されていなかったといえる。そもそも、ナチとシオニストの関係は本質的に支配者と被支配者のそれであり、後者が前者と同等の立場で交渉したこともなければ、同床異夢であったこともなかった。

戦後の時期については、シオニストは建国のためにホロコースト生存者を利用したという批判がある。戦火がやむと、生存者はパレスチナをめざして移動を始めるが、当時英国の委任統治下にあったパレスチナへの自由な移住は認められておらず、彼らは難民化してドイツやオーストリアに流れこんだ。難民キャンプで移住を待つユダヤ人の数は、1947年の初夏には約24万人にまで膨れあがった。行き場のないユダヤ人がヨーロッパで留め置かれている状況は、シオニストにとっては、ユダヤ人国家建設の必要性を訴える格好の宣伝材料であった。現に、海路でパレスチナへの不法移住を試みたホロコースト生存者が英海軍に拿《だ》捕《ほ》され、再びドイツのキャンプに送り返された「エクソダス号事件」（1947年）は、ユダヤ人国家の必要性を国際社会に強烈に印象づけたのである。

孤児となったホロコースト生存者たち（1944年、KLUGER ZOLTAN, The Government Press Office）

こうした「難民危機」は、ある程度演出されたものであったことがわかっている。シオニスト指導部は、ユダヤ難民を意図的にドイツとオーストリアの米軍管理地域に集中させる戦略をとっていた。難民の保護とキャンプの運営は米軍には大きな負担となっており、米国は自らの負担軽減のためにも、英国にパレスチナへの移住制限の緩和を強く求めることになるのである。

こういった事実を生存者の「利用」とみなすのか、状況に応じた「現実主義」とみなすかは、立場によって異なるであろうが、生存者自身が「利用」を語るのであれば、それは建国期のイスラエルにおける彼らの体験が背景にある。生存者は国際政治的には重要な「駒」であったにもかかわらず、イスラエルに到着してからはむしろ「冷遇」されたと感じたようだ。住宅不足の中でキャンプ生活を余儀なくされたことに加え、到着したばかりの者がまともな軍事訓練もされないまま、1948年のいわゆる「独立戦争」に投入されて命を落とすこともあった。加えてパレスチナ生まれのユダヤ人からは、生存者は生き残るためなら何でもする、道徳的に堕落した人間なのではないかという疑いの目を向けられた。こうした風潮が変化するのは、後にホロコーストが国家アイデンティティの中心に位置づけられるようになってからである。

イスラエルにおけるホロコースト解釈は、常に政治に左右されてきた。その背景には国内政治における主導権争いがあることもあれば、国際政治における外交戦略があることもあった。明らかなのは、ホロコーストが唯一無比の悲劇であるゆえ、イスラエルの政策が正当化されるという主張は、近年ますます分が悪くなっていることである。

（武井彩佳）

コラム3

アイヒマン裁判――陳腐ではなかった悪

武井彩佳

1961年のアイヒマン裁判は、世紀の裁判と呼ばれた。防弾ガラスに守られた被告席に立つ神経質そうな男のイメージは、哲学者ハンナ・アーレントの「悪の陳腐さ」という言葉とともに、くり返し再生されてきた。では、アドルフ・アイヒマンとは一体何者なのか。

アイヒマンはドイツのゾーリンゲン生まれで、1932年にオーストリア・ナチ党に入党し、次いで親衛隊に入隊した。親衛隊のユダヤ人問題の専門家となり、1938年よりウィーンでユダヤ人移住中央本部の長として、ユダヤ人の移住、後にはユダヤ人の絶滅収容所への移送を指揮した。なかでも終戦間近になされたハンガリー・ユダヤ人のアウシュヴィッツ移送と、その死に責任がある。終戦後、リカルド・クレメントという偽名で難民を装ってイタリアからアルゼンチンに渡り、後に合流した家族とともに潜伏していた。

1960年5月11日、モサドはブエノスアイレス近郊でアイヒマンの身柄を確保した。逮捕にいたる決定的な情報をもたらしたのは、当地のドイツ・ユダヤ人移民、ロタール・ヘルマンであった。彼の娘シルヴィアが、ドイツ移民の息子クラウス・アイヒマンと交際しており、この青年が父親について語った内容から、リカルド・クレメントなる男がアイヒマンと同一人物なのではないかと疑ったのである。逮捕後、アイヒマンは薬物で人事不省の状態でイスラエルへ移送された。

1961年4月11日、裁判はエルサレムで鳴り物入りで開廷した。検事ギデオン・ハウスナーが「600万人の名の下に」糾弾すると宣言したように、検察側の目的はアイヒマン個人が直接に関わった行為を立証してゆくというよりは、

エルサレムで行われたアイヒマン裁判。左側の防弾ガラス内がアイヒマン（駐日イスラエル大使館広報室提供）

ユダヤ人の被った全悲劇を世界の目の前に突きつけることにあった。そこにはこの裁判を、イスラエル国民のみならず全世界に対する「教訓」としたいイスラエル首相ベングリオンの意図が見え隠れしていた。このためアイヒマンと接点のないホロコースト生存者が多数証人として呼ばれ、その証言が延々と続くこととなった。

アイヒマンを巨悪の権化として描こうとするハウスナーの追及を、傍聴席のアーレントは苛立ちとともに聞いていた。アーレントは、雑誌『ニューヨーカー』の特派員として裁判をレポートし、これが『イェルサレムのアイヒマン』として出版されることになる。この著作における彼女の思考と批判が、1962年5月31日に死刑執行され、その遺灰が地中海に撒かれた男に、ある意味で第二の生命を与えたのである。

時代を超えて生き残ったのは、「悪の陳腐さ」というアーレントの言葉であった。彼女は、万事につき想像力に欠ける凡庸な一官僚が、粛々とデスクワークをこなすことで、巨大な殺人マシーンの歯車を回す重要なパーツとなったとして、巨悪は本質において陳腐であったとした。彼女の指摘が世界的な反響を引き起こしたのは、巨悪が陳腐であるならば、誰もがアイヒマンになり得るし、また管理・分業といった近代社会の構造自体が、凡庸な一個人を大犯罪者へ変容させる可能性を内包しているのであれば、ホロコーストはいつでもどこでも起こり得るからであった。

しかし、悪は本当に陳腐であったのか。近年の研究では、アイヒマンは非常に確信的なナチであり、実際には単に「命令に従う」どころか、ユダヤ人殺害に自らイニシアチブを発揮していたことが明らかになっている。

アイヒマン裁判は、イスラエルのアイデンティティ形成において大きな影響を与えたといわれている。それは、国家の根幹に関わる問題をいくつか提起した。まず、誰が殺されたユダヤ人を代弁するのかという問いがあった。これはイスラエルという国家の正統性の問題であり、かつイスラエルが犠牲者の名において受け取る補償と無縁ではなかった。そしてホロコーストをイスラエル社会においていかに記憶し、次世代を教育してゆくのか、国家の方向性も問われていた。その意味で、ベングリオンはこの裁判で、まさにシオニズムによる国家統合を試みたのであった。その試みがほころびを呈して久しい今なお、実は陳腐でなかった悪に対するアーレントの言葉が、一種の普遍性を獲得し生き続けているのは皮肉である。

II 歴史

7

イスラエル独立と第一次中東戦争

★民族の悲願達成、戦いの歴史の始まり★

我々、人民評議会のメンバーそしてエレッ・イスラエルのユダヤ民族コミュニティ及びシオニスト運動の代表は、英国の委任統治終了のこの日ここに集い、我々の自然かつ歴史的権利により、また国連総会の決議に基づき、イスラエルの地にユダヤ民族国家イスラエル国を樹立することをここに宣言する（『イスラエル国家樹立宣言』1948年5月14日より）。

第二次世界大戦中から、パレスチナ委任統治地域では、民兵組織ハガナの対英武装闘争が激化していた。大戦で国力が疲弊した英国は委任統治継続を断念し、1947年、パレスチナ問題を国際連合に付託した。国連パレスチナ特別委員会ではパレスチナをユダヤ民族国家とアラブ民族国家に分割するか、両民族の連邦国家とするかで意見が分かれた。最終的に分割案が総会に提案され、賛成33（米、ソ連、仏を含む）、反対13（主にアラブ国家）、棄権10（英国を含む）の賛成多数で承認された。この国連総会決議181号は「パレスチナ分割決議」と呼ばれている。

ユダヤ人は、委任統治の終了とユダヤ民族国家樹立が国連決議で明示されたことに歓喜した。1930年代以降、国際委員

独立宣言を読み上げるベングリオン初代イスラエル首相。後ろの人物写真はヘルツル（駐日イスラエル大使館広報室提供）

会や英国からさまざまな分割案が提示されたが、この決議で示されたユダヤ民族国家の領土の割合はそれまでで最も広く、約55％がユダヤ民族国家、約45％がアラブ民族国家だった。エルサレムは国際管理下とされた。しかしユダヤ人の中には決議に反発する者もいた。ジャボティンスキーの修正シオニズムの流れをくむ右派組織イルグン・ツバイ・レウミの指導者メナハム・ベギン（1977～83年に首相）は、「エレツ・イスラエル」（イスラエルの地、パレスチナのヘブライ語呼称）は全てユダヤ民族国家のものであり、エルサレムはその首都である、と主張した。

アラブ側は先祖伝来の土地を半分以上もユダヤ側に割譲せよという決議を当然受け入れず、ユダヤ人とアラブ人との衝突は激しさを増した。

1948年5月14日、ダヴィッド・ベングリオンがイスラエル国家樹立（独立）宣言を行った。ハイファでは最後の英国部隊の引き揚げと同時に、イスラエル国旗が掲げられた。すでにユダヤ国家承認の声明を準備していたトルーマン米大統領は、国名を確認すると直ちに新国家イスラエルの承認を発表したため、アラブ諸国との関係を重視していた国務省は激怒した。

翌15日、レバノン、シリア、イラク、ヨルダン（当時は正式にはトランス・ヨルダン）、エジプトの周辺アラブ諸国がパレスチナ地域へ侵攻し、第一次中東戦争（イスラエルの呼称では「独立戦争」）が始まった。戦闘は途中二度の休戦を挟んで1949年1月まで続いた。イスラエルは事前に戦争に向けた装備を進めていたが、それでも苦戦を強いられた。ヨルダンにはエルサレム旧市街地を奪われ、エジプト軍はテルアビブの近くまで迫ったからである。ちょうどその頃チェコスロヴァキアから戦闘機が到着し、誕生まもないイスラエル軍パイロットは訓練もないまま出陣してエジプト軍を撤退させた。この戦争はイスラエルの戦史の中でも「多くの血を流し、最も長く、死傷者数の多いもの」（イツハク・ラビン）となった。

1949年1月から、ギリシャのロードス島でエジプト、レバノン、ヨルダン、シリアとイスラエルとの間で二国間の休戦交渉が順次行われた。エジプトはガザ地区に軍を駐留し続けることとなった。ヨルダン川西岸をめぐっては、パレスチナの独立国家とするか、ヨルダンの支配下とするかで議論があった。アラブ連盟内部では独立国家樹立に関する話し合いがもたれた。また、イスラエル国内でも左派の一部は独立国家樹立を支持した。しかしヨルダンのアブダッラー国王の野望が叶ってヨルダンの支配下となった。その範囲は旧市街地域を含めた東エルサレムにも及んだ。シリアはパレスチナ委任統治時代の境界線よりもややイスラエル寄りまで占領を進め、両国の軍事境界線はガリラヤ湖畔に及んだ。

これらの休戦協定でイスラエルと周辺アラブ諸国との間に設定された軍事境界線を、地図に引かれたインクの色から「グリーン・ライン」と呼ぶ。国際社会はこのグリーン・ラインをイスラエルと周辺アラブ諸国との恒久的な国境線とみなしているが、イスラエルは将来の国境線とは認められないと主張している。

半年にわたった休戦協定締結が完了してみると、イスラエルは国連決議181号での決定を上回る、旧パレスチナ委任統治地域の8割近くを領土としていた。

このとき、パレスチナという名が地図から消え、そこに居住していたアラブ系住民の多くもいなくなった。彼らは土地や住居を残してヨルダン川西岸やガザ地域、そして周辺のアラブ国家へ、さらに遠くの地域へと脱出した。そのほとんどは元の土地に戻ることができなくなり、難民となったのである。そのため、パレスチナ側はイスラエルの独立宣言の翌日(5月15日)をアラビア語で「破局」を意味する「ナクバ」と呼んでいる。1949年、国際社会は難民となったパレスチナ人を救うため、国連パレスチナ難民救済事業機関（UNRWA）を設立した。1950年の事業開始時点では約75万人が難民としてUNRWAに登録されていたが、2016年末

図　1949年の軍事境界線
（グリーン・ライン）

には登録者数が約534万人となり、66年で約7倍に膨らんでいる。

難民の発生については、イスラエル、アラブいずれの側に責任があるかが争点となっている。イスラエル側は、難民問題が起こったのは戦争を始めたアラブ諸国の責任であり、特にアラブ人指導者たちがイスラエルによる軍事侵攻の恐怖を喧伝したことから住民たちが逃げ出したのであり、イスラエルに責任はないと主張する。アラブ側は、イスラエルの軍事組織によって住民が強制的に排除、避難させられたのであり、難民の発生の責任はイスラエル側にあるとしている。なお、イスラエル側の主張に関し1990年代、「新しい歴史家」と呼ばれたイスラエル人研究者が強い疑問を投げかけ新たな論争となった（第45章参照）。

難民の帰還についてもイスラエル、パレスチナ双方はそれぞれ主張を譲らない。国連は1948年12月の総会で、難民が元の居住地に帰るか金銭的な補償を行うべきとの決議194号を採択した。パレスチナ側はこの決議に基づき、難民は帰還権を有していると主張している。他方イスラエルは、決議は帰還権を保障していないし、パレスチナ難民を受け入れることはユダヤ人国家の性格を変え、安全保障上も危険であるとして帰還権を否定している。歴史解釈の問題を含め、パレスチナ難民問題は和平達成のうえで、エルサレム問題と並び最も解決が困難な問題といわれている。

第一次中東戦争を勝ち抜いたイスラエルは、世界各地からユダヤ人移民を受け入れ、ユダヤ人人口は1960年末には191万人と独立時の2・7倍になった。その間も1956年には第二次中東戦争（スエズ動乱）を経験し、その後も度重なる戦争を経験することになったのである。

（林真由美）

コラム4

ダヴィッド・ベングリオン――イスラエル建国を実現

鴨志田聡子

イスラエルの国際空港は、ベングリオンという名前で呼ばれている。これは初代首相ダヴィッド・ベングリオンにちなんでつけられている。彼は、今もイスラエルで最も敬愛されている人物の一人だろう。ベングリオンはシオニズム主流派である労働シオニズムを推し進め、イスラエル建国を実現し、国力増強と国内整備に努めた。

彼はダヴィッド・グリュンとして、1886年帝政ロシアのプロンスク（現在はポーランド）で生まれた。彼の父親はその地域のシオニズム運動の指導者であり、ヘブライ語教師で、グリュン少年もユダヤ人学校に通いシオニズムの影響を受けて育った。「ベングリオン」というのはユダヤ人学校でつけられたヘブライ語名である。彼は子どもの頃からシオニズム運動に加わり、統率力を発揮していた。

ベングリオンは1906年、パレスチナに移り農業を始めたが、当時は、周囲のアラブ人から襲われないように警備しなければならなかったらしい。効率的に開拓を進めるために彼は、リーダーシップを発揮し、ユダヤ人自警団ハショメル（見張り番）を組織した。開拓の活動を数年間続けたが、天賦の統率力は次第に国家建設の中枢で試されるようになっていった。

ベングリオンは1910年から「シオンの労働者」のエルサレム本部で団体機関誌の編集者となり、第一次世界大戦中はニューヨークで、労働シオニズム団体の支部を起こした。大戦が終わるとパレスチナに戻り、1919年、アハドゥト・ハアヴォダ（労働者連盟）を結成し、そのリーダーとなった。さらにヒスタドルート（労働総同盟）の書記長、マパイ（イスラエル労働党）のリーダー、ユダヤ機関のトップなどを歴任していった。

ベングリオンは、その強硬姿勢でも知られている。パレスチナを委任統治していた英国はユダヤ人の移入と入植を一時制限したが、彼は大規模な入植を強引に推し進めた。そして第二次世界大戦後の1948年、イスラエル建国にこぎつけ、初代首相と国防大臣を兼任し、軍隊編成、公教育整備、移民受け入れ、入植促進等、国内整備と国力増強に力を注いだ。1953年、軍事作戦失敗を機に一度辞任したが、わずか2年で国防大臣、首相に返り咲いた。

しかし、1963年「個人的理由」で首相と国防大臣をまた辞任した。その後も新しい政党を作るなど政治活動を継続したが、1970年に政界を去った。イスラエルの政治潮流と彼の考えが乖離し始めていたからかもしれない。1967年の六日間戦争の直後、彼はヨルダン川西岸など新しい占領地をどうすべきか新聞記者に聞かれ、東エルサレムとゴラン高原以外からは撤退すべきだと答えた。ベングリオンは「タカ派」とみられていただけに、この答えはイスラエル中を驚かせ、「ライオンも老いて、ついに穏健になった」と評されたという。彼の考えが実現されていれば、イスラエルの現状は大きく変わっていたに違いない。

ベングリオンは引退後、ネゲブにあるキブツ、スデ・ボケル（牧人の原）で、エッセイを執筆しながら隠遁生活を送り、1973年に亡くなった。その墓は愛妻パウラの墓とともに、ネゲブ砂漠の荒野を見下ろす高台にある。

自分が生まれたときには存在しなかったユダヤ人の国家を建国し、その地で亡くなった代表的な人物の一人であった。イスラエル独立から70年以上たった現在でも、彼の肉声による独立宣言は、建国の興奮を伝える象徴的な音声として、しばしばメディアで流されている。

8

第三次中東戦争と「領土と平和の交換」原則

★いまだ達せられない和平の枠組み★

イスラエル・パレスチナ問題の解決に向けた国際社会の取り組みは今日も続いている。その基本的な考え方とは、イスラエルが占領した領土を返還し、東エルサレムを含むヨルダン川西岸とガザの両地区に、パレスチナ国家を建設することである。加えて、イスラエルとパレスチナが国家として隣接して、争うことなく共存することが求められる。

しかし、この「二国家解決」案の実現には問題が山積している。たとえば、東エルサレムの問題である。イスラエルには民族・宗教上の理由から、東西エルサレムを「不可分の永遠の首都」と位置づけ、分割することに根強い反対意見がある。他方でパレスチナ側は、イスラエル占領下にある東エルサレムをパレスチナ国家の首都とする立場である。もう一つの問題は、占領地におけるイスラエルの入植活動だ。イスラエルは東エルサレムを含む西岸地区などの占領地に入植地を建設し、実効支配の既成事実化を図ってきた。

こうしたイスラエルの占領地問題が中東和平問題の主要な争点として浮上したのは、1967年6月5日に勃発した第三次中東戦争後である。この戦争においてイスラエルは、わずか六日間の戦闘で、エジプト、ヨルダン、シリアの周辺アラブ諸国に対し圧倒的な軍事的勝利を収めた。また、エジプト領のシナイ半島、当時エジプトの支配下にあったガザ地区、ヨルダン支配下の東エルサレムを含む西岸地区、シリア領のゴラン高原を占領した。イスラエルの支配地域は戦前の3・5倍にも拡大したのである。イスラエルでは、この戦争のことを「六日間戦争」と呼ぶ。

第三次中東戦争前、アラブ諸国はおろかイスラエルも、このような一方的な結末を予期していなかった。イスラエルはむしろ、存亡の危機に追い込まれたとの認識だった。周辺アラブ諸国との武力衝突が散発的に発生していたなか、1967年の春、緊張は一段と高まった。4月7日、イスラエル空軍によりシリアのミグ戦闘機が撃墜された。シリアはエジプトに支援を求めたが、エジプトは一事件により戦争に突入する気はないと応じた。しかし5月、ソ連はシリアとエジプトに対し、イスラエル軍が北部境界に約10旅団を集結させ、総攻撃を始める準備をしているとの情報を流した。イスラエルはこれを否定したが、危機が回避されることはなかった。5月15日、エジプト軍はシナイ半島に向け東進し、19日にはエジプトの要求を受け、1956年の第二次中東戦争（スエズ動乱）の停戦監視を任務としてシナイ半島に駐留していた国際連合緊急軍（UNEF）が撤退した。さらに22日、エジプトは、イスラエルが開戦理由としていたチラン海峡の封鎖を宣言したのである。

周辺アラブ諸国の狭まる包囲網に、イスラエル政府内での緊張はピークに達していた。最大の争点は、国際的に孤立したまま、開戦に踏み切るべきか否かであった。1956年の第二次中東戦争では、イスラエルはチラン海峡を封鎖されたことを理由にエジプトに侵攻したが、そのときは英仏との共同作戦だった。今回は英仏の後押しはなく、チラン海峡封鎖解除をめぐる米国の支援を得る外交努力は実を結ぶことがなかった。チラン海峡封鎖の翌23日には、イツハク・ラビン参謀総長（後の1993年の「オスロ合意」に首相として調印した）が重圧と疲労で丸一日倒れていた。開戦の是非をめぐる緊迫した状況は政界再編にも及んだ。平時では人気が高かったレヴィ・エシュコル首相兼国防相の求心力は低下し、6月1日、イスラエルで初となる挙国一致内閣が組閣され、元参謀総長のモシェ・ダヤンが新国防相に任命された。結局、数において劣勢の状態であったイスラエルは「叩かれる前に叩く」方針をとり、確度の高い情報収集をもとに先制攻撃に踏み切ったのである。

1967年6月5日、イスラエル時間の午前7時頃、イスラエル空軍機約200機がエジプトのシナイ半島やカイロ周辺などにある空軍基地に向け出撃した。この間、イスラエル上空の防衛任務は、わずか12機に託されたのだから、奇襲は大きな賭けでもあった。エジプト空軍機は滑走路上で次々に破壊され、数時間で壊滅的な打撃を受けた。11時50分、シリア、ヨルダン、イラク空軍は、イスラエルへの攻撃を開始した。しかし、二時間もたたないうちに、シリアとヨルダンの空軍は壊滅され、イラク西部の空軍基地も空爆された。イスラエル軍は、戦闘初日でアラブ諸国の約400機を破壊し、勝利するために絶対不可欠の条件だった制空権の確保に成功

第三次中東戦争の大勝利。制圧直後のエルサレム旧市街に入るダヤン国防相（中央）、ラビン参謀総長（右）ら（駐日イスラエル大使館広報室提供）

図　第三次中東戦争後のイスラエルの支配地域

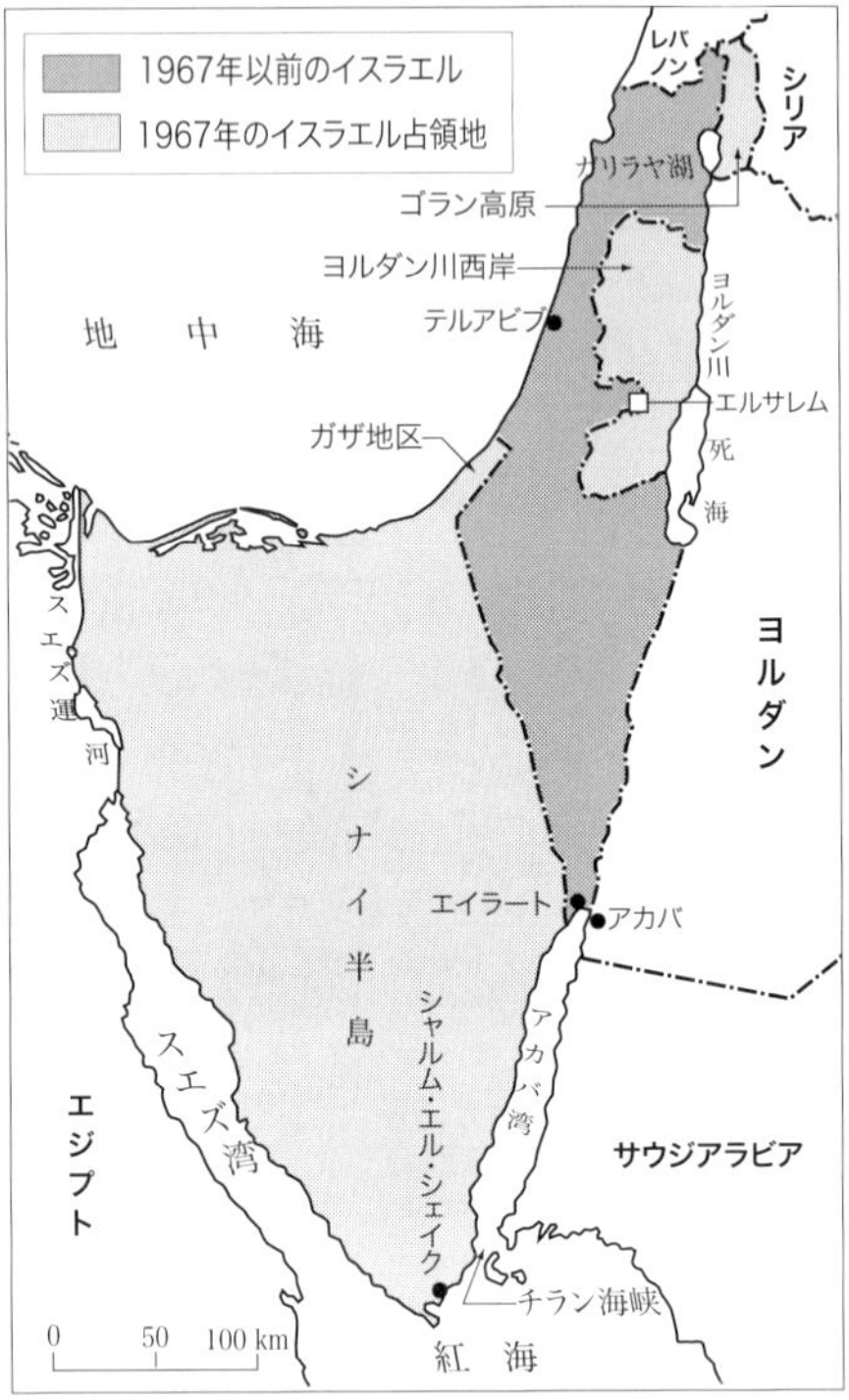

した。緒戦で第三次中東戦争の勝敗は決まった。

開戦初日にはエジプト領シナイ半島に加え、ヨルダン支配下の東エルサレムを含む西岸地区でも地上戦が始まった。戦闘三日目の7日、イスラエル軍はユダヤ教の聖地「嘆きの壁」があるエルサレム旧市街地に侵攻し占領した。イスラエルの優位はその後も変わらず、7日にヨルダンは停戦を受諾、8日にはエジプトも停戦に応じた。翌9日、イスラエル軍はシリア方面への攻撃を開始し、シリアとの停戦は10日に発効した。

わずか六日間の戦闘が勝利をもたらし、イスラエルは緊迫から一転歓喜に包まれた。特に、第一次中東戦争後、ヨルダンの管理下に入り、ユダヤ教徒の立ち入りが許されなかったエルサレム旧市街地が占領下に入ったことで、イスラエルだけでなく米国のユダヤ人社会も「解放」のニュースに沸いた。そして6月中にイスラエルは東エルサレムを併合したのである。

一方で、100万人を超えるパレスチナ人が暮らす西岸とガザ地区の統治方法について、政府には明確な政策がなく、国民の合意もなかった。戦後、イスラエルは防衛可能な境界線の観点から、また将来の占領地の返還をめぐる交渉を優位に進めようと、占領地への入植活動を開始した。国際法上では違法な占領地への入植活動を推奨する政府の姿勢は、旧約聖書に基づく「イスラエルの地（エレッ・イスラエル）」をアラブ側に返還することを拒む「大イスラエル主義」勢力を勢いづかせた。これ以降のイスラエル国内は、和平のためには領土的妥協は必要とする派と、民族・宗教上の理由により領土的妥協を拒む派の二極化が鮮明に進んでいく。いずれにせよ、イスラエルがこの戦争において軍事的優位性を確保できたゆえに派生した流れであった。

新たな事態には、新たな紛争解決の枠組みが求められた。1967年11月22日に、国連安保理決議242号が採択された。決議の要点は、イスラエルの占領地からの撤退と引き換えに、アラブ諸国がイスラエルの生存権を認めることにあった。条文の曖昧さにより、当事者によって異なる解釈がされたが、この「領土と平和の交換」原則は、今日まで中東和平問題解決の基本的枠組みとなる。

第三次中東戦争の結果、イスラエルが手にした広大な占領地問題が、後に続く紛争の明確な争点となった。冒頭のパレスチナ問題を含め、第三次中東戦争以前の6月4日時点の境界線に基づく領土と、平和の交換に関する具体的な解決方法について、当事者や国際社会による試行錯誤は今日も続いている。

（辻田俊哉）

9

第四次中東戦争から現代まで

★45年の変化は大きかったが★

イスラエルは、建国のときから自国の安全保障を最優先事項に掲げてきた。一方で、その安全に対する認識は歴史的な局面により変化してきた。

イスラエルにとって最後の国家間の武力衝突は、1973年の第四次中東戦争である。10月6日、エジプトとシリア両軍は、イスラエルに奇襲攻撃を行った。その日はユダヤ教の「贖罪の日」（ヘブライ語で「ヨム・キプール」という）で、非宗教的なユダヤ人を含めほぼ全員が断食をする日だった。これに因み、イスラエルではこの戦争のことを「ヨム・キプール戦争」と呼ぶ。祭日のため、防衛線が手薄な状態を狙われたイスラエル軍は、緒戦において劣勢に立たされたが、その後に反撃に成功した。22日、停戦を求める国連安保理決議338号が採択され、戦争は収束に向かった。結果的には、イスラエルは占領地を維持したが、過去の戦争とは対照的に不意を突かれたことで、国内に大きな衝撃が広がった。特に、先制攻撃を予期できなかった軍指導部と政府に対して国民の批判が高まり、1974年4月、イスラエル初の女性首相ゴルダ・メイルが辞任に追い込まれた。

国内の政治的混乱はその後も続いたが、１９７７年11月、イスラエルにとり歴史的な瞬間が訪れた。エジプトのサダト大統領が、アラブ首脳として初めてイスラエルを訪問したのである。サダトは議会で包括的和平を呼び掛け、和平への機運が高まった。１９７８年９月のキャンプ・デービッド合意を経て、１９７９年３月にイスラエルとエジプトの平和条約が締結された。その３年後、イスラエルは第三次中東戦争で占領したエジプト領シナイ半島から軍部隊と入植地の撤退を終え、エジプトとの「領土と平和の交換」を実現した。

エジプトとの和平により、最も危惧されていた周辺国との国家間紛争の脅威は低下したが、イスラエルにとり新たな問題が生じた。一つは、イラクの大量破壊兵器問題であり、１９８１年６月、イスラエル機はバグダード近郊の原子炉オシラクを空爆している。もう一つは、レバノン情勢の悪化である。イスラエル軍は１９７８年３月と１９８２年６月の二度、パレスチナ解放機構（ＰＬＯ）掃討作戦の名目で、内戦中のレバノンに侵攻した。二度目の侵攻でイスラエル軍は、ＰＬＯを首都ベイルートから放逐した後も、レバノン駐留を続け、自国が望む政権の樹立を図った。だがその試みは失敗し、国内外から政府批判が高まった。１９８５年、イスラエル軍は部分撤退し、レバノン南部に「安全保障地帯」を設けて２０００年まで占領した。長期にわたる占領は、レバノンの混乱を深刻化させ、結果的にシーア派民兵組織ヒズボラなどの新たな敵対勢力の台頭を助長した。

１９８０年代後半、パレスチナ問題にも大きな変化がみられた。１９８７年12月、ガザとヨルダン川西岸地区において、イスラエルの占領に反対するパレスチナ住民の抗議運動が始まった。この民衆蜂起のことをアラビア語で「インティファーダ」と呼ぶ。それまでイスラエルは、パレスチナ人との和平達成には消極的で、「領土と平和の交換」原則を国家間のみに適用して問題解決を図ろうとし、占領地をヨルダンに返還しようと試みた。しかし１９８８年７月、ヨルダンは自国領としていた西岸地区の主権放棄を宣言した。また12月にアラファトＰＬＯ議長は、イスラエルの生存権の承認とテロ行為の放棄などを表明した。インティファーダ発生からの一連の出来事は、パレスチナと直接向き合って問題解決を図る必要性をイスラエルに認識させた。

イスラエル内政面でパレスチナ問題が争点に浮上した時期の１９９１年１月、イラクのクウェート侵攻に端を発した湾岸戦争が勃発した。イスラエルでは全市民にガス・マスクが配布されるなど、過去の危機とは異なる緊張が走った。実際には大量破壊兵器は用いられなかったが、１月から２月の間にイラクから19回の攻撃を受け、約40発の弾道ミサイルが着弾した。

イスラエルは米国の強い要請を受け、イラクへの反撃を自制したが、この湾岸戦争を契機に、イスラエルでは安全とは何かが再び問われた。長距離を短時間で飛来する弾道ミサイル攻撃の脅威にさらされたことにより、狭い国土という地理的不利（戦略的縦深性の欠如）を補うために占領地を維持して安全を確保するという従来の安全保障概念は、もはや時代錯誤であるとの意見が出始めたのである。これ以降、イスラエルは、周辺国の外縁部に位置するイラクやイランなどの核開発問題を自国の安全保障上の最優先課題と位置付けた。一方で、脅威が低下した周辺国との「領土と平和の交換」原則を推進する動きが活性化した。

湾岸戦争後の１９９１年10月、イスラエルと周辺アラブ諸国の直接交渉を開始するため、米ソ共催によるマドリード中東和平国際会議が開催された。これ以降、さまざまな和平交渉が進展した。パレスチナとの関係では、ノルウェーの仲介によってイスラエルとPLO間の秘密交渉が実り、1993年9月に両者は、相互承認と西岸・ガザ地区におけるパレスチナの自治を認める「オスロ合意」（暫定自治合意）に調印した。ヨルダンとの関係では、1994年10月に平和条約が締結された。シリアとの関係では、1994年12月、大使・参謀総長級協議が開催され、その後も交渉が続けられた。1990年代前半のイスラエルは、和平プロセスの進展に加え、旧ソ連諸国からのユダヤ人の大量移民に伴う人口増加と、目覚ましい経済発展を経験し、まさしく大きな社会変化の時を迎えていた。

しかし1990年代半ばから、当事者間の相互不信は一層強まり、和平プロセスが停滞した。イスラエルとパレスチナ間では、和平反対派によるテロ事件などが増加した。その中、1995年11月4日、テルアビブの平和集会に出席したラビン首相が、和平反対派のユダヤ人青年に銃撃され死亡する事件が発生した。イスラエル国内は、ユダヤ人によるイスラエル首相暗殺という前代未聞の事件に驚きと深い悲しみに包まれた。

ラビン暗殺現場に設けられた記念碑（樋口陽子撮影）

2000年以降、イスラエルはさらなる混迷期に突入した。まず、パレスチナ問題である。2000年9月末以降、イスラエルとパレスチナ間で暴力の応酬が激化し、「第二次インティファーダ」とないも呼ばれる紛争にまで発展した。イスラエルでは、パレスチナとの分離が進まなければ、将来の人口比でユダヤ人が少数派に転じかねないという危機感から、合意なしに分離を図る動きが加速した。2002年には、西岸地区で「安全フェンス」（パレスチナ側は「分離壁」「隔離壁」と呼んでいる）の建設が始まり、2005年9月、イスラエル軍はガザ地区から一方的に撤退した。しかし、ガザ情勢悪化が継続したため、一方的分離構想は事実上破綻した。その後、和平への具体的な道筋は示されることなく、紛争が幾度も生じた。2007年6月のハマスによるガザ地区武力制圧以降、2008年12月〜翌1月、2012年11月、2014年7〜8月と、ハマスなどガザを拠点とする武装勢力との間で三度も武力衝突が発生した（第59章参照）。

次に、周辺国における安全保障上の問題である。2006年7〜8月には民兵組織ヒズボラとの紛争（第二次レバノン紛争）、2007年9月にはシリア核疑惑施設爆撃事件が発生した。そして、2010年末にチュニジアに端を発した「アラブの春」後、周辺国で生じた「力の空白地帯」における過激派組織の台頭に対する懸念は一層深まった。具体的には、シリアとの国境付近やエジプトのシナイ半島におけるイスラーム国（ISIL）への忠誠を表明した組織に対する懸念である。

最後に、イランに対する脅威認識の高まりである。2000年代からイスラエルは、核開発問題を含めイランを最大の脅威としてみなしてきた。2015年7月のイランと米国主導の6カ国による歴史的な核合意を経ても、その姿勢に変わりはなく、イスラエルは、2011年に始まったシリア内戦におけるイランの勢力拡大を懸念し、シリアに対し度々空爆を行った。

これら以外、イスラエルは2010年以降、増大するサイバー攻撃の脅威への対策も迫られている。過去45年の間、イスラエルは中東地域において圧倒的な軍事的、経済的な優位性を確保するに至った。一方で、依然として自国の安全とは何かについて、答えを見出すことができない状況が続いている。

（辻田俊哉）

III

イスラエル歳時記

10

夏に迎える新年

★ユダヤの歴史に基づく年中行事★

夏の日差しが眩しい8月のイスラエル。書店や文具店には新年のカレンダーやヘブライ語で「シャナー・トバー（Happy New Year）」と書かれたカードが並び始める。イスラエルでは9～10月にかけて新年を迎えるため、日本ではまるで季節外れのこの光景も夏の風物詩である。イスラエルでの生活は、西暦とユダヤ暦という二つの暦で進んでいる。仕事のアポやデートの待ち合わせといった予定や、誕生日など個人的な記念日は西暦に従い、国家が制定する祝日や公式行事は全てユダヤ暦に基づいている。イスラエルの新年は、ユダヤ暦の最初の月の第一日目で、西暦上は9～10月にあたる。ユダヤ暦は太陰暦で、一カ月29日か30日のユダヤ月で進む。そのため、新年の始まる時期は毎年ずれるが、ずれを調整するため数年に一度、月を追加するので、9～10月を大きくはみ出すことはない。

ユダヤの新年は、元日にあたるローシュ・ハシャナ以後、約二週間にわたりさまざまな祝日が続く大型連休シーズンとなる。ローシュ・ハシャナの十日後には、一年を反省して神に懺悔するヨム・キプール（贖罪の日）がある。普段は宗教的な生活とは無縁な人々も、その日は断食をしながら、シナゴーグ（ユダ

第10章

夏に迎える新年

ヤ教の教会堂）に足を運び、聖書（旧約聖書）を読んで、新年を新しい気持ちで迎えようとする。近年の統計に基づけば、国民の約60％が断食をし、約40％はシナゴーグに足を運ぶ。普段は宗教的な生活とは無縁な日本人が神社に繰り出す初詣にどこか似ている。

ヨム・キプールには、日没から翌日の日没までの丸一日、道路から車が消え、空港も国境も閉鎖され、全てのテレビとラジオが放送を中断する。救急車両以外は使用されず、普段は交通量の多い高速道路が、自転車を乗り回す子どもたちの格好の遊び場と化す。夕方になると、シナゴーグ周辺に地元の人々が大勢集まる。太陽が傾き、空に輝く星が三つ確認されて角笛が響くと、街には車の音や喧騒が戻って「贖罪の日」は終わる。

ヨム・キプールが終わると間もなく、側面を白い布、屋根をナツメヤシの葉で覆った「スカー」と呼ばれる仮設の小屋を方々でみかけるようになる。かつて、ユダヤ人が荒野で40年を過ごした苦悩の時代を記憶し続けようとするお祭りで、「スコット（仮庵の祭り）」と呼ばれる。スカーの複数形を示すスコットは一週間続き、荒野をしのびながらスカーの中で食事をしたり、コーヒーを飲んだりする。

ユダヤの新年祭は、スコット終了直後のシムハット・トーラーで華々しく終わる。シナゴーグで毎日トーラー（旧約聖書の一部）を読む宗教的な生活を送る人々は、一年間かけて読んできたトーラーがその日終わることで、完読の喜びを全身で表す。色付きのネオンで目一杯装飾し、スピーカーからテンポのよい音楽を流しながら走行するワゴン車の後ろを、大勢の人々が列をなして行進する。広場に到着すると音楽に合わせて人々は体を揺らし始める。シナゴーグで男性と女性が別々に祈祷するように、宗教的な人々は男女別々の場所で踊る。トーラーを読むことが人生そのものともいえる生活を送

ユダヤの新年祭の最後を彩るシムハット・トーラー。手に抱えているのがトーラー（樋口陽子撮影）

る人々が、全身で喜びを表現するエネルギーは目を見張るものがある。翌朝は、宗教的な人々にとっては改めてトーラーを読み始める日となり、世俗的な人々にとって新年の連休シーズンが終わる日となる。雨季と乾季の二季からなるイスラエルで、雨が降り始めるのもこの頃からである。

　イスラエルはしばしば聖地といわれるが、クリスマスソングを耳にすることはきわめて稀である。その代わり、ハヌカというユダヤ教の祭りが街を彩る。紀元前2世紀ユダヤ人がギリシャ軍からエルサレムの神殿を奪還し、神殿を清めるために残されたわずかなオリーブ油を燭台に灯したところ、奇跡的に八日間灯り続けたことを記念するお祭りである。そのため、ハヌカは、光の祭りともいわれ、八日間一日一本ずつロウソクを灯す。世界の多くの国でジングルベルが鳴り響く頃、イスラエルでは毎日夕方になるとロウソクを灯す歌が街に響く。子どもたちは「ここで奇跡が起こった」というヘブライ語の頭文字が四辺に記されたコマを回して遊ぶ。そして「スフガニヤ」と呼ばれるジャムが入ったドーナツや「レビボット」と呼ばれる揚げ物を食べる。

　ハヌカが終わるとしばらく静かな雨季の日々が続く。そして2月が終わり、徐々に春めいてくる頃にプリムという仮装の祭りがやってくる。紀元前5世紀、ペルシャ帝国の大臣ハマンがユダヤ人絶滅計画をたてたが、それを耳にしたユダヤ人のモルデハイが変装して王宮に入り込み、義理の娘で王妃となっていたエステルに知らせることに成功し、計画が未遂で終わったことを記念する祭りである。そのため、プリムでは、その物語が書かれた「エステル記」を読んだり、子どもたちがあこがれのTVのヒーローに変装したり、また、「ハマンの耳」と呼ばれる三角のクッキーを食べたりする。酔っぱらうのがよいとされる祭りなので、子どもにも大人にも楽しい祭りである。

ペサハの期間中、販売が禁じられた製品には覆いがかけられる（樋口陽子撮影）

花が咲き乱れ、雨季から乾季へと大気が激しく入れ替わるような熱風が内陸から吹き込むようになると、春を告げる「ペサハ（過ぎ越し祭）」である。約3000年前、エジプトの地で奴隷となっていたユダヤの民がエジプトを脱出したことを記憶する祭りで、ユダヤ人にとって最も大切な祭りの一つである。ユダヤ新年同様家族が集い、「出エジプト」の歴史とその記憶を語り継ぐための物語や決まりごとが記された「ハガダ」と呼ばれる式次第を輪読したり、歌を歌ったりする。「セデル」と呼ばれるその家庭内の儀式でペサハは始まり八日間継続する。ペサハの期間中、発酵した麦製品は食べてはいけないと聖書に記されているため、ビールやパン、クッキーを陳列したスーパーの棚がみえないようビニールで覆われる。

「過ぎ越し祭」は春の大型連休の始まりである。その約一週間後には、第二次世界大戦時に欧州各国で600万人のユダヤ人が虐殺された、いわゆるホロコーストを二度と忘れまいと誓う祈念日がある。朝10時にサイレンが鳴り響くと、国民の大半は高速道路を走行中であっても車内から降り、起立して一分間黙禱する。どんな繁華街でも一分間の沈黙が支配する。その一週間後は、戦没者祈念日で、再びサイレンが鳴ると、同様に国民が一斉に立ち止まって黙禱し、国を造る、また国を守るために犠牲となった兵士たちに哀悼の意を示す静かな時間が流れる。そして、同じ日の夜には、今度は建国記念日へ、暗から明へ、陰から陽へと急転する。

本格的な夏の日差しが照り付ける頃になると、「シャブオット」と呼ばれる夏の収穫とモーセからトーラーを与えられたことの両方を祝う祭りがやってくる。豊穣を願って乳製品を食べる祭りとして、ケーキ屋は競ってチーズケーキを作る。シャブオットが終わり、しばらくすると、いよいよ約二カ月間の夏休みに突入し、街や海岸は地元の人々や観光客で埋め尽くされる。そして、まだ暑い盛りの日に、商店のウィンドウに「新年セール」の看板が踊るようになる頃、子どもも大人も、気分新たに新学期、そして新たな年を迎えようと背筋を正すのである。

（樋口義彦）

11

誕生から死まで

★世俗的イスラエル人と通過儀礼★

イスラエルで生きるユダヤ人の誕生から死に至るまでに経験する人生の通過儀礼は、ユダヤの伝統に基づいた儀礼である。その起源は聖書（旧約聖書）にあるため、日頃は伝統とも宗教とも無縁の生活を送る世俗的なユダヤ人（20歳以上のユダヤ人の44％。イスラエル中央統計局2018年4月）であっても、人生の通過儀礼の度に自分自身の人生と照らし合わせながらユダヤの歴史、伝統そして聖書をみつめることとなる。

まず、ユダヤ人男児は生後八日目に、シナゴーグで「ブリット・ミラー」と呼ばれる割礼を受ける。ブリットとは契約を意味し、神との契約の印として行われたと聖書に記される人生最初の儀礼として現在でも続けられている。

義務教育は、就学前一年間の幼稚園が義務化されている一方で、高校三年間は義務ではなかったが、2007年の法改正以降、1―6―3―3の13年間になりつつある。各家庭では「成人の儀」といわれるバル・ミツヴァとバット・ミツヴァを、男子13歳、女子12歳でそれぞれ祝う。

バル・ミツヴァを過ぎると「男性（イッシュ）」になると聖書に記されているように、精神的に大人の仲間入りを意味する重要な儀式である。現在も、13歳を迎えた男子が、親族や知人を前にして聖書の一句を朗読して「一人前になった」と賞賛される場面がバル・ミツヴァの見所である。一方バット・ミツヴァはバル・ミツヴァの女子版として、19世紀頃からリベラルなユダヤ人の間で始まった歴史の浅い慣習であるが、今ではすっかり定着している。女子はシナゴーグで朗読することはないが、親族や知人を招いた会食を開いて両親への感謝や人生の抱負を述べるなど、大人の階段を上る特別な誕生日を経験する。近年では、家族で海外を旅行するのもバル・ミツヴァとバット・ミツヴァの祝い方の一つとなっている。

高校を卒業すると男女問わず兵役の義務が待っている。18歳は入隊のみならず、国政選挙への参政権が得られるほか、アルコールを飲むことも許されるなど、社会的に成人と認められる年齢である。徴兵は義務であるが、2割を占めるアラブ系住民、神学校に通い続けることが許されているハレディーム（超正統派）、宗教的な生活を送る女性、またアレルギーなど健康上の問題や犯罪歴のある者は免除される。近年は、これらの免除者に加えて、兵役の代わりに社会活動に奉仕する若者も増え、徴兵対象者の約半数は兵役に就かず、その割合は年々増加傾向にある。

軍隊を終えた多くの若者は、一人旅に出かける。バックパックを背負ったイスラエル人の若者をアジアや南米でみかけるのはそのためである。兵役を終え、旅を終えた後でようやく人生の進路を模索し始めるが、就職にはほとんどの場合に大卒の資格が求められるため、新学期を迎える10月になると20代も半ばの新入生が大学キャンパスにあふれる。２０１６年の統計によれば、イスラエルの25歳から64歳のほぼ半数は高等教育を修了している。この数値はＯＥＣＤ加盟国の中でカナダ、日本に次ぐ第３位である。

大学入学時の年齢は高く、平均初婚年齢が男女とも20代後半で晩婚化の傾向にある。大半の世俗的カップルは、数年同居した後で結婚を決断するが、結婚についてはユダヤの決まりが大きく関与するため単純ではない。

イスラエルではラビによって結婚の儀が行われる宗教的な結婚しか認められない。つまり、市役所に婚姻届を提出するだけの結婚は存在しない。したがって、宗教的な生活と無縁であっても、結婚を決めたらまずラビのところに「すみませんが結婚式を挙げてください」とお願いに行かなければならない。しかも、どのラビでもよいわけではない。結婚をはじめとする全ての宗教行政は、ユダヤ教の中でも「ハレディーム」と呼ばれる正統派の一部勢力にしか権限がないからである。それ以外の宗派に属するラビも実際に結婚の儀を司るが、政府はその結婚を認めていない。そのため、結婚式を挙げても住民登録上は独身のままという矛盾したケースが少なからず存在する。

フパ（天幕）の下で行われる結婚式（樋口陽子撮影）

正統なラビによる結婚に比べると、それ以外の宗派のラビによる結婚は少数派であるが、結婚式当日の式次第に大きな違いはない。イベント会場の一角に設置された「フパ」と呼ばれる布の四隅に木の棒を結んだ天幕の下で、新郎と新婦が「ケトゥバ」と呼ばれる結婚契約書を交わす。ケトゥバには、離婚の際に新郎が新婦に支払う慰謝料など、きわめて現実的な内容も記される。新郎が「エルサレムを忘れたら我が右手を萎えさせよ」という聖書の一文を述べた直後に、ワイングラスを足で割ることでフパでの儀式は完結し、会場の祝福ムードが最高潮に達する。その後は、新郎新婦と参列者が全身で喜びを表す踊りが深夜まで続く。

結婚が一部の宗教勢力に独占されている現状に対する批判の声は大きい。ラビに結婚の儀を依頼することを拒否し、飛行機で40分ほどの隣国キプロスに渡って形式的な結婚式を行い、キプロス政府から結婚証明書を受け取り、帰国後イスラエル内務省にそれを提出して身分を既婚に変更する国外結婚も一定数存在する。

宗教婚しか存在しないイスラエルにおいて、このような国外結婚は異教徒同士や非ユダヤ人との結婚の解決策でもある。冷戦終結と同時に旧ソ連諸国から一気にイスラエルに押し寄せた大規模な帰還民は100万人を超えるが、そのうち約30万人はユダヤ人ではない。帰還民受け入れの方針を成文化した「帰還法」には、本人の二世代前後に一人でもユダヤ人がいれば帰還の権利があると明記されているため、「ユダヤ人ではない帰還民」が合法的に存在するからである。

そのような非ユダヤ人との結婚は、すなわちユダヤ教徒に改宗するか、または国外結婚するかの選択肢しかない。しかし、改宗手続きも他の宗教行政同様に一部勢力によって独占されているため非効率で時間がかかる。かといって、国外結婚は何より経済的負担が大きい。「ユダヤ人ではない帰還民」が結婚の際に直面する問題は年々大きくなっており、ラビに頼らない市民婚の導入を求める声が高まっているが、宗教勢力の反対により実現には至っていない。

結婚と並び宗教行政に権限が独占されている儀礼は葬礼である。死から埋葬に至る一連の手続きは、「ヘブラ・カディシャ」と呼ばれる宗教組織によって行われる。死者は火葬せずにできるだけ早く埋葬することが求められるため、ヘブラ・カディシャは死者の清浄から墓穴を掘ることまで請け負う。ちなみに、ユダヤの教えでは生まれたままの体で埋葬しなければならないため、刺青は全て剝ぎ取られる。若い頃から気軽に刺青を入れるイスラエルでは、この作業の対象者は意外と多い。

埋葬と葬式は墓地で同時に行われる。したがって、葬儀の案内を受け取ったら、死者が埋葬される墓地に直接向かうが、その際帽子などで頭を覆うのが通例である。遺族は衣服の一部を破り、髭を剃らずに悲しみを表す。埋葬後、親族は死者の自宅などに集まって、「シヴアー」と呼ばれる七日間の喪に服すが、その間に知人や友人などはシヴアー中の親族を訪問して励ましたりお悔やみを述べたりする。

結婚同様、「ユダヤ人ではない帰還民」のように所属する宗教のない国民の埋葬に関する手段と場所がしばしば問題となるが、近年は非宗教的な手段で埋葬するNPO組織の活動によって解決されている。

このように日頃は伝統とも宗教とも無縁な生活を送るユダヤ人も、ユダヤの伝統に基づいた人生儀礼を通過しながら一生を終える。しかし、人生儀礼にかかわる宗教行政が正統派というユダヤ教の一部勢力に独占されているため、特に婚姻や埋葬はその宗派に属さないユダヤ人や「ユダヤ人ではない帰還民」にとっては大きな困難である。すなわち、個人の人生儀礼である婚姻や埋葬が、ユダヤ人とはだれか？ユダヤ国家とは何か？という大きな問題までに発展する複雑さを孕んでいる。（樋口義彦）

コラム5

メア・シャリーム

鴨志田聡子

メア・シャリームはエルサレム旧市街地の北西に位置する、超正統派（ハレディーム）ユダヤ教徒が集まって住んでいる地域だ。19世紀後半、旧市街の人口が増加し住みにくくなったため、その対策としてユダヤ人居住区を広げようと、ユダヤ教徒とキリスト教徒によって建設さ れた。「メア・シャリーム」は、一般的にはヘブライ語で「百の門」を意味することで知られている。ただし、建設された日に読まれた祈禱書トーラーの、イサクがこの地に種を蒔き、その年百倍収穫した話（「創世記」第26章12節）の「百倍」にも基づくようである。

ここに住む超正統派の男性たちは、黒いスーツや帽子を身につけ、あごひげやもみあげを伸ばしている。女性たちは長袖、長いスカートに分厚いストッキングを身につけている。さらに既婚女性は髪を剃ってその上からカツラをつけたり、ショールで自分の髪の毛を覆っている。そしてこの地域ではユダヤ教の教義に基づき避妊しないため、子どもを10人産む女性もめずらしくないとも聞いている。

メア・シャリームは特に壁で囲われているわけでもなく、誰でも自由に出入りできる。ただし、この地域に入るときには人々を驚かせないように、男性も女性も肌を隠すのがマナーである。メア・シャリームの周りには、ヘブライ語や英語で「慎ましくない服装でわれわれの地区を歩かないでください」と書かれたポスターが貼られている。筆者もこの地域に行くときには、夏でも長袖を着て、長いスカートに靴下を履き、髪の毛をスカーフで隠していった。イスラエルでは肌を隠す宗教的な人々が多い一方で、肌を露出している世俗的な人々も多い。何かの用事でメア・シャリームから外に出た超正統派たち

コラム5
メア・シャリーム

「慎ましくない服装でわれわれの地区を歩かないでください」と書かれたメア・シャリーム入り口の看板

にとっては、刺激が強すぎやしないか心配になるほどであった。

　ところで筆者はイスラエルに行く前に、メア・シャリームにはイディッシュ語で話す人がたくさんいると読んだり聞いたりした。超正統派ユダヤ教徒は聖なる言語ヘブライ語を日常生活で話すことを拒み、代わりにイディッシュ語で話しているというのだ。しかし2006年にメア・シャリームに行ってみると、通りではイディッシュ語ではなくヘブライ語ばかりが聞こえてきた。

　イスラエルに滞在するうちにメア・シャリームにも知人ができ、しばしば彼らの家や超正統派ユダヤ教徒の礼拝所を訪ねるようになった。するといくつかの超正統派のグループでは、男性同士はイディッシュ語で話しているが、女性同士はヘブライ語で話していることがわかってきた。男性が通うヘデルやイェシバといった宗教学校において、話しことばとしてイディッシュ語が使われているのに対し、仕事に出たり家庭に残ったりする女性たちの間では、主にヘブライ語が使われている。このような状況のなか、超正統派ユダヤ教徒の女性のイディッシュ語話者が絶えないようにと、少女たちにこの言語を教えている女性もいる。しかし2016年に現地に行ったあるイディッシュ語話者が、「メア・シャリームのイディッシュ語話者が増えているようだ。あちこちでイディッシュ語を耳にした」といっていた。詳細は不明だが、状況は変化しているのかも知れない。

イスラエル滞在中は、たびたびバスでメア・シャリームを通過した。狭いところに人口が集中していて、通りにはたくさんの正統派ユダヤ教徒が歩いていた。特に安息日（シャバット）前は人々で道路がごった返し、バスがなかなか進まなかったのを思い出す。バスが進まないのをいいことに、停留所でもないのにバスの扉をたたき、「乗せてくれ！」と叫ぶ超正統派の人々と、「無理だ！」と怒る運転手の「バラガン（ヘブライ語で「めちゃくちゃ」を意味する）」な様子が忘れられない。

12

聖と俗の緊張関係

★ユダヤ教とイスラエル社会★

イスラエルでは、ステーキを食べた後でチーズケーキ、またはカプチーノを口にしたいと思っても、それはかなわぬ願いとなることが多い。大半のレストランが、肉と乳製品を一緒に口にすることをご法度とする、「カシュルート」と呼ばれるユダヤ教の戒律を守っているからである。同じ理由でマクドナルドのメニューにチーズバーガーは存在しない。また、週末はショッピング！と思ってもバスや電車などの公共の乗り物は運行停止で、スーパーマーケットもデパートも営業していない。神様が六日間かけて天地を創造して七日目には安息したように、一週間の最終日は労働してはならないというユダヤ教の戒律が社会に根づいているからである。

イスラエルを訪れると体験するこのような驚きの根拠は、ユダヤ教の戒律にある。宗教的な戒律がイスラエル社会に影響を与えているのは、「ラビ」と呼ばれる宗教指導者が戒律に基づく宗教行政を担い、チーズバーガーをご法度と決め、安息日にバスも電車も走ってはならないと決めているからである。しかし、イスラエルは宗教国家ではないので、国家が宗教行政を干渉することはなく、戒律を守るか否かは個人の自由に任され、守らなくても罰せられることはない。実際、イスラエルに住むユダヤ人の半数以上は厳密に宗教の戒律を守っているわけではない。

しかし、戒律を守らず宗教とは無縁の生活をしている世俗的なユダヤ人でも、宗教行政を避けては通れない。その一つが結婚の手続きである。イスラエルでは、日本のように市役所に婚姻届を提出するだけでは結婚は成立せず、ラビが司った儀式によらなければ結婚が認められないからである。結婚が宗教行政に委ねられるのはユダヤ人に限らず、アラブ人も同じで、各人が所属するイスラム教やキリスト教の宗教行政に基づいて婚姻の手続きを進めなくてはならない。また、遺体を埋葬する際の手続きも同じだ。すなわち、独身から既婚へ、また死亡へ、と内務省に登録されている個人の身分が変更するたびに宗教行政の関与は不可避なのだ（第11章参照）。このように、一生の決断である結婚をはじめ、きわめて個人的な身分変更の権限が、日常的に馴染みのないラビに独占されている。

さらに、イスラエルの宗教行政を独占しているのは、ラビの中でも最も厳格に戒律を守っている「ハレディーム（超正統派）」と呼ばれる一派のラビに限られている。頭のてっぺんから足の先まで、真っ黒な帽子と衣服に身を包み、もみ上げを長く伸ばしているハレディームは、外国人に強烈な印象を与えるが、20歳以上のユダヤ人に占める割合は10％ほどにすぎない（イスラエル中央統計局2018年4月）。また、イスラエルという国は神によって復活されると信じている一部のハレディームは、人間が政治的決断に基づいて建国した現在のイスラエルという国家を認めていない。そのため、こうしたハレディームの子どもが学ぶ学校には国旗をはじめとする国家のシンボルが一切ない。また、政府が指定する教育要領にも従わず、聖書を中心とする独自の教育が行われている。その一方で、学校運営には政府の補助金が支払われ、国民の義務である兵役も事実上免除され、男性は働かずにユダヤ教神学校で聖書を学び続ける人生が認められている。

　したがって、イスラエル社会ではハレディームも他の国民と同じ社会的負担を負うべきとの議論が起こる。特に高い出生率のために年々増加しているにもかかわらず（2016年時点で20代のユダヤ人の17%がハレディーム。イスラエル中央統計局2018年4月）、最大の負担である徴兵が事実上免除されていることに対する国民の「不平等感」は強い。2014年には、この不平等感を払拭すべく、段階的にハレディームの入隊者数を増加することを求めた、いわゆる「負担平等法」が成立した。しかし、翌年の内閣改造で宗教政党が入閣したこと等の理由で、再び事実上の免除が認められる状態となっている（2018年6月時点）。

世俗的な人々の、超正統派の人々に対する視線は概して冷ややかである（樋口陽子撮影）

　宗教的な生活を送るのはハレディームだけではない。イスラエルでは、ハレディームほど厳格には戒律を守らず、同時にイスラエル建国を神のユダヤ人に対する救済の予兆と肯定的に受け止め、兵役を含めて積極的に社会参加する人々を一般的に「宗教的な人々（ダティーム）」と呼ぶ。黒い格好はしないものの、男性は「キッパ」と呼ばれる頭の被り物をして神への敬意を表しているのが外見上の一つの特徴だ。女性は頭部を覆い、長袖やロングスカートで慎ましく身を包む。イスラエルを歩いていると目にする、タンクトップやミニスカートなど肌をみせる多くの女性の姿とは対照的である。

子どもは、国旗を掲揚し、教室には首相や大統領の顔写真も掲げている公立校でありながら、男女別学や祈禱や宗教の授業など宗教色の強い「公立宗教校」と呼ばれる学校で学ぶ。公立宗教学校で学ぶ生徒数をはじめ、ダティームはハレディーム同様に増加している。しかし、彼らがハレディームと大きく異なるのは、積極的に社会参加をしているために、世俗的な人々との交流も盛んで、イスラエル社会の一部としてしっかり認識されていることである。

積極的な社会参加ゆえに、社会に与える影響力は大きい。特に、軍隊における宗教化は、年々問題が深刻化している。男女混合で編成される部隊では、女性兵士に休憩中にタンクトップの着用が禁じられるなど、ダティームの男性兵士に配慮した新たな決まりも導入されている。近年はダティームの兵士が増加していることに加えて、幹部に配置されるようにもなり、軍の宗教化が進んでいる。２０１７年時点では、ダティームが幹部養成コースの教官の50％を占める。また、軍のエリートコースといわれるパイロット訓練コースの２０１７年夏の研修生の25％がダティームともいわれる。建国以来、母語や価値観が多様な国民で構成されるイスラエルにおいて、軍はそのような多様性を超えた対等な国民意識を構築する場として機能してきた。ところが、近年は宗教的な価値観が影響を与えていることが国防軍の大きな問題の一つとして議論されている。

イスラエル社会における宗教化の問題が深刻かつ複雑なのは、宗教と世俗が単純な対立関係にはないからである。「ペサハ（過ぎ越し祭）」や「ローシュ・ハシャナ（ユダヤ新年）」といったユダヤ暦に基づく年中行事は、聖俗の違いを問わず、ユダヤ人が守り、次の世代に伝えようとする。すなわち、ユダヤ人であることとユダヤの伝統を守ることは同義であり、宗教か世俗の違いはない。世俗的な人々は、一方で戒律上の制限がなく好きなものが食べられる社会を求め、宗教行政に独占されない自由な結婚を望んでも、他方では戒律やユダヤ教そのものを否定することはしない。ユダヤ人であることの自己否定にもなりかねないためである。

ユダヤ人の祖国として建国され、一部の基本法（第26章参照）にユダヤ的および民主的国家と定義されるイスラエルであるが、ユダヤ人とは誰か、ユダヤ的とは何か、という根本的な問いに対する明確な回答は存在せず、むしろ複雑化しつつある。世俗的な人々の間では時に宗教色の拡大が国家存続の危機とさえいわれ、２０６５年には全人口の32％をハレディームが占めるとの予想が悲観的に報じられる。ハレディームの増加に伴いイスラエルのユダヤ人人口における聖と俗のバランスが変化していることを含めて、世俗と宗教との緊張関係は、今後のイスラエル社会に強く突きつけられている根本的な問題でもある。

（樋口義彦）

コラム6

労働禁止の安息日「シャバット」

鴨志田聡子

シャバット（イディッシュ語や英語ではシャベス）とは、ヘブライ語で「休む」という意味で安息日のことである。シャバットはユダヤ教で最も大切な祝日で、金曜日の日没ごろから始まり、土曜日の夕方に空に三つの星がみえるころに終わる。聖書の、神が六日間天地創造をし、七日目に休んだことに基づく。シャバットが始まる時間と終わる時間は毎週変化する。便利なことにユダヤの新聞やカレンダー、手帳をみると、ちゃんと記されている。

シャバットに働くことはユダヤ教で禁止されている。宗教的に熱心な人々はかなり厳守していて、火を使った調理、電話、筆記、運転、買い物などをしない。人々は「休む」ために普段の生活ができないので、生活が不便にならないように、いろいろ便利なものがある。電気を自動的につけたり消したりするためのタイマーや、自動運転して各階に止まるシャバット・エレベーター、昼夜食事を保温するホットプレートなどである。

シャバットにはユダヤ人の店はほとんど閉まり、多くの公共交通がストップする。人々は金曜日の午前中から昼過ぎに買い出しに出かけたり、知人友人に電話したり、メールをチェックしたりする。そしてシャバットが始まったことを知らせるサイレンが鳴る頃には、あわただしかった街の雰囲気が一変して静まり返る。宗教的なユダヤ人が多い西エルサレムのシャバットは本当に静かだ。

制約の多いシャバットであるが、家族や友人知人が集まりにぎやかになる団欒の時でもある。仕事を一気に片づけて準備し、気持ちよく休みを迎え、大切な人たちと時を過ごすというのは、日本の大晦日とお正月に似ている。

コラム6

労働禁止の安息日「シャバット」

シャバット・プレート（写真中央の鍋の下）とタイマー（左上）。タイマーのダイヤルをセットすると自動的についたり消えたりする

祝日のための食事は、金曜の夜、土曜の朝と午後の三回する。筆者もイスラエルにいるとき、いろいろな家庭に招いてもらった。たとえば正統派ユダヤ教徒サミュエルは30歳くらいの男性で、エルサレム郊外に両親と三人の兄弟と一緒に住んでいる。シャバットには、エルサレム市内に住んでいる二人の兄弟もこの家に帰宅する。その頃、サミュエルの母親はいそいそと料理している。

母親は、日中に料理を終えると子どもたちを集め、二本のろうそくに火をつけて普通の日とシャバットを分けるためのお祈りをする。父親と子どもは、シナゴーグでお祈りをしてシャバットを迎える。お祈りから帰ると皆で食卓を整える。皆が着席すると、父親がワインをグラスに注いでお祈りし、それを皆にまわす（ここで手を洗うことが多いが、サミュエルの家では省いていた）。そして、父親が「ハラー」と呼ばれる三つ編みパンを切って皆に配る（このパンを口にするまで、おしゃべりはしない)。

この後サラダやスープが運ばれ、食事が始まる。

出身地などによってシャバットの料理も多様である。サミュエルの父親と母親は東欧にルーツをもつ米国出身のユダヤ人で、よく出る料理はチキンスープやローストチキン、肉と豆を煮込んだ「チョレント」と呼ばれる食べ物である。羊肉のローストや、焼き魚、そして魚のつみれのごちそう「ゲフィルテフィッシュ」が出ることもある。食事がすむと再びお祈りをして、皆で食卓を片づけ、リビングで話したり、自分の部屋に行って、本を読んだりするのが彼の家のスタイルである。

土曜の早朝はシナゴーグに出かける。そこには地域の人々がシャバット用のこぎれいな服を着て集まってくる。お祈りの後トーラー(ユダヤ教の律法書)の一部を読み、近所の人と世間話をして家に帰る。

その後朝食をとる。この時近所の人を招いたり、近所の人から招かれたりすることがある。昼食までのんびり過ごし、昼食後に再びシナゴーグに行く。そして軽食をとり、シャバットが明ける頃にまたシナゴーグや自宅でお祈りする。このようにお祈りと食事と親しい人たちとのおしゃべり、そして休むことを満喫するのがサミュエルの家族のシャバットである。

シャバットが終わると、公共交通が動き出し、商店が開く。街中に人々が集まり、静まり返っていたエルサレムもにぎやかになる。ヘブライ語で「第一の日」と呼ばれる、日曜日から職場や学校に行く。また一週間が始まる。翌日から

13

産めよ育てよ

★イスラエルの出産・子育て事情★

イスラエル中央統計局の資料によると、2016年の合計特殊出生率、すなわち女性一人が一生で出産する子どもの平均数は3・11人。経済協力開発機構（OECD）の加盟国の中でトップの座にある。ユダヤ人を中心にさまざまなエスニック・グループが存在するイスラエルでは、グループによって家族形態や平均的な子どもの数が異なる。いわゆる世俗派と呼ばれるユダヤ系の夫婦では子どもは3～4人というのが普通だ。ハレディーム、すなわち、超正統派ユダヤ教徒の夫婦ならば、10人以上の子どもがいる例もめずらしくない。正統派の住民が多いエルサレムの街では、ベビーカーを押す母親に寄り添い、兄姉が弟妹の手をとってずらりと行列をなすかのように歩く姿をよくみかける。

ユダヤ教の聖典である旧約聖書には「産めよ、増えよ、地に満ちて地を従わせよ」（「創世記」第1章28節）というくだりがある。ユダヤ教では、子どもは神からの贈り物であり、家族の繁栄は人生で最も大切なものとされる。また、ユダヤ人の離散・迫害という過去の受難が、子孫を増やす原動力となっているとも説明される。また、ユダヤ教徒に加え、ムスリムやキリスト教徒のアラブ系住民も、子どもは神からの贈り物、家族の繁栄は人生の豊かさの現われとしてとらえる。特にベドウィンは、超正統派ユダヤ教徒の家族に匹敵する大家族を抱える。

「子どもは最大の宝」という社会的・宗教的背景のもと、イスラエルは世界に稀にみる出産奨励策、生殖医療技術を誇る。女性には15週の出産育児休暇が認められ、税制においても母親優遇制度がある。パートナーの男性と育児休暇を分けてもよい。また、不妊治療中の女性には年間80日までの有給休暇が認められる。さらに、あらゆる生殖医療サービスに対し資金援助をする世界で唯一の国である。不妊治療は、既婚・未婚にかかわらず、すべての女性やカップルに45歳まで健康保険枠で提供され、卵子提供を受ける場合は、資金援助がカバーする資格は51歳まで延長される。巷でも「イスラエルはＩＶＦ（体外受精の略）王国」と謳われるが、各都市の大病院には、決まってＩＶＦ科があり、診療者であふれている。キャリアウーマン風の女性、配偶者や母親に付き添われたムスリムの女性、伝統的な服装のユダヤ教徒夫妻が肩をならべて検査待ちだ。看護師たちは、ヘブライ語、英語、アラビア語、ロシア語を見事に切り替えながら一人ひとりの診療者に投与すべき薬の指示を行う。医師も終始明るい態度で、「これがだめなら、次の方法」と積極的に治療を進め、診療者を激励する。

国民の「子ども」という集団的ニーズにここまで国家と社会が太っ腹で応えているのは、人口問題に国家そのものが強く関与しているといえるかもしれない。「高値の」赤ちゃんも成人して働いてくれれば、税金を支払ってくれるから、という意見もある。しかし、何よりも、どんな女性にも母となる機会を最大限に与えるべき！という根源的な意識がイスラエル社会にあるように感じられる。

妊娠、出産についても例外的な検査や条件を望まなければ保険でカバーされる。そのうえ、妊娠中の検査も世界有数といわれるほど多く、出産に対する希望も自由に聞いてもらえるのが普通である。ただ、生まれてしまえば、あっさりとしたもの。二泊したら即退院（帝王切開の手術の場合は一週間）となる。

赤ちゃん誕生後の検診は、「ティパット・ハラブ（意味はミルクのしずく）」と呼ばれる赤ちゃん専用の施設で行われる。壁にはディズニーのキャラクターが描かれていたり、おもちゃ箱があったりの赤ちゃんにやさしい空間づくりが工夫されている。専門の看護師が常駐し、予防注射や小児科医の診察などのほか、乳幼児のための緊急心臓マッサージ等の講習会なども行われる。

「産めよ、増やせよ、地に満ちて地に従わせよ」。超正統派家族は子沢山（エルサレムで、立山良司撮影）

イスラエルでは、それぞれの宗教・文化背景によって、子育てのあり方も微妙に変わるが、ユダヤ人の場合はどうだろう。まず、生まれた子が男の子だったら、ユダヤ教の伝統に則り、八日目に割礼式が行われる。ユダヤ教徒と神との契約の中でも最も重要なものの一つであり、「モヘル」と呼ばれる割礼執刀者とラビによって、招待客に囲まれて厳かになされる。儀式後は赤ちゃんの誕生を祝う賑やかなパーティとなるのだが、母親にとっては男の子の子育ての第一関門。緊張と不安に打ち勝たねばならず、会場から一時姿を消す母親すらいる。赤ちゃんは当然わっと泣き出すのだが、お祝い用の赤ワインを含ませたガーゼをくわえさせたりして、痛みをやわらげてあげる（?!）こともある。長男の場合、生後31日目に「ピディオン」と呼ばれる儀式が続く。ユダヤ教では長男は両親のものではなく、コーヘン（司祭）のものになることから、子どもを取り戻すために、父親は「身代金」を払うという象徴的な儀式だ。しかし、こちらは世俗的な家族はあまり行わない。女の子の場合は、誕生後父親がシナゴーグへ行ったときに、母親と赤ちゃんへの祝福が唱えられ、慎ましいお祝いの会がもたれる。子どもの誕生の儀式が「子どもの幸せと健康を祈って云々」というのではなく、神との契約だからという義務を遂行するというところがユダヤ教的やり方といえる。

世俗派であれ、宗教派であれ、共働きが一般的なイスラエルでは、産休が終わると、親は子どもをどこかへ預けなければならない。数カ月の乳児は、「マオン」と呼ばれる保育施設か、「メタペレット」と呼ばれるベビーシッターのもと、あるいは「ミシュパハトン」という4、5人の子どもを預かる家庭で過ごすことが多い。2、3歳になると「ガン」と呼ばれる幼稚園に通う。幼稚園は世俗派、伝統派、正統派、キブツ、また二言語教育派、シュタイナー教育派など多様な趣向に分かれ、親は自らの生活習慣やイデオロギーにあった子どもの場を探す。幼稚園は通常朝7時〜7時半頃から午後1時まで、午後までの保育では午後4時半頃までだ。両親ともフルタイムで4時頃までに迎えにいけない場合は、ベビーシッターを雇ったり、子どもの祖父母の力を借りるケースもある。ただ、イスラエルの職場は、子どもをもつ母親に理解を示すことが多く、仕事を早めにあがっても冷たい視線を向けられることはない。問題は3歳くらいまでの子育て費用が大変高いことで、社会から悲鳴が上がっている。

イスラエルの幼稚園では、元気いっぱいの子どもたちが、それぞれ自由に思いのままに遊んでいる。あっちでままごと、こっちで積み木。お絵かきする子もいれば、パズルに没頭する子もいる。そしてメリハリをつけるように保育士がリードする集会がある。子どもたちは保育士を囲んで座るが、皆、「私が」「僕が」と受け答え、積極的に子どもなりの「議論」に参加する。個を尊重し、言いたいことがいえ、直接的に問題提起をして解決しようとする教育現場のあり方がすでに2、3歳児の幼稚園でも実現されている。私の知るエルサレムの幼稚園では、集会では保育士が、テーマを決めて絵本を読んだり、季節の行事にちなんだお話をする。プリムやハヌカなどのユダヤ教の祝祭日が近づけば、パーティも行われ、金曜日にはカバラット・シャバット（安息日を迎える儀式）もある。こうして子どもたちはユダヤ教について早くから学んでいく。また、イスラエル人としての愛国心もしっかりと植え付けられる。独立記念日の週には、幼稚園はイスラエル国旗の色である青と白で埋め尽くされ、幼稚園内のパーティには、白いシャツと青いズボンで登園するようにとお達しがある。個の尊重とともに、圧倒的な連帯感を生み出そうとするところも、イスラエルの幼児教育現場の特徴といえようか。

イスラエルの妊娠、出産、子育てというシーンを追うと、イスラエル社会が家庭という単位を重視し、地域社会全体が子どもをバックアップして育てていることが感じられる。また、母性（また父性）を引き出される場面に遭遇しやすい。「子どもを得なさい。相手は人間だったら誰でもいいのよ。育ててみてごらんなさい。子どもほど素晴らしいものはない」——1950年代10歳のときに徒歩でシリアから越境し、イスラエルで生き抜いてきたユダヤ人女性が、30代だった私の目をみつめて語った言葉である。

（屋山久美子）

14

教育重視社会

★18歳で大きな転機★

イスラエルの大学に留学した学生が驚くことの一つは、学部の1年生が大人びてみえることだ。イスラエル人学生の多くは、男性では18歳から21歳までの3年間、女性では18歳から20歳までの2年間の兵役を終えて大学に来ている。兵役期間を終えた後に海外旅行などをすることによって、大学入学年齢がさらに高くなっている場合も多い。大学1年生の相当数が20歳をとうに超えているわけで、大人びてみえるのも当たり前である。でもそれだけではないようだ。彼らの中には軍隊で部下を指揮する立場にいた者や、責任ある作戦を実施した者も含まれているだろう。このことが彼らを大人びてみえるようにしているのかもしれない。いずれにせよ彼らは、サマースクールで大学を訪れている欧米の若いユダヤ人留学生たちとは相当雰囲気を異にしている。

教育は国のあり方に大きな影響を与える。イスラエルの教育システムをみてみると、義務教育である5歳から18歳までの間には、幼稚園の一年間を経て、小学校（1年生から6年生）、中学校（7年生から9年生）、そして高校（10年生から12年生）に進むことになる。無償だ。そして、これら義務教育では一般の課程以

テルアビブ市内の公立小学校。２年生の「トーラー」の授業風景（樋口陽子撮影）

外にも、宗教に重点を置いた課程、アラブ人やドゥルーズであるイスラエル人のための課程をもつ学校が存在している。

１９４８年の建国以前の時点ですでに、ユダヤ人コミュニティの中にはヘブライ語を使った教育システムが設置されていた。そして、建国後も各国からやってくる移民のために教育システムが整備されていった。外国からの留学生なども通っているヘブライ語習熟のための「ウルパン」と呼ばれる語学学校も、移民に対する教育を行う必要性を背景にして発展してきている。

現代のイスラエルにおいては、高校を終えた18歳のユダヤ人は大きな決断を迫られる。上述の通り兵役は基本的に、男性の場合には3年間、女性の場合には2年間と定められている。こうして、18歳で高校を卒業した相当数は軍隊に進むことになる。ここで彼らは、陸、海、空どこに進むのか、さらにはどの部隊に進むのかについて選択を迫られることになる。またそれは、選別の過程ともなっている。

かつては、男子生徒の多くがパイロットや陸軍の歩兵・機甲部隊などの戦闘職種を希望したと聞いたことがある。パイロットになれば、訓練などにかかる時間もあることから3年以上の徴兵が義務づけられるし、戦闘職種につけば危険も増大するにもかかわらず、である。しかし、最近では状況が変化してきているともいわれている。2011年にイスラエル紙も、大きな特集を組んで、イスラエルでどこの町の出身者がどれだけ軍隊に進んでいるか、またどれだけ戦闘職種についているかを大きく取り扱った。このことは、イスラエル社会が変化するなかで、誰が戦闘職種についているのかについて、引き続き関心があることを意味する。

18歳の時点での選択・選別に関しては別の側面も浮かび上がってくる。ユダヤ教超正統派やアラブ人は兵役が免除されうる制度となってきている。また、学業において高度に能力を発揮する者に対しても免除措置がある。こうして、イスラエル人は、18歳の時点で、それぞれがさまざまな異なった進路に分かれていくことになる。他方、超正統派が兵役を免除されていたことを問題にし、より明確な形の兵役に関する法制を整えるべきだとする議論がなされ、イスラエル国内で大きなイシューになってきた。いずれにせよ、兵役には義務の側面があると同時に、イスラエル国民であることを強く示すとの側面もあり、この進路分けは、個々人の将来のみならず、イスラエル社会のあり方に大きな影響を与え続けている。

安全保障環境、政治状況、経済・社会構造の変化もあり、イスラエル社会内での軍人の位置づけも徐々に変化してきている。自由経済が伸張するなかでハイテク産業等における成功を夢見て、軍役自体は最小限に抑えておきたいと考える若者が増えている一方で、超正統派の学生の中にも戦闘職種を含む兵役につく者が増えてきている。超正統派の学生が軍役に就くことを可能にするために、軍と神学校との間で調整が行われ、神学教育と兵役が組み合わされた特別なプログラムも作り出されている。軍の高官、パイロットや戦闘職種に就く軍人の間に宗教色の強い者の割合が増えてきているとの調査、研究もある。

このように変化を続けるイスラエル社会の中にあって、大学学部1年生として入学するイスラエルの学生の多くは、すでに自らの進路に関して大きな決断を経ていること、すなわち日本とは異なった「入試」試験を受けていることも、彼らが大人びてみえるようにさせている理由の一つなのかもしれない。

イスラエルにおける高等教育の状況をみるために、OECDの2017年の資料をみてみよう。2015年の時点でイスラエルにおいて大学の学部レベルを修了した者の割合は42%となっている。日本における同数字が45%であり、米国における同数字は39%である。英国、ドイツにおける同数字はそれぞれ44%、32%である。各国の教育システム等が異なっていることもあり、これらの数字を単純に比較することはできないが、イスラエルにおける高等教育の広がりの状況は欧米並み、ということができるであろう。

日本でも「社会人になった後にもう一度大学で勉強する機会を与えられるとよい」といったことをよく聞くようになった。社会人向けの修士課程のコースなども増えている。イスラエルにおいては、大学に入るまでに軍隊という厳しい組織の中で社会人生活を送っている者が多い。確かに学生のほとんどは非常によく勉強していたように思う。

一般に、イスラエルにおいては教育が非常に重視されており、イスラエル人から、日本と比較する形で「日本と同様イスラエルも教育を重視している」「イスラエルも日本もあるのは人的資源だけだ」といった発言がよく聞かれる。多くのノーベル賞がユダヤ人に授与されているといったエピソードがよく語られるし、２０１１年のノーベル化学賞はテクニオン・イスラエル工科大学のダニエル・シェヒトマンが受賞している。二重国籍者の受賞をどうみるか、また受賞時の所属機関がどこにあったかという問題もあるが、「イスラエル人」は、ノーベル賞においても活躍がめざましいとして差しつかえないだろう。

イスラエル政府ウェブサイトの教育部分をチェックして知った。タルムードには「世界そのものが学校にいる子どもの息遣いにかかってくる」という言葉があるそうだ。

（三上陽一）

15

体外受精も保険でカバー

★柔軟な医療・社会福祉制度★

イスラエルでは、視力矯正レーザー手術やインプラント、体外受精などの不妊治療、またES細胞を使った次世代医療に向けた研究など、高度な治療や研究が盛んである。その一方で、現状では誰もがこのような治療を受けられるわけではなく、国民の多様なニーズに対応する医療・社会福祉制度の整備が常に求められている。

イスラエルには、医療と社会福祉に関する最低限のセーフティネットが存在し、国民健康保険（National Insurance Institute: NII）がそれにあたる。医療保険に加え、子ども養育手当、失業保険、障害者保険また労災保険を全て含んだものだ。

18歳以上の全国民に対して、NIIに加入することが義務づけられたのは、医療保険法が成立した1995年と比較的最近のことである。病気や怪我を治療する実際の医療サービスは、四つの公立医療グループが提供しているため、国民は、NIIに加入した後に、どの医療グループのサービスを受けるか選択する。クリニックや医師、薬局などで構成される医療グループは、メンバーとなった被保険者に対して、治療や薬の提供をはじめとする全般的な医療サービスを行う。イスラエルでは「私の医者」という言葉をよく耳にするが、自分の選んだ医療グループに所属する医師一覧の中から選んでいる。日頃の治療はもちろん、ダイエットや子どもの病気など、健康管理に関するさまざまな相談にも乗ってくれる、いわば家族の主治医である。

政府が指定する治療項目や薬であれば、どの医療グループであっても治療は無料であり、被保険者は決められた薬代の一部を支払うだけでいい。保健省と財務省が適宜項目を更新するこの「基本メニュー」は、毎月NIIに支払っている保険料で全てカバーされる。しかし、専門医による診察、複雑な検査や手術、また特殊な医薬品は「基本メニュー」に含まれず、各グループが設定している有料の「オプション・メニュー」によってカバーされる。被保険者がグループ間のサービスの違いを比較する際の大きな判断材料は、歯科治療や、セカンドオピニオンなどの「オプション」の内容である。

イスラエルの医療保険の大きな特徴は、「基本メニュー」に体外受精による出産が含まれることである。45歳未満の女性が第二子を出産するまでは体外受精が保険でカバーされる。第3子以上を望む場合は「オプション」で多少の追加料金を払えば、体外受精は可能となる。そのため、イスラエルでは体外受精によりこの世に生を受けるこの数が年間出生数の約5％と世界有数の体外受精大国である。

ユダヤ教指導者のラビたちは戒律に基づく食餌規定には厳格だが、体外受精をはじめ、不妊治療やES細胞の研究などの生命倫理上微妙な分野については、反対どころか歓迎している。天地創造の物語「創世記」において、神が人を創造した後に「産めよ、増えよ、地に満ちて地を従わせよ」(第1章28節)と人が栄えることを祝福した、と記されていることを受けて、ユダヤ教では、新たな生命の誕生につながる治療や技術を肯定的に解釈するからである。

同じ理由で、体外受精のために卵子バンクを設けることも、人命を救う臓器移植も認めている。イスラエルでは脳死（脳幹機能の停止）が人の死と定義づけられているが、聖書において、生きている人間とは呼吸をしている人間であると記されているため宗教上も矛盾しない。人命救助のためには、安息日を破ってでも臓器移植手術を行うことがラビにも認められている。むしろラビにとって重要なのは、卵子バンクへの卵子提供者がユダヤ人であるか否かを確認することである。また、臓器移植のためのドナー登録キャンペーンが大々的に行われた際、ラビをはじめとする宗教的な人々が問題としたのは、写真広告に女性の顔写真が使われていたことであった。女性が公の場に顔をさらすことは宗教上相応しくないからである。

基本的な治療は無料、また、日本では高額医療とされる体外受精が保険対象項目に含まれるなど、公立医療グループのサービスでも魅力的な内容を含んでいる。また、2012年の医薬品一覧には複数の抗がん剤やエイズ用の医薬品が含まれたように「基本メニュー」の項目は随時見直され、公的医療の範囲は柔軟に変わる。

ところが国民の間では、公立の医療保険制度に対する不満は絶えない。第一に、公立の医療機関では医師や看護師、またベッド数が不足しているため、必要な治療を受けるまでに時間がかかる。「私の医者」の専門外の病気や怪我の場合には、紹介状を手に総合病院などで診察している専門医に足を運ばなければならない。しかし、グループに所属する専門医は数も少なく、診察時間も限られているため、紹介状を手にしてから実際に専門医の部屋に到達するまでに時間がかかり、症状が悪化することさえある。第二に、心臓病やガンなど高度な治療の場合、友人や知人などから評判のよい専門医を

フィリピン人介護士と高齢者。国内のいたるところで目にする光景（樋口陽子撮影）

知らされても、その医者が自分の医療グループに所属していなければ保険が適用されない。

公的医療のこのような制限を回避するためには、グループに所属しない私設の開業医で治療を受けるという選択肢がある。私設の開業医は国民健康保険の対象外となるため、保険対象を幅広く設定している民間の医療保険に加入することが求められる。経済的負担が大きいものの、設備も整い、きめ細かなサービスと先端の医療技術による治療を受けられることもあるため、人々の満足度は高い。事実、多くの国民が、国民健康保険と民間の医療保険の両方に加入して必要に応じて使い分けている。

イスラエルでは、出生数は年々増加しており少子化とは無縁であるが、一方で、平均寿命は2012年のイスラエル中央統計局の統計によれば82・5歳（男性80・7歳、女性84・26歳）で、長寿国である。高齢化社会のイスラエルは、早くからフィリピンからの介護ヘルパーを積極的に受け入れており、フィリピン人介護士の有数な受入国としても知られている。介護に関する保険は、公的医療グループの「オプション」に含まれ、住み込み介護でも一部保険が適用される。そのため、街では付き添って歩いたり、車椅子を押したりするフィリピン人女性の姿を大勢みかける。多くのイスラエル人は英語を解すためフィリピン人とのコミュニケーションには不都合がなく、また、献身的に介護をするフィリピン人介護士に対する信頼感は大きい。

なお、フィリピン人介護士などの外国人労働者も、雇用主の負担で国民健康保険に加入することが義務づけられているため、最低限のセーフティネットによって守られている。医療の技術が進むことによりニーズは多様化され、さらに高齢化などにより社会の優先度が変化しているなかで、イスラエルの医療・社会福祉関係者は、多くの国民が享受できる柔軟な制度の整備に奮闘している。（樋口義彦）

16

イスラエルのユダヤ料理

★ユダヤ教の戒律と多様性★

イスラム教のハラル・フードのように、ユダヤ教にもコシェル（「清浄な」）フードがある。旧約聖書に書かれた食物についての項目をまとめた食餌規定カシュルートに則っているものをコシェルとし、食べてよいとする。これによれば肉は、反芻しひづめが分かれている動物の肉で規則通りに屠殺されたものならコシェルである。牛や羊はどちらも満たすのでコシェルだが、豚は反芻しないのでコシェルではない。魚介類は、ヒレとウロコがある魚は食べてよいが、エビ、貝、タコ、イカといった甲殻類は食べられない。

あるユダヤ人と食料品店に行ったとき、彼女は商品のパッケージについているコシェルの適合マークをチェックしていた。ユダヤ教の聖職者ラビからコシェル認定されたものには、この適合マークが付いている（写真参照）。日本でも輸入食料品店などに行くと、菓子や調味料などのパッケージにＪＡＳマークのように適合マークがついたものを見つけられる。一つのパッケージに複数の適合マークがついていることも多い。コシェルをまもる人たちは自分が信頼できるマークが付いていれば、「安全」だと考えるようだ。自分で原材料からチェックするよりも時短になる。

イスラエルでは店全体がコシェルなことが多いので、いちいち確認する必要もなさそうだ。ただし宗教的な人によれば、「輸入物の激安商品には偽物のコシェルマークが付いていることがあるから注意が必要」らしい。

レストランやスタンドには、コシェルな食べ物を出している店とそうではない店がある。コシェルなら店の看板やショップカードにそう書かれている。西エルサレムではコシェルではない店の方がめずらしかった。そういった店はコシェルじゃないことを売りにしていて、ちょっとおしゃれで美味しくてタブーという特別感があった。イスラエルで寿司は「健康食」としてブームになりその後定着しているのだが、コシェルの寿司屋にはエビや貝などの甲殻類がない。その代わりにベジタリアン寿司が充実していて、全部野菜のネタで一人前握ってくれる。

子どもにも大人にも人気の「バンバ」というスナック菓子。適合マーク（枠内）が印刷されている

イスラエルのベジタリアン料理は一般的であるし充実しているが、その背景にはカシュルートがあるのだろう。乳と肉を一緒に調理してはいけないという決まりがあり、肉と乳を一緒に食べられない。このため、エルサレムのマクドナルドや人気のハン

バーガー店にはチーズバーガーがなかった。台所は一般の家でも調理器具、流し台、食器を肉用と乳用で分けていることがある。なんと流し台と食器のセットが二つあって、肉用の食器は肉用の流し台で、乳用の食器は乳用の流し台で洗うようになっている。筆者がある友人の家で食後にお皿を運ぶのを手伝ったとき、肉用の食器をうっかり乳用の流し台に持っていきそうになった。その時、「待って!」、「ダメ!」と友人とその兄弟が真剣な顔をして言った。今考えてみれば彼らは、ユダヤ人ではない筆者が食器を運ぶのをハラハラしながらみていたのだろう。

このように厳格に肉と乳を分ける人々は、肉料理を食べたら、食後のコーヒーに牛乳や生クリームを入れることも、チーズケーキを食すこともできない。肉の食事と乳の食事の間に一定の時間を開ける必要があるのだ。ある知人宅で食後に誰かのお土産のパルヴェのエクレアが出てきた。エクレアには生クリームではなく、生クリーム風のマシュマロが入っていた。肉と乳を混ぜなくて済むように作られた代用品なのだろう。肉とも乳とも一緒に食べられる「中立な」食べ物を「パルヴェ」と呼ぶ。野菜、果物、穀物などがこれにあたる。パルヴェのエクレアなら、肉料理の後でも乳料理の後でもデザートにできる。ホームパーティーのお土産にはピッタリである。

ユダヤ人地区の一般的な食料品店で購入してパルヴェに注意していれば、カシュルートは自然とまもれてしまう。コシェルな料理と食器があれば、コシェルを気にする人もしない人も互いに気持ちよく食事できる。あるイスラエル人は「外では何でも食べるけれど、自宅の台所はベジタリアンにしている」という。そうすることで、厳しくカシュルートをまもる人も、肉を食べた後の人も、ベジタリアンも、何も気にしない人も、誰でもが彼の家で食事できるからだという。カシュルートへのスタンスは人それぞれだが、一緒に同じものを食べようという場合は厳しくまもっている方に合わせればよい。

コシェルが普通なぶん、そうでないものは手に入りにくい。タブーへの挑戦なのだろうか、イスラエルの一部のユダヤ人に豚肉が人気なのも事実である。豚肉を食べるためには、わざわざロシア系住民向けの食料品店に行ったり、豚肉料理を出すレストランに行ったりする必要がある。テルアビブでは2017年に豚骨ラーメンの店ができて結構繁盛しているらしい。ヘブライ語には「白い肉」、「特別な肉」、「他の肉」といった豚肉の隠語があるのだが、これもタブーとそれなりの人気を反映しているのかもしれない。

イスラエルのファーストフード「ファラフェル」や「シュワルマ」を売る店で（樋口陽子撮影）

エルサレム・ヘブライ大学の寮では、台所で豚肉を調理することができなかった。一回でも豚肉を料理すると、台所が「けがれて」しまって他の寮生に迷惑がかかるからだ。同じ建物の別のフロアである寮生がどこからか持ってきた豚肉を焼いたらしく、イスラム教やユダヤ教の寮生たちがしばらく台所を使えなくなった。こんな状況だったので筆者はバスで20分移動して、ある食堂で「いつもの」をこっそり堪能していたのだった。

あれもダメ、これもダメという厳しい決まりばかり紹介すると、イスラエルの食生活はずいぶんさみしいものだと思われてしまうかもしれない。でも実際はとても豊かである。イスラエルでは世界中のコシェル料理が食べられる。道端ではファラフェルという豆のコロッケや、シュワルマという肉のかたまりをそぎ落としたものをパンに入れて売るスタンドがたくさんある。フムスという豆のペーストの専門店も多い。地域の人気店やそれぞれの人のお気に入りの店、店の秘伝の作り方があったりする感じが、日本のカレー屋やラーメン屋に似ている。これらはアラブ料理だが、「イスラエル料理だ」と胸を張るユダヤ人も少なくない。

このように外食も充実しているが、結局イスラエル料理の真髄は家庭料理にあるのではないかと思う。各家庭では、イスラエル風にアレンジされた世界中の料理がつくられている。ユダヤ人が長年はぐくんできた歴史と文化の豊かさが、食生活にもあらわれているのである。筆者はイスラエル留学中、さまざまな家庭料理を食べる機会に恵まれた。研究を通じて知り合った人たちや、ときには道端で知り合った人がシャバットの食卓に招いてくれたからだ。おかげでたくさんの家庭を訪問することができ、いろいろな家族の話とその人たちの味を知ることができた。

ロシアからイスラエルに移り住んできた友人の家では、お父さん特製のロシア料理をごちそうになった。お父さんがポーランド出身でお母さんがモロッコ出身の友人の家では、お父さんのためにスパイスを少なめにしたモロッコ料理が出てきた。ドイツ出身の人の家では、パンとチーズと生野菜といったドイツ風の冷たい夕食が出てきた。

カシュルートをまもる人でも、楽しい会話と世界各地の家庭料理を堪能できるのが、イスラエルの良いところの一つなのかもしれない。

（鴨志田聡子）

Ⅳ

多様な言語と社会

17

日常語になった現代ヘブライ語

★手に入れた自分たちの言語★

現在のイスラエルのユダヤ人社会では、ヘブライ語が日常の言語として広く使われている。この言語はアラビア語などと同じセム語族に属し、22文字からなるヘブライ文字で右から左に書かれる（154頁参照）。一般的にヘブライ語は時代や特性によって四つに分類されている。旧約聖書が書かれた言語として知られる聖書ヘブライ語、ユダヤ教の律法について記すのに使われたラビ・ヘブライ語、現代ヘブライ語が登場するまでの中間の時代に使われていた中世ヘブライ語、そして19世紀末から現在までの現代ヘブライ語である。現代ヘブライ語は聖書ヘブライ語を基礎に、構文はラビ・ヘブライ語にならって作られたものである。現代ヘブライ語がイスラエルで使われるようになる以前も、ヘブライ語の書き言葉は長年使われ続けてきたが、一方で話しことばは聖書ヘブライ語の時期を過ぎるとほとんど使われてこなかった。

イスラエルで現代ヘブライ語（以下、ヘブライ語とする）が話されている背景には、この言語が19世紀末頃から生まれたシオニズム（くわしくは第3章を参照）と強く結びついてきたことがある。シオニズムは、ユダヤ人の国家を作る運動であり、その中で、この国家においてどの言語がふさわしいかという議論がなされた。その結果、最終的に古代パレスチナで使われており、離散においてもユダヤ教で使われ続けてきたヘブライ語が選ばれた。とはいえ、長い間使われていなかった言語を日常の生活の中で使うのは夢のような話で現実味があまりなく、シオニズムの中心人物の一人テオドール・ヘルツルさえ次のように記している。「我々は互いにヘブライ語を話すことができない。ヘブライ語で汽車の切符を買い求めることができる〔中略〕人が我々のうちにいるだろうか？いないのだ」（佐藤康彦訳『ユダヤ人国家』より）

パレスチナへのユダヤ人の大規模移住が１８８０年代から始まると、そこでは徐々にヘブライ語が話されるようになっていった。現代ヘブライ語の辞書を編集したことで知られているエリエゼル・ベンイェフダーが、ロシアからパレスチナに移住したのもこの頃である。彼はパレスチナにおいて、家庭内でヘブライ語を話し、息子をヘブライ語の母語話者として育てた。会話の中でヘブライ語に適当な単語がないときは、アラビア語やイディッシュ語など他の言語から借用するなどして語彙を増やしていったという。

エリエゼル・ベンイェフダー（The Government Press Office）

ベンイェフダーの家族以外にも、ヘブライ語を使用する家庭があったがそれはごく少数で、多くのユダヤ人たちはパレスチナに移住する以前から使用していた言語を話し続けていた。そのためパレスチナでは、ユダヤ人の間だけでも、アラビア語、ラディノ語、フランス語、ドイツ語、ロシア語、イディッシュ語、ポーランド語、ハンガリー語などといった複数の言語が使われていた。このような多言語状態において、ヘブライ語はイデオロギーと結びついた特別な言語として、パレスチナに住むユダヤ人の間に広まり、英国統治下にあった１９２０年代には、多くのユダヤ人がヘブライ語を話していたという。１９４８年にイスラエルが建国されると、ヘブライ語はユダヤ人の国民国家における公用語と位置づけられた。この頃にはそこに住んでいたユダヤ人の半数がヘブライ語を最も得意な言語としていたという。イスラエル政府の方針の下、この言語は教育によって広められ、新聞、雑誌、文学といった書き言葉、ラジオ、テレビ、日々の会話といった話しことばにおいて使われてきた。

ここでは新移民たちにこの言語を教え込み、社会に早くなじませることを可能とする語学教育に注目してみたい。イスラエルでは町や大学に、「ウルパン」と呼ばれるヘブライ語教室があり、そこで読み書き、会話を学ぶことができる。筆者も、イディッシュ語の勉強と研究のためにイスラエルに留学した際、せっかくイスラエルにいるのだからということで、エルサレム・ヘブライ大学のウルパンに通うことにした。

学期ごとにクラスメイトが変わるので、いろいろな人たちとヘブライ語を勉強することができた。生徒の中には、欧米やロシアなどからやってきたユダヤ教徒、ヨーロッパやアジアからやってきたキリスト教徒、地元のアラブ人のムスリムやキリスト教徒がいた。さまざまな宗教的、思想的背景をもつ人たちが一緒にヘブライ語を勉強する。筆者は全部で10人くらいの教師に教わったが、彼らの母語は必ずしもヘブライ語であったわけではなく、その教師たちの半数以上が移民で他の言語を母語としていたように記憶している。移民でなくても親が移民という移民第二世代であった。イスラエルという国家と強く結びついたこの言語を、もともと移民やその子どもの彼らが新しいユダヤ人移民やアラブ人、外国人に教えるのである。

ウルパンで学ぶのはヘブライ語だけでなく、この言語を通したイスラエルの生活でもある。あるとき、教師が「カリキュラムに組み込まれているから」と言って、軍隊の用語について教えたことがあった。すると「軍について勉強しにきたのではない」と欧米の学生が大反発した。筆者がこのことを別のユダヤ人に話すと、彼女は「移住前にヘブライ語を個人レッスンで文学を読みながら学んだので、イスラエルの生活の重要な一部となっている軍隊について、新聞を読んでもよくわからないし、友人と話してもよくわからず困っている」としんみり語った。ウルパンでは、言語とともにイスラエル社会の「一般常識」を教えている。

ヘブライ大学のウルパンでは、筆者は常に落ちこぼれていたが、クラスが上がるにつれ驚くことがあった。留学したてでヘブライ語が全く話せなかった頃から通っていたある食料品店で、いつもその店のレジに座っていた中年女性が、あるとき「あんた、私よりうまくなった！」と喜んでくれたのだ。筆者もそれに気がつき、ウルパンの効果を思い知らされた。

イスラエルでは、自分よりもそこに長く住んでいるユダヤ人たちが、必ずしも流暢なヘブライ語を身につけているわけではないという現実をしばしば目の当たりにした。その背景には彼らがイスラエルにおいても移住前からの言語を使い続けていることがある。特に中高年において、このような例は多々あると感じた。

たとえば前述のスーパーのレジの女性は、ロシア語圏からイスラエルに移住し、町にある大人向けのウルパンで中級まで勉強したが、ある程度話せるようになると仕事がみつかったので勉強をやめた。家族との会話もロシア語であるし、イスラエルではロシア語を話す住民向けのテレビ番組や新聞が充実している。ヘブライ語は生活に困らない程度にできればよいと割り切っているようだった。

その一方で、若い世代の移民の場合、その多くが兵役中にもヘブライ語を学習して、この言語を身につけ、学校や仕事のみならず、家庭でも特に兄弟姉妹の間ではヘブライ語を使って話すようになる。彼らにとって徴兵は、イスラエル社会に本格的に組み込まれ、溶け込む機会でもある。「命をかけた」といっても過言ではないであろう集団生活の中で、ヘブライ語漬けにされる。彼らにとってヘブライ語は日常生活にも、命を守るためにも必須のものとなる。

20世紀初めには、日常生活でヘブライ語を使うのは、その語彙の少なさなどから困難で、話すのはごく限られた人たちだけであった。しかし21世紀初めのイスラエルでは、この言語で人々の生活が営まれ、政治が行われ、研究が行われている。このような背景からヘブライ語が話しことばとして使われるようになったことについて、「奇跡」と表現されることもある。しかし、これは突然起こったことではなく、イデオロギーと強く結びついていたとはいえ、人々が日々の営みの中で地道な努力によって使い、習得し、次の世代に受け継いだ結果である。

（鴨志田聡子）

コラム7
イディッシュ語やラディノ語の「復活」

鴨志田聡子

かつて多くのユダヤ人が日常的に話したが、今ではごく一部の人しか話さないイディッシュ語とラディノ語。これらは「死にゆく言語」とも呼ばれている。しかし、21世紀初頭のイスラエルで、なぜかにわかに「復活」しつつあり、しばしばメディアなどで取り上げられる。ただし再び日常的に話されるようになったわけではなく、文化的価値が見直されつつあるにすぎないが。

イディッシュ語はドイツ語を、ラディノ語はスペイン語を基礎にできた言語である。前者は東欧出身のユダヤ人、後者は中東・南欧出身のユダヤ人が主な話者である。離散の地で周囲の異教徒と接触しつつも、ユダヤ人同士のつながりは強かったため、異教徒の言語に宗教や生活で必要なヘブライ語やアラム語を取り込んで独自の言語を話した。それらをヘブライ文字で書き、ユダヤ人独自の言語を形成していったのである。

しかしユダヤ人の解放が進むにつれて、彼らは周囲の異教徒の言語を話すようになっていった。異教徒のみならずユダヤ人からも「方言」とみなされるものより、異教徒と同じ言語を使う方が有利だったのであろう。20世紀半ばにナチス・ドイツによりユダヤ人が虐殺されると、イディッシュ語やラディノ語の話者が激減した。

その後建国されたイスラエルでは、ヘブライ語が理念的にも実用的にも欠かせなかった。そのため移民たちはヘブライ語の習得に力を注いだ。親同士は移民の言語で話しても、子どもとはヘブライ語で話したようである。それゆえ移民の言語は次世代に継承されにくかった。

しかし20世紀末から、イディッシュ語やラディノ語の話者たちが、それぞれの言語を保護する活動を行うようになった。その影響で、政府はこれらの言語をイスラエルの文化の一要素であることを公認している。言語「復活」のために、言語の教育、出版、物語の朗読、ラジオ番組の放送、歌を歌うといった文化的な集会が行われている。これらの言語を日常生活で話すのは難しいが、聞いたり、歌ったりして味わうことはできる。活動には主にそれぞれの言語の話者とその子孫が携わっている。子孫たちの中には、これらの言語を聞いて育った人々も多くいる。彼らにとってはまったく初めて聞くどこかの言語ではなく、自分たちの家庭で話されていたかけがえのないものなのである。

イディッシュ語版『星の王子様』

筆者は２００６年から２００８年にかけて、イスラエルでイディッシュ語の「復活」運動に携わる人々を調査した。イディッシュ語の文化機関で働く男性は、「これまで僕は、イディッシュ語のために何もしてこなかった。それを申し訳なく思っている。だから今やっているんだよ」と自分自身に対する怒りを込めて言った。両親がイディッシュ語話者で、それを聞いて育った女性は、彼女が携わったイディッシュ語教育の仕事について「イディッシュ語の話者だった両親のためにやっている仕事なのよ」と静かに語った。

ラディノ語については残念ながら、まだ現地調査をほとんどしていないが、イスラエルの新聞『ハアレツ』に、ラディノ語文化機関の代表者による次のような発言が掲載されていた。「娘たちは、私が彼女たちとラディノ語で話さなかったのを怒っているのですが、彼女たちの言う通りです。だから私はラディノ語の集会、ラジオ番組、雑誌のために働いています。ラディノ語への罪滅ぼしですよ」

彼らの発言や活動に、それぞれの言語は自分たちのものであるという強い意識と、それらが「死にゆく」のは、自分たちが継承しなかったからだということについての強い自責の念が感じられる。移民が再び自分たち独自の言語を見直す背景には、世界的な多文化主義の影響のほかにも、イスラエルにヘブライ語が定着したこと、移民たちが社会にとけ込んでいるという安心感、それゆえ移住前の文化を喪失するのではないかという不安感があるのではないかと考えられる。

ラディノ語の伝統音楽を集めた本

18

アシュケナジームとスファラディーム

★移民とイスラエル社会★

1980年代に日本でイスラエルについて勉強し始めた頃、「アシュケナジーム」という言葉や、「スファラディーム」という言葉をよく耳にした。しかし、1990年代後半にイスラエルで生活をすると、現地ではアシュケナジームであるとかスファラディームであるという言葉をあまり使っていないようにも感じた。イスラエル人に聞いてみても、特に若者からは「昔はそのような言葉をよく使ったかもしれないが、最近はあまり使わない」といった返事が返ってくることが多かったように思う。

本来アシュケナジーとはドイツのあるいはドイツ人という意味であり、アシュケナジームとはその複数形である。一方、スファラディとはスペインのあるいはスペイン人という意味で、スファラディームとはその複数形だ。そして、イスラエルにおいて特に複数形でアシュケナジームとスファラディームとして使う場合には、イスラエルにいるユダヤ人を二つの大きな集団に分けて、それぞれの集団を呼ぶための言葉として使われている。すなわち、紀元前70年ローマ帝国により第二神殿を破壊され離散（ディアスポラ）の運命をたどったユダヤ人を二つの大きなグループに分け、それぞれのグループに属する人々を指す言葉となってきた。

1948年に建国したイスラエルにおいては、これらの言葉は、歴史背景を超えて、若干異なる社会経済的・政治的意味あいをももつようになった。19世紀から20世紀前半までの移民の大半は、ロシア、ポーランド、ハンガリーなどからのユダヤ人によって構成されていた（1930代頃からはナチス・ドイツの迫害を避けようとしたドイツなどからの移民も増えることになる）。これらの移民の中から、イスラエルを建国に導くうえで大きな役割を果たすことになる指導者が輩出した。初代首相のベングリオンはいうまでもなく、首相、大統領、外相、国防相の多くはアシュケナジーであった。また、名前を知られることはなくとも、建国前のこれら移民の一人ひとりが建国の立役者としてのプライドをもつことになった。

建国後、それまでとは異なった地域からの移民も増加する。イスラエルがアラブ諸国と戦争状態に入ったこともあり、建国から1970年代までには特にアラブ諸国からの移民が急速に増えた。そしてロシアやドイツ周辺地域からの移民をアシュケナジーム、建国以後の旧オスマン帝国地域・アラブ諸国からの移民をスファラディームと呼ぶようになった。この過程で、西欧や米国（さらには南アフリカやオーストラリア）からの移民をも、一般にアシュケナジームと認識するようになった。いいかえれば、欧米諸国からの移民グループはアシュケナジームとして、中東、北アフリカ地域を中心とする地域からの移民グループはスファラディームとして認識されていくことになる。

イスラエル中央統計局の移民に関する資料をみてみると、ユダヤ人の出身地域は、アジア、アフリカ、ヨーロッパ、アメリカ・オセアニアに分けられており、割合を示す部分においては、「アジア、アフリカ」

と「ヨーロッパ、アメリカ・オセアニア」との分類がなされている。アシュケナジームとスファラディームという分類になっていない。とりあえず「ヨーロッパ、アメリカ・オセアニア」からの移民をアシュケナジーム移民、「アジア、アフリカからの移民」をスファラディーム移民としてみてみると次のような数字になっている。1919年からイスラエル建国の1948年までの間には、アシュケナジーム移民が移民全体の89・6％を構成し、スファラディーム移民が10・4％を構成していた。しかし、建国以降1960年代後半頃までスファラディーム移民も増加していく。そして、70年代頃から再びアシュケナジーム移民が増加し現在に至っている。これが移民の出身地に関する大きな流れである。ちなみに、建国後2016年までの移民全体をみると、アシュケナジーム移民は全体の69・9％を占め、スファラディーム移民は全体の30・1％を構成している。

イスラエル国内では、このアシュケナジームとセファラディームとの間で社会、経済面での緊張が生じた。また、そのような緊張は政治的な対立にもつながっていった。建国の立役者となった者の多くはロシアや東欧において社会主義的思想を身につけ、その思想をイスラエルの国造りの基盤に据えようとした。その思想は、労働シオニズム運動としてイスラエル政治において、中心的役割を果たし続けた。他方、後進のスファラディームは、労働シオニズム運動が中心的な位置を占めるイスラエル国家が、彼らに対しては機会を与えていない、彼らを排除していると憤る傾向があった。

1977年にリクードが労働党に勝利して政権を掌握した。建国後初めて社会主義的な考え方の政治勢力が敗北したのである。この背景の一つには、上記のようなアシュケナジームとスファラディームとの間の社会的緊張が存在してきたことが指摘されている。リクードの党首であったメナヘム・ベ

表　イスラエルのユダヤ人の出身地域別構成（2016年末現在）

出身地域	人数（1000人）	構成比（%）
イスラエル生まれ		
父親もイスラエル生まれ	2820.3	44.5
父親がアジア生まれ	459.1	7.8
父親がアフリカ生まれ	590.9	9.3
父親が欧米生まれ	903.7	14.3
（小計）	4810.1	75.9
外国からの移民		
アジアからの移民	177.1	2.8
アフリカからの移民	306.8	4.8
欧米からの移民	1040.6	16.4
（小計）	1524.5	24.1
合計	6334.5	100.0

注：切り上げなどのため、合計は必ずしも一致しない。
出所：イスラエル統計局 *Statistical Abstract of Isreal 2016*

ギンもまたアシュケナジーだった。しかし、その主張は、社会主義的な思想を有するエリート層、アシュケナジームが主導する政治勢力に対する批判を伴ってもいた。スファラディーム層の多くは、社会、経済面でのベギン率いるリクードの主張を歓迎したのである。

現在でもアシュケナジームとスファラディームとの対立や違いが指摘されることはある。イスラエルの主席ラビは、アシュケナジーのラビとスファラディーのラビが一人、それぞれのグループを代表している形で存在してもいる。しかし現在では、冒頭指摘したように、アシュケナジーム、スファラディームという言葉を、出身地によってグループを区別するための言葉として聞くことは少なくなってきている。経済、社会、政治状況が変化したことが一つの理由であろうし、また社会対立を超えるための努力が教育や実社会の現場などでなされてきたことも一因であろう。

さらには、イスラエル社会の現実自体が変化してきていることが大きな理由としてあるように感じられる。すなわち、すでにイスラエル生まれのユダヤ人の数が自ら移民を経験しているユダヤ人を超えて多数になってきている（表参照）。また、80年代、90年代の移民の波において、エチオピア系やロシア系の移民の増加がみられ、新たな社会的緊張が発生してきていることも指摘できる。また、超正統派ユダヤ人とそれ以外のユダヤ人との間の緊張がより大きな注目を浴びてきていることも指摘できる。

イスラエルは移民国家であり、出身地ごとのグループが形成され、それぞれのグループ間で一定の緊張が生まれることは避けられない。「ミズラヒーム」という言葉が使用されてきていることを指摘する向きもある。ミズラヒとは、ミズラハという東を意味する言葉を元にし、東方の、東洋の、あるいは東方人・東洋人という意味の複数形の言葉である。

出身地を元にするグループ間の緊張を乗り越えていくことは、建国後のイスラエルの課題であった。そして、それは、今後の課題でもあり続けるだろう。

（三上陽一）

19

世界中のユダヤ人を受け入れるイスラエル

★5人に1人が国外出身★

イスラエルに住むユダヤ人の5人に1人はイスラエル国外の出身である。全人口におけるイスラエル生まれの占める割合が年々増加し、移住は減少傾向にあるものの、2016年も、ロシア、フランス、米国などを中心に約2万6000人がイスラエルに移住した。学校での子ども同士の会話はヘブライ語でも、親子の会話が親の母語によって英語、ロシア語、スペイン語など多様なことは特別ではない。イスラエルは移民国家なのである。しかし、移住するための主な資格はユダヤ人であることであり、誰でも自由に移住できるわけではない。

建国から2年後の1950年に成立した「世界中のユダヤ人はアリヤーする権利がある」という一文で始まる帰還法は、現在に至るまで、世界中のユダヤ人がイスラエルへ移住できる重要な法的根拠となっている。アリヤーとはユダヤ人のイスラエルへの移住を意味するが、辞書的には「上ること」であり、日々の生活では、値段の上昇やエレベーターの上昇という表現に用いられる。つまり、アリヤーは「上京」のような、中心地に向かった特別な意味を伴う移動であり、単なる引越しとは明確に区別される。すなわち、世界中のユダヤ人がイスラエルに移住することは、2000年前までユダヤ人の国家のあった民族的故郷への帰還と解釈される。そのため、現在でもイスラエルではアリヤーした者は帰還民（オレー）として歓迎される。

帰還民は、イスラエルの地を踏んだ瞬間からイスラエル国民となる。それまでイスラエルを訪問したことがなく、ヘブライ語が話せなくても、ユダヤ人であればイスラエル国民となれる。そして国民であることが明記された身分証明書、パスポート、国政選挙へ投票する権利など、イスラエル生まれのイスラエル国民と全く同様の権利を手にする。また、免税や減税などの優遇措置があるほか、半年間無料でヘブライ語を集中的に学習する機会が与えられるなど、帰還民はいたれりつくせりの待遇を受ける。

「ウルパン」と呼ばれるヘブライ語の学習機関は、世界中から集まる母語の異なる多数の帰還民が、ヘブライ語という共通言語を短期間で習得する場として建国の過程で重要な機能を果たしてきた。現在でも都市などにウルパンはあり、帰還民に限らず外国人がヘブライ語を学べる貴重な場所である。それを生業とするヘブライ語教師が、長い経験で培われた効率的な学習法で授業を行うため、半年後には買い物などの日常生活ができるまでに上達する。建国以来、母語の異なる大勢の帰還民が、ウルパンの同じ教室で机を並べながらヘブライ語を習得し、イスラエル社会へと旅立っていった。

しかし1980年代半ば頃から、それまでの方法ではヘブライ語を習得できず、イスラエルへの社会参加の過程でも多くの困難に直面するエチオピア帰還民がアリヤーするようになった。

1984年から85年にかけてエチオピアを脱出してスーダンに一時滞在していた多数のエチオピア系のユダヤ人を救出するイスラエル軍の秘密作戦が実施され、約8000人の帰還民がエチオピアか

表　移民の主な出生国・地域（**1980 ～ 2013** 年）

		2012	200011	1990 – 99	1980 – 89
アジア	667	770	32,190	61,305	14,433
イラン	94	55	1,846	..	8,487
インド	51	35	1,332	1,717	1,539
トルコ	71	67	1,153	1,095	2,088
シリア	4	4	42	1,646	995
中国	16	5	104	192	78
旧ソ連アジア諸国	279	420	25,196	49,524	
（ウズベキスタン）	90	134	8,913	15,973	
（グルジア）	44	84	3,811	7,609	
アフリカ	2,466	3,151	41,795	48,558	28,664
アルジェリア	258	157	2,349	1,317	1,830
エチオピア	1,355	2431	31,759	39,651	16,965
南アフリカ	198	171	2,260	2,918	3,575
モロッコ	296	191	2,703	2,623	3,809
チュニジア	302	188	2,321	1,251	1,942
ヨーロッパ	10,545	9,570	182,137	812,079	70,898
旧ソ連欧州諸国	7,117	6,951	151,495	772,239	29,754
（ウクライナ）	689	764	50,732	114,406	
（ロシア）	972	891	51,352	91,756	
ドイツ	76	108	1,228	2,150	1,759
ハンガリー	163	120	1,157	2,150	1,005
旧ユーゴ	21	15	315	1,894	140
英国	358	492	4,658	4,851	7,098
ポーランド	63	51	1,120	2,765	2,807
フランス	2,103	1,244	15,791	10,443	7,538
ルーマニア	51	63	1,299	5,722	14,607
アメリカ、オセアニア	3,206	3,068	45,677	33,367	39,369
ウルグアイ	70	71	1,860	724	2,014
アルゼンチン	265	240	12,026	8,886	10,582
ブラジル	167	157	2,615	1,937	1,763
米合衆国	1,937	1,969	19,472	15,480	18,904
カナダ	185	201	2,145	1,717	1,867
総計	16,884	16,559	301,801	955,728	153,833

出所：イスラエル中央統計局、*Statisitical Abstruct of Israel 2016.*

らイスラエルに移送された。また、1991年には同様にイスラエル軍の救出作戦によって二日間で約1万4000人が秘密裏に移送された。エチオピア帰還民を目にしたイスラエルの人々は、肌の色や衣服などの外見の違いに加え、大半が村落出身で、都市生活の経験も学校教育を受けた経験もないことに驚いた。ヘブライ語の授業では、最初に鉛筆の持ち方や文字の書き方のために何時間も費やさなければならず、また、冷蔵庫や水洗トイレの使い方などイスラエルで生活するうえで必要な都市生活の基礎を説明しなければならなかった。

同時期、冷戦の終結とソ連崩壊を受けて旧ソ連諸国から押し寄せたロシア帰還民が、医師や弁護士、またエンジニアを多く含み、イスラエル社会に積極的に参加できたこととは対照的に、エチオピア帰還民は、受け入れが困難な帰還民としてしばしば社会問題となった。

また、帰還前、エチオピアのユダヤ人社会には「ケス」と呼ばれるラビに該当する宗教指導者が存在し、結婚等の儀式を司る権利と、社会的な権威をもっていた。しかし、帰還後ケスは、イスラエルのユダヤ教宗教行政を独占するラビから宗教行政の権利を与えられず、宗教指導者としての権威も徐々に失っていった。他方、ラビは、エチオピア帰還民は正式な方法で割礼を行っていないなどの理由で、正当なユダヤ教徒として結婚の儀を行えないと主張し、エチオピア帰還民がラビの下で結婚できない大きな問題となった。最終的には象徴的な割礼の儀で改宗したとみなし結婚を認めたが、帰還したにもかかわらず個人のユダヤ性を否定されたエチオピア帰還民には大きな傷が残ることとなった。

さらに、1990年代後半以降のエチオピア帰還民は、それ以前のエチオピア帰還民と異なり、その大半が数世代前のキリスト教政権下においてキリスト教徒に改宗しているため、アリヤーの正当性が問題になった。宗教行政を独占するラビたちや政府の間で繰り返し議論された末、アリヤー後に一年間ユダヤ教の戒律などを集中的に学習し、宗教裁判所で改宗試験に合格することでユダヤ教徒、すなわちユダヤ人になる課程が設けられた。改宗試験に合格しなければイスラエル国民になれないため、アリヤー直後から全国各地にある「帰還民受け入れセンター」に入居するエチオピア帰還民は、一年間、午前中はヘブライ語、午後はユダヤ教の戒律や伝統を勉強するという受験生のような日々を送ることになった。

エチオピア帰還民は、イスラエル生まれのユダヤ人でさえ知らない複雑な祈禱文や戒律を集中的に学ぶものの、合格後も宗教的な生活を実践するわけではない。エチオピア帰還民にとって、改宗はイスラエル国民になり基本的な権利を得るための必須課程にすぎない。必須課程を終えた後も宗教的な生活を実践するか否かは個人の自由となる。彼らにとって真の課題は「帰還民受け入れセンター」を出た後に始まる。つまり改宗試験に合格して国民となり、センターからアパートに引越し、イスラエル社会の一員として生活を始めてからである。エチオピア社会とは異なり、イスラエル社会では男女は対等な立場であり、また女性の社会進出が歓迎されるなど、新たな価値観を受け入れながら

エチオピアからイスラエルに移民して間もない女性たち
(樋口陽子撮影)

社会の一員になる道のりは、具体的なゴールもなく長く厳しい。

今では約10万人のエチオピアからの帰還民がイスラエルで生活している。クネセト（イスラエル国会）議員や軍幹部を輩出するなど、ヘブライ語を習得した第二世代を中心に社会参加の成功例が報じられることも多くなったが、その一方で肌の色やアフリカ出身という出自が原因でアパートの入居や小学校の入学を拒否されるなどの差別問題は絶えない。

建国以来続く帰還民の歴史を振り返ると、エチオピア帰還民に限らず多くの帰還民がこの長く厳しい道のりや差別を経験してきた。特に、１９５０年代、アラビア語を母語とするイエメンやモロッコなどアジアや北アフリカ出身の帰還民が大勢イスラエルに到着した際、さまざまな差別があったことは反省をこめて語り継がれている。今ではイエメンやモロッコ出身の元帰還民もイスラエル社会の重要な一員となっているように、エチオピア帰還民も時の経過とともに社会の一員として認められるときが来よう。そのためには、建国から70年を超えるイスラエル社会が、帰還民とともに多様な価値観を受け入れながら変化し続けてきたように、今後も柔軟に変化し続ける寛容性が求められる。

（樋口義彦）

20

いろいろ話せて当たり前

★多言語社会イスラエル★

イスラエルでは公用語のヘブライ語とアラビア語のほかにも、世界各地からきたユダヤ人たちによって、移住前から話していたさまざまな言語が話されている。共通言語として広く使われている英語のほかにも、ロシア語、ルーマニア語、フランス語、ポーランド語、ドイツ語、スペイン語、アムハラ語、ハンガリー語、ペルシャ語、グルジア語などさまざまな言語が使われている。

さらにイディッシュ語やラディノ語、ユダヤ・アラビア語の諸方言など、ユダヤ人独自の言語も複数存在する。ヘブライ語が普及していく過程において、こういった言語は次の世代に継承されにくかったが、イディッシュ語やラディノ語のように話者が現在も生存しているものもある。

イスラエルの多言語状況は、発行されている新聞の言語にもある程度反映されており、ヘブライ語、アラビア語、英語、ロシア語、フランス語といった言語の新聞が存在する。現在では発行されていないが、ドイツ語（2011年まで）、イディッシュ語（2006年まで）、ラディノ語（2017年まで）の新聞も存在した。

国営ラジオにおいてはヘブライ語、英語、ロシア語、フランス語に加えて、ペルシャ語、アムハラ語、グルジア語、ルーマニア語、ハンガリー語、スペイン語、イディッシュ語、ラディノ語などの放送も行われている（ただし放送時間は一日15分や30分などと短いことが多い）。

社会的位置づけや汎用性の差こそあれ、複数の言語がある意味共存、接触しているので、語彙などの借用も起こる。特にヘブライ語とアラビア語については、どちらもセム語に属しており、現代ヘブライ語成立の過程でアラビア語も参照したこと、そして話者が多いことなどから、借用語も多い。たとえば、ヘブライ語の中にみられるアラビア語として「行こう」とか「ほら行けよ」「早くしろ」とかいった意味で使う「ヤッラ」や、「すばらしい」とか「いいね」といった意味で使う「アハラ」などがあげられる。逆にアラビア語の中にみられるヘブライ語としては、「大丈夫」とか「了解」といった意味で使われる「ビセデル」（ヘブライ語では「ベセデル」）などがあげられる。

複数の言語の接触は家庭内でも起こっている。ユダヤ人には、イスラエル以外の地域から移住してきた移民第一世代と、イスラエルで生まれた移民第二世代以降がいるため、家族の中でもそれぞれが最も得意とする言語が異なるということがめずらしくない。

たとえば、旧ソ連から子どもを連れて移住してきたアヴィさんとその妻の周りにはロシア語を話す知人友人が多い。ヘブライ語は生活に必要な程度しかできないのだがそれほど困らない。アヴィさんの子どものダヴィッド君は、学校教育や兵役の間にヘブライ語を習得した。仕事でもヘブライ語を使っている。ダヴィッド君はイスラエル生まれの女性と結婚し、二人の間に子どもヤエルちゃんが生まれた。ヤエルちゃんはイスラエルで教育を受け、ヘブライ語も英語も話す。しかし、ロシア語を全く話さない。ダヴィッド君もロシア語を教えようとはしない。アヴィさんは大好きな孫と、ヘブライ語で話さなければならず少々不便である。

上は「サム・ベイグリーム」というパン屋の看板。英語で店名と店の説明が書かれ、長方形の中にヘブライ語で店名と所在地（マルヘイ・イスラエル通り26番）が書かれている。下は通りの名前を三つの言語で示したもの。上からヘブライ語、アラビア語、英語でそれぞれ「マルヘイ・イスラエル通り」と書かれている（メア・シャリームにて）

ほかにも、エチオピアからイスラエルに幼い頃移住してきたイスラエルさんを紹介したい。イスラエルさんは、もともとエチオピアでアムハラ語で話していた。ヘブライ語を少し勉強して、祖父母と両親とともにイスラエルにやってきた。移住後、兵役について家族と離れて生活し、ヘブライ語漬けの生活を送った。その後、大学と寮でまたヘブライ語を使って生活した。両親はヘブライ語が書けないので、兄弟が学校などに提出する書類はすべてイスラエルさんが書いてきた。

イスラエルさんはヘブライ語のみならず、その後学習した英語も非常に流暢である。そのため大学卒業後、米国で大学生にヘブライ語を教えたこともある。へブライ語も英語も得意になったイスラエルさんだが、母語のアムハラ語は忘れてしまった。その結果、アムハラ語しか話せない祖母とは、今ではあまり言葉が通じないという。

こういった多言語状況の中で標識、広告などでは、公用語であるヘブライ語とアラビア語に加え、英語が結構使われている。

前頁の写真は、非常に宗教的なユダヤ人である超正統派が集住する地域として知られているメア・シャリームの道路標識である。下の四角い形の道路標識はヘブライ語、アラビア語、英語で書かれている。これに対して、その上にあるパン屋の丸い形の看板には、アラビア語が書かれていない。店名は英語とヘブライ語で、所在地はヘブライ語のみで示されている。この地域にアラブ人がほとんど出入りしないからだろう。ちなみにこの地域は、超正統派ユダヤ教徒のイディッシュ語話者が多く住んでいるといわれているが、看板にも標識にもイディッシュ語はほとんどみられない。たまに貼り紙がみられる程度である。

（鴨志田聡子）

21

活発なメディアとSNS

★アプリ開発をリードする高い利用率★

「おしゃべりはイスラエルのナショナル・スポーツ」といわれるほどイスラエル人は話好きで、すぐに自分の意見を表明することで有名だ。この国民性に加え、いろいろとニュースが絶えないイスラエルでは、新聞やテレビなどのマスメディアは賑やかだ。新聞では今も、カラフルな写真と見出しが大きいタブロイド判がイスラエル人に特に好まれる。ラジオやテレビの報道番組、または討論番組にいたっては、たびたび激論が繰り広げられ、番組の進行を図りたい司会者の困惑した顔はよくみられる光景だ。近年、こうした賑やかな光景は、SNS（ソーシャルネットワーキングサービス）を含むソーシャルメディアでもみられる。

他方で、賑やかなメディアがその自由を奪われるときもある。イスラエルでは建国以降、自国の安全保障に関する情報を検閲や規制の対象としてきた。検閲制度の存在が、政府の核の曖昧政策や情報機関の活動などを可能にした一面もある。国民の知る権利と検閲制度をめぐる議論が幾度もみられた後、1996年、軍とメディアの代表者らは新たな検閲制度の合意にいたった。しかしその後も報道規制が敷かれると、案件によってはメディアの抗議が続いた。規制は頻繁ではないが、近年でも数回実施されている。2007年9月のシリア核疑惑施設爆撃事件のときは、報道規制が敷かれ、国内の報道機関は海外メディアの記事からの引用を通してのみ報道が許された。また2009年末、女性が軍の機密情報をもち出して主要紙記者に渡した容疑で逮捕された事件でも、報道規制が実施された。規制問題に加え、占領地などでの記者または外国人記者の行動の自由が制限される問題もある。これらのこともあり、国際的なNPO団体「国境なき記者団」が発表した2018年度版の世界報道自由度ランキングによれば、イスラエルは87位だ。

ただ検閲や報道規制の対象案件以外に関しては、イスラエルでは一般に報道の自由が尊重されている。政府や政治家、軍指導部や情報機関などに対するメディアの批判は、平時・有事を問わず多くみられる。その論調も厳しく、イスラエル人らしい痛烈な皮肉がこめられていることが多い。さらに、中東和平から社会まで多様な問題を抱え、汚職などのスキャンダルといった話題性がつきない政府指導者層は、皮肉や風刺的なユーモアが売りで、根強い人気を誇るバラエティ番組からも格好のターゲットにされてきた。

インターネットの普及により、活発なメディアはここ数年、大きな変化のときを迎えている。新聞に関していえば、長らく、国内最大の発行部数を誇る『イェディオット・アハロノット』紙、発行部数第2位の保守的な『マアリヴ』紙、中道左派の『ハアレツ』紙、の三紙が代表紙とされていた。これらのほか、経済紙、英語やロシア語紙など、特定の分野や言語を対象とする新聞もある。こうした従来からの新聞業界の構図に大きな変化がみられたのは、インターネットの普及による読者離れに加え、2007年7月に発刊された全国紙へブライ語日刊『イスラエル・ハヨム』紙の登場後である。「今日のイスラエル」を意味する同紙の最大の特徴は、フリーペーパーであることだ。広告収入をもとに制作されているため、紙面には広告が多く掲載されるが、イスラエル人が好むタブロイド判で、カラー写真が多く文字が大きい。また無料のため、自宅配達以外に、公共や商業施設などでも配られ手軽に入手できるほか、ヘブライ語版は新聞がそのまま電子化され、ネット上でページをめくるような感覚で閲覧できることも人気の一因となっている。記事内容は、既存メディアとは異なり中立的で、政治色を出さないようにしているともされるが、保守寄りとの批判もある。

『イエディオット』紙や『マアリヴ』紙から有名な記者が移り、報道分野も拡大した同紙は、読者数を一挙に増した。２０１８年1月の調査発表（「Target Group Index, TGI」調べ）では、平日の新聞読者数の34・４%を獲得し、首位の座を維持した。ちなみに、第2位の『イエディオット』紙は30・６%、保守的な『マアリヴ』紙は５・６%であった。また、かつてその論調がリベラル系知識層に人気があった『ハアレツ』紙の読者数は、わずか４・９%になった。思想的傾向がはっきりした論調が目立つ新聞紙よりも、無料で利便性が高く、ネットのように幅広い

イスラエル最大発行部数の日刊紙に急成長したフリーペーパー『イスラエル・ハヨム』を手にする人々（樋口陽子撮影）

分野にわたるニュースを淡々と伝える新聞紙を、読者層が好む傾向にあることがうかがえる。

2000年代後半、インターネット上で誰でも気軽に参加し情報発信できるSNSも社会に広く浸透した。2011年4月には、フェイスブックなどのSNSにおけるイスラエルの月間利用時間は10・7時間で、世界1位だった（米調査会社のコムスコア社調べ）。ちなみにこれは、同時期の米国（5・2時間）の2倍以上にあたる時間だ。2015年のソーシャルメディアに関する調査（「Universal McCann」調べ）によれば、イスラエル人のインターネットとスマートフォンの1日あたりの利用時間は世界平均よりも長い。

また、SNSの利用のみならず、SNSと連携したアプリケーション開発でもイスラエルは有名だ。その代表例として、SNSとカーナビゲーションを融合したスマートフォン用のアプリを開発したWaze（ウェイズ）があげられる。2013年、Wazeは米グーグルに買収された。

新たなメディア環境とSNSの普及は、イスラエル人の行動にも影響を及ぼした。2011年にイスラエル全土でみられた、生活費の高騰や格差に対して社会的正義の実現を訴える建国史上最大の抗議運動（「テント村」運動、第40章参照）では、フェイスブックが大いに活用された。またその行動の発端は、既存メディアによる報道ではなく、市民が普段から溜まっていた不満を互いにソーシャルメディアを通じて共有したことにある。中東和平問題など先行きがみえない暗いニュースが続くなか、若年層は、既存メディアが発する決まった論調が目立つ一方的なメッセージから距離を置きつつある。それより、他人との意見交換が自由にでき、共有・共感のもてる身近な問題に関心の比重が傾いたことも、ソーシャルメディアの浸透を促進させた一因として考えられる。

既存のマスメディアと双方向型のコミュニケーションを可能にしたソーシャルメディアからなる多元的なメディア環境は、右寄りから左寄り、宗教派から世俗派、政治的関心層から無関心層など、多種多様な意見がみられ、移民社会で多言語社会でもあるイスラエル社会に根づきやすいのかもしれない。イスラエルでも、今後メディア環境の一層の変化が予想されるなか、その実態が人々の行動と社会にもたらしうる変化に注目が集まっている。

（辻田俊哉）

22

ホロコースト生存者

★高齢化と拡大する格差の陰で★

2018年末の段階で、イスラエル国内には約11万人のホロコースト生存者が暮らすと推定される。全員が75歳以上、そのうち85歳以上が約半数という高齢者集団である。年々その数は減少し、十数年のうちに生存者はほぼいなくなると考えられている。

この「ホロコースト生存者《サバイバー》」とはどのような人たちを指すのだろうか。また近年、イスラエルに暮らすホロコースト生存者の窮状がメディアに取り上げられ、ほかでもない「ユダヤ人国家」イスラエルで、生存者が困窮する事態に批判の声が上がっている。なぜこのような状況が生じているのか。イスラエルという国家は、ホロコースト生存者に対していかなる姿勢でのぞんできたのであろうか。

まず、「ホロコースト生存者」というときに問題になるのはその定義である。その範囲は固定的ではなく、その時代の政治状況によって、さらに歴史理解によっても変わってきた。たとえば、終戦直後の時期では、生存者とはナチの強制収容所から生還した文字通り「生き残り」を指すとされ、腕に彫り込まれた囚人番号がそのしるしであった。しかし歴史研究が進み、ゲットーに入れられた者や、パルチザンとして森に潜伏した者も、非常に過酷な体験をしたことが理解されると、彼らもその範疇に含まれるようになった。そして1991年にソ連が崩壊すると、それまで冷戦構造の中で置き去りにされていた旧ソ連のユダヤ人――彼らの多くはナチの侵攻を逃れてソ連内部へと逃げ込んだ経験をもつ――が生存者として認知され、彼らを援助するための新たな法律が必要とされるようになるのである。

つまり、ひとくくりにホロコースト生存者といっても、その背景は実にさまざまであり、イスラエルに到着した時期も異なる。終戦から70年以上が経過したことを考慮すると、生存者が迫害当時はかなり若かったことが理解される。実際にイスラエル在住の生存者のうち、10歳以下の幼少期に迫害を体験したいわゆる「チャイルド・サバイバー」が約半数を占める。子どもが強制収容所を生き残ることはごくまれであったことを思えば、現在イスラエルに暮らす生存者の多くは、強制収容所の経験をもたない旧ソ連出身者であると結論できる。

ところで、イスラエル建国初期に移住したホロコースト生存者の第二の人生は、決して楽なものではなかった。終戦から1951年の時期にイスラエルへ移住した生存者の数は36万人ほどであり、彼らは文字通り新生国家の礎となった。1948年の第一次中東戦争では約6000人のイスラエル人が命を落としているが、そのうちの15%ほどはホロコースト生存者であったといわれる。しかし、建国を自らの手で勝ち取ったと考えるパレスチナのユダヤ人たちにとって、生存者とは「羊のように従順に屠畜場へと向かった」虚弱なディアスポラの象徴に思われた。ワルシャワ・ゲットー蜂起の英雄が勇敢なユダヤ人のイコンとされる一方で、生存者の声は小さく、彼らの存在に十分な注目が集まる

パレスチナに到着したホロコースト生存者たち（駐日イスラエル大使館広報室提供）

ようになるのは1961年のアイヒマン裁判以降であるといわれる。

若く、屈強であったゆえに生き残ることができ、イスラエルでの生活に迅速に適応した生存者がいる一方で、ナチ迫害により一切を失い、健康問題を抱え、また教育を中断されたために労働市場における競争力に欠ける生存者は、経済的弱者となる可能性が高かった。こうした人々の最低限の生活を保証してきたのが、ドイツ連邦共和国（西ドイツ）による補償であった。イスラエルは当然のことながら、ホロコースト生存者に対して責任をもつべきはドイツであるという大前提から出発した。1952年のルクセンブルク補償協定に基づき、イスラエルはドイツから物資による支払いという形で30億マルクを受け取り（くわしくは第53章を参照）、これは国家のインフラ形成に大きく貢献した。ただし、国家ではなく個人の犠牲者に対する補償はより遅く、1956年のドイツ連邦補償法（1953年の連邦補充法を改正）がこれを定めた。

第22章
ホロコースト生存者

連邦補償法に基づきドイツは、強制収容所やゲットーなどにおける自由の剥奪、健康被害（ただし25％以上の就労能力が失われた場合のみ）、財産の没収、教育を受ける機会の喪失などに対して補償を行ってきた。生計を同一とする親族が死亡した場合も、補償対象となった。連邦補償法に基づく申請は1969年末で締め切られたが、先に述べたように、補償対象から排除されてきた共産圏のユダヤ人など、これまでの補償制度の網から抜け落ちてきた人たちを救済する試みが続けられてきた。このため補償の形態もさまざまで、特定の被害に対する一時金や、継続的な年金、また補償申請を逃した人のための過酷緩和金など、実に多岐にわたる。その中でもっとも規模が大きいのが年金という形での支払いで、生存者本人が死亡するまで継続する。2017年末までにドイツが全世界のナチ犠牲者に支払った補償金の総額は、非ユダヤ人の犠牲者に対するものを含めると、なんと755億7800万ユーロにのぼる。

イスラエル国内での生存者の貧困化という最初の問題に戻ると、生存者の4分の1は貧困線以下（月収500ドル以下）で生活しているといわれる。この数字はイスラエルの高齢者全体における貧困者の割合より高いというわけではない。さらに、彼らの貧困が全てナチ迫害に帰されるわけでもない。むしろ、高齢者であるという生来的な要因に加え、彼らの多くがソ連崩壊後の移民であるという点に理由があると思われる。なぜなら移民とは通常、ホスト社会に容易に統合される経済的に生産的な弱年層であるが、旧ソ連移民の場合、多くの高齢者を含んでいた。これは、ユダヤ人であれば誰でも「帰還」を認めるというイスラエル特有の移住制度ゆえに発生している状況である。

もちろん、ホロコーストで親類縁者をなくしている人は家族の援助体制が弱く、また障害やトラウマなどの過重なハンディを負っている可能性はある。実際に睡眠障害やうつ病など生存者に多くみられる疾病もあり、特に強制収容所を経験した人は、骨粗鬆症の割合が高く、歯の問題を抱えることが多いと指摘されている。通常の疾病は国の健康保険で対応できるが、これがカバーしない部分――歯科治療、メガネや車いすの購入など――は生存者のための基金などから医療費補助が出る。またさまざまなNGO団体が、ホームケアによる家事手伝いや入浴サービス、訪問看護などを行っている。しかし高齢者の場合、情報の収集という点でも格差があり、ヘブライ語が読めない、インターネットが使えないといった人は、こうした制度の存在自体を知らず、支援から抜け落ちてしまう。また生存者の中でも1956年の連邦補償法でナチ犠牲者として認定され、死ぬまで年金を受け取る者と、その対象とならなかった旧ソ連出身の生存者とでは、生活の安定度が異なるのは事実だ。つまり、ホロコースト生存者の貧困問題は複合的で、移民国家であるイスラエル社会全体の格差拡大の一局面なのである。

（武井彩佳）

23

時代とともに変化し続けるキブツ

★自然と社会環境の豊かな生活★

イスラエルでは都市を一歩離れると、途端に緑が広がり、広大な農地が現れる。そのほとんどは「キブツ」と呼ばれるイスラエル特有の共同体の農園である。キブツとは、フェンスで囲まれた数百人の住人が生活する居住区とキブツ直営の工場、その周辺の広大な農地からなる共同体で、イスラエル国内に約270ある。イスラエル全人口に占めるキブツ住人の割合は2％未満にすぎないが、少人数で効率の良い農業生産方法により、イスラエルの農業生産の重要な担い手となっている。

キブツとはヘブライ語の「集まること」を意味する。生活空間としてのキブツの歴史は、1910年、ガリラヤ湖南部に、共同生活をしながら開拓を志したユダヤ人の若者たちが定住しはじめ、1936年に第一号のキブツ（現在のキブツ・デガニヤ・アレフ）が誕生した頃に始まるとされる。オスマン帝国統治下のパレスチナの地を目指す移民の動きは19世紀後半から始まっていたが、20世紀に入り東ヨーロッパやロシアからユダヤ移民が押し寄せた（第二次アリヤー）。彼らは年齢も若く、自らの手で土地を耕しながら新境地を築こうとする強い意志があった。その後ろ盾となったのがシオニズム運動であった。なかでも世界シオニスト機構（WZO）のエレツ・イスラエル事務所はキブツ創設を後押しし、イスラエル建国基金（KKL、英語ではNational Jewish Fund: NJF）は、イスラエル建国に向けて世界中のユダヤ人が寄付した基金で土地を購入し、その一部をキブツ創設に役立てた。

キブツには共同社会をめざす明確なイデオロギーがあった。幼児の頃から共同就寝で集団生活を徹底し、食事係が全員の食事を準備し、洗濯係が全員の洗濯をすることで、家事からも、子育てからも解放された大人が男女の区別なく開拓に専念した。私有財産は放棄し、嫁入り道具として両親から贈られた家具や衣服でさえ全て共有財産となった。

建国前夜からアラブ陣営との対立が激しくなると、防衛前線として多くのキブツが作られた。国境およびパレスチナ自治区との境界周辺にあるキブツの創設年が比較的遅いのはそのためである。その当時のキブツ創設の背景に、いくつものアラブの村から村人が追われ、その土地を接収した暗い歴史があることは、今でもキブツの人々の重い口を通じて知ることがある。

キブツの歴史はイスラエル建国の歴史と深く関連し、キブツ出身者は、政府やイスラエル軍の柱を担うようになった。キブツはまた、1950年代のアジアやアフリカ諸国からの大規模なユダヤ帰還民や、1990年代に旧ソ連から押し寄せた帰還民の大きな波を受け入れる組織としても機能した。

1960年代半ばには、世界各国からキブツ体験を目的とするボランティアが集まるようになった。衣食住の確保と小額の小遣い程度の報酬であっても、キブツで汗を流す魅力は世界中に広く知れ渡り、「キブツ協会」などを通じて日本からも新左翼的な若者を中心にキブツの地を踏んだ。キブツは、ユダヤ人か否かを問わずボランティアの受け入れを歓迎した。現在も一部のキブツが個別にボランティアを受け入れており、数名ながら個人で参加する日本人もいる。

その創設の歴史から、キブツは農業共同体ともいわれたが、今や農業はキブツの収入の15%にすぎず、約75%が工業製品等の第二次産業に依存するまでに変化している。したがって、現在キブツで農業に従事しているのは一握りで、大半はキブツ内の工場やキブツ外部の企業等を働く場としている。イスラエルの農業生産全体の約40%を占めるキブツの農業を支えているのは、タイからの出稼ぎ労働者であるといっても過言ではない。10年以上も前から、実際に泥や汗にまみれて働くのは主にタイ人であり、キブツの人々ではなくなった。

キブツでの生活は自然環境と社会福祉が充実している。託児所をはじめ、質の高い教育のほか、寝たきりになった病人や高齢者を介護する施設まで整備されているキブツもあるため、子育て中の家族や高齢者は特に安心して暮らすことができる。現在、多くのキブツは豊かな自然をセールス・ポイントとして宿泊施設を運営しているが、週末や夏休みには国内観光客で一杯になる。また、90年代は若者がキブツを離れる傾向が強かったが、近年は、家庭を築いた後に生活環境の改善を求めて、生まれ育ったキブツに戻る傾向にある。

キブツに足を踏み入れると、木々や花々、そしてのどかな空気が迎えてくれる。自転車に乗った親子やゴルフ用カートに乗った高齢者が道の真ん中を走っており、自動車は自然と徐行気味になる。庭には緑の芝生や花畑が広がり、家族や友人が集まってコーヒーを飲んだり、子どもたちが駆け回ったりしている。どのキブツにも、「ダイニング・ホール」と呼ばれる、食事のみならずさまざまな催し物を行う共同体として重要な建物があり、その周辺には図書館やスーパーマーケット等もあるため、

キブツ内を散歩する親子（樋口陽子撮影）

週末や祝日には賑わいをみせる。
キブツでの生活を希望するなら、まずキブツ内の賃貸用住居を借りて「住民（トシャブ）」となることだ。キブツとは無関係の企業等に勤めながら、民間のアパートを借りるようにキブツ内で居住することもできる。ただし家賃や光熱費など街の生活と比べて安いわけではない。それでも、都会では味わえない住環境が気に入り、キブツの一員として運営にたずさわりたいと思えば、正式な一員である「メンバー（ハベル）」になることもできる。正式なメンバーになる方法は、他のメンバーによる直接投票で、多数を得られればめでたくメンバーとなることができる。
これ以外にも、各キブツの決まりや方針は、全てメンバーによって決められる。著名人であっても、メンバーの子でも、トシャブとして過ごした後に賛成多数を得られなければメンバーになれない。メンバーは共同体の一員であり、共同生活の決まりが課せられる。キブツ内で労働をする場合は、学歴やキャリアに関係なく、キブツの規定に基づいた月給を受け取る。メンバーの中には国会議員や大学教授もいるが、彼らも決められた月給分以外は、全てキブツの共同財産として差し出さなければならない。キブツ外部の企業で労働するメンバーも現在はめずらしくないが、その場合も同様に規定を超える収入は全てキブツに差し出す。すなわち手取り額は限られる。それに加えて、皿洗い等の「当番」がある。しかし、住宅費や教育費、社会福祉費の心配が減るほか、豊かな住環境が手に入る。

新規メンバーを投票で決定するように共同体としての特徴を残しているが、筆者が最初にキブツを訪れた20年以上前から「かつてのキブツはもうない。変わってしまった」といわれ続けている。ダイニング・ホールで提供される食事の回数が段階的に減少し、他のキブツの人々と交流する機会は減少した。また、いわゆる「キブツの私有化」の波が押し寄せ、能力や経験値によって異なる給与が決められるようになり、私有財産や銀行口座をもつメンバーもめずらしくない。キブツ内のＡＴＭから現金を引き出す光景も今や当たり前である。キブツ共有の財産であった土地でさえ私有地として分割される傾向もみられる。そして、２０１８年からはキブツのメンバーも所得税を支払うこととなった。これまで、事実上免税であったキブツにとっては、キブツ史上最大とも言える大きな変革を迎えている。

キブツは変わり続けている。しかし、キブツは都市や他の集落とは異なる共同体として存続し続けようとしている。むしろ、キブツは創設の頃から変化し続けているのであり、おそらく20年後にも「変わってしまった」といわれながら、キブツとして存続しているであろう。何が変わり、何が変わっていないのか、今後のキブツをみるのも楽しみである。

（樋口義彦）

■ヘブライ語基礎会話

意　味	読み方	ヘブライ語（右から読む）
こんにちは	シャローム	שלום
すみません	スリハ	סליחה
大丈夫です	ベセデル	בסדר
はい	ケン	כן
いいえ	ロ	לא
おはようございます	ボケル　トヴ	בוקר טוב
良い日を	ヨム　トヴ	יום טוב
こんばんは	エレヴ　トヴ	ערב טוב
おやすみなさい	ライラ　トヴ	לילה טוב
良い安息日を	シャバット　シャローム	שבת שלום
ありがとう	トダ	תודה
どうぞ	ベヴァカシャ	בבקשה
まあまあ	カハ　カハ	כך כך

■ヘブライ文字

	ヘブライ文字	文字の呼び方
1	א	アレフ
2	ב	ベート
3	ג	ギメル
4	ד	ダレット
5	ה	ヘー
6	ו	ヴァヴ
7	ז	ザイン
8	ח	ヘット
9	ט	テット
10	י	ヨッド
11	כ	カフ
12	ל	ラメド
13	מ	メム
14	נ	ヌン
15	ס	サメフ
16	ע	アイン
17	פ	ペー
18	צ	ツァディ
19	ק	クフ
20	ר	レーシュ
21	ש	シン
22	ת	タヴ

V

政治と安全保障

24

多党化と不安定な政権

★百家争鳴の政党政治★

ユダヤ人が「二人集まれば、三つ政党ができる」「三人集まれば、五つ政党ができる」と、イスラエルではよくいわれる。議論好きで、時に自己主張が強烈なユダヤ人の政治文化を自ら皮肉った表現だ。実際、イスラエルの政党政治にはこの表現がよくあてはまる。

イスラエルの国会はヘブライ語で「クネセト」と呼ばれている。「集める」という言葉が語源で、一般名詞としては会合や会議を意味している。国会としてのクネセトは一院制で、議席数120というこじんまりしたものだ。この120という数は、古代ユダヤ王国で「大クネセト」と呼ばれた律法学者の集りの定数に基づいている。独立宣言の翌1949年1月に最初の選挙が行われた。実はこのときは制憲議会選挙で、召集された議会もまた制憲議会だった。しかし、議論がまとまりにくいのはユダヤ人の常で、宗教と国家の関係などをめぐりコンセンサスが得られなかった。結局、制憲議会は本来の使命だった憲法草案作りをあきらめ、通常の国会、つまりクネセトに自ら衣替えしたのである。この結果、憲法の代わりに基本法が制定された（第26章参照）。また、1949年選挙が第一回クネセト選

表　最近のクネセト選挙結果（議席数120）

		2009.2	2013.1	2015.3
右派		**49**	**43**	**44**
	リクード	27*	31*(1)	30*
	イスラエル我が家	15*		6
	ユダヤの家（旧国家宗教党）	3*	12*	8*
	民族統一党	4	–	–
中道		**28**	**27**	**21**
	未来がある		19*	11
	クラヌ			10*
	カディマ	28	2	
	ハトゥヌア		6*	
左派		**16**	**21**	**29**
	シオニスト連合(2)			24
	労働党	13*	15	
	メレッツ	3	6	5
宗教政党		**16**	**18**	**13**
	統一トーラー	5*	7	6*
	シャス	11*	11	7*
アラブ政党		**11**	**11**	**13**
	ハダッシュ	4	4	13(3)
	統一アラブリスト	4	4	
	バラド	3	3	

＊は連立与党
（注1）イスラエル我が家は2013年1月選挙で、リクードと統一リストを結成したが、2014年に統一を解消。議席はリクード18、イスラエル我が家13に配分された。
（注2）シオニスト連合は労働党とハトゥヌアが結成した合同リスト。
（注3）アラブ政党は2015年選挙でアラブ合同リストを結成。
出所：イスラエル中央統計局、クネセト

挙と呼ばれるようになり、直近では２０１５年に第20回選挙が行われている（２０１８年5月現在）。

イスラエルの国家元首は大統領だが、象徴的な存在にすぎない。実際の国家運営は首相を長とする内閣が担当している。その首相は国会から選ばれ国会に責任を負うという議院内閣制をとっており、その点は日本と変わらない。ただ、選挙は拘束名簿式比例代表制という単一の制度で行われている。イスラエル全土が一選挙区で、有権者は政党ないし政党連合が事前に登録した候補者名簿（リスト）に投票する。各リストには獲得票に応じて議席数が比例配分される。リストの順位は拘束式なので勝手に変更することはできず、議席数に従って一番から順番に当選者が決まる。日本のように比例代表制と小選挙区制とが混在し、かつ一人の候補者が小選挙区と比例区の両方に重複立候補できるといった複雑な制度ではない。

比例代表制の特徴は、多くの政党が議席を得ることができ、その結果、国民の幅広い意見や立場を国会に反映できることだ。シオニズム運動自体、社会主義などの左派から強硬な民族主義右派まで分かれており、宗教をめぐっても世俗派と宗教派が対立するなど、実にさまざまなグループや思想潮流からなっていた。この多様な意見を議場に反映させるため、イスラエル独立以前のシオニスト会議メンバーの選出も、シンプルな比例代表制が採用されていた。クネセト選挙もこの制度を引き継いでいる。同時に、百家争鳴的で、時に完全にまとまりを失ってしまうという遺伝子も受け継いでしまった。

シンプルな比例代表制の結果、選挙のたびに二つの特徴が表れる。一つは、１２０の議席を目指して30ないし40という多数の政党が選挙戦を繰り広げることだ。しかも、離合集散がはなはだしく、分裂や統合を繰り返している。ある選挙で議席を獲得しても、次の選挙前に分裂し消えてしまう政党や、他の政党に吸収合併されるものもある。まさに「ユダヤ人が二人集まれば……」という表現を裏切らない。

もう一つは、議席数が少ないにもかかわらず、議席を得る政党（リスト）の数が多く、少数乱立が常態になっていることだ。２０１５年の選挙では表にある通り、10リストがクネセトに代表を送り込んだ。しかも、最大のリクードでさえ全体の４分の１の30しか議席を獲得していない。結局、連立は不可避で、さらに連立に参加する政党が多い分、首相は連立維持に奔走しなければならず、強い指導力を発揮できない。逆にキャスティングボートを握った少数政党は、議席数以上の力をもってしまう。

このような構造的な問題に起因する弊害を取り除くため、一定以上の得票率に達しないリストには議席を配分しないという最低ラインが設けてある。現在の最低ラインは有効投票総数の3・25％となっている。それでも政治の機能不全はかなり頻繁に起きている。

このためこれまでも何回か制度改変が試みられてきた。最大の改革の試みが、1992年に導入された首相公選制だった。公選された首相は国民から直接信任されたことを背景に、より強い指導力が発揮できると期待された。またクネセト選挙でも、有権者は自らが支持する首相候補が率いる政党に投票するだろうから、首相の政治基盤は強化されると想定された。

しかし、実際は違っていた。有権者は中東和平や安全保障といった国政レベルの争点に関しては自らの考えに近い首相候補に一票を投じる一方、クネセト選挙では自分たちの生活に身近な政策を掲げた別の政党に投票するという行動をとったのである。結果、さらに多くの少数政党が議席を得ることになり、首相はこれまで以上に連立維持にエネルギーを費やすことになった。

米国の大統領制と、英国や日本のような議院内閣制を足して二で割ったようなイスラエルの首相公選制は、完全に失敗だった。2001年を最後に三回実施されただけで首相公選制は廃止され、若干の修正を加えながらも元の議院内閣制に復帰した。日本でも一時、首相公選制が議論され、イスラエルの事例が引き合いに出された。しかし、イスラエルの失敗の「教訓」は日本ではあまり真剣に検討されていない。

イスラエルの政党の中で若干特異なのはアラブ系政党だ。イスラエル国民の5人に1人はパレスチナ・アラブ人だ。彼らの投票行動は大きく二つに分かれる。自分たち独自のアラブ系政党を支持するか、労働党やリクードなどのシオニズム政党に投票するかである。もしパレスチナ・アラブ人が政治的にまとまれば、クネセトでも20％程度の議席を得ることは理論的には可能となる。ただアラブ系国民もキリスト教かイスラム教かといった宗教上の違いや、住んでいる地域の違いなどによって立場が異なっている。それだけになかなかまとまることができない。その結果、一部のアラブ系国民はアラブ政党には投票せず、国政の場でより大きな発言力が期待できるシオニズム政党支持に回っている。結局、アラブ系政党はクネセトで大きな力を発揮できないでいる。

２０００年代に入り、イスラエルの多党化はさらに進んでいる。１９７０年代頃まであった「国家がなくなるかもしれない」という危機意識はほとんどなくなり、価値観は多様化している。経済の自由化やグローバル化は高い経済成長をもたらす一方で、社会的格差を押し広げた。有権者の要求はますます拡散し、２００６年選挙では年金の増額だけを公約に掲げたシングル・イシュー政党の年金党が7議席を獲得したこともあった。さらに１９９０年代に大量流入した旧ソ連からの移民や、宗教的なユダヤ人の人口増加はイスラエルの政治文化を大きく変え、右傾化の原因となっている。この点については第25章でくわしく触れたい。

（立山良司）

25

右傾化するイスラエル

★背景に人口構成の変化★

最近のクネセト（国会）選挙結果は、イスラエルのユダヤ人社会の右傾化をそのまま反映している。リクードや「イスラエル我が家」「ユダヤの家」などの右派政党に近年右傾化が著しい宗教政党の議席を加えると、ほぼ過半数に達している（第24章表参照）。この結果、リクード党首ベンヤミン・ネタニヤフは1990年代の第一次政権時代を加えると、すでに12年以上も首相の座にある（2018年5月現在）。

かつてイスラエルでは労働党に代表される労働シオニズム系、つまり左派政党が政治の中核を占めていた。その労働党は今や大きく後退している。何が、イスラエルのユダヤ人社会の右傾化を促進し、占領地保持を絶対視する大イスラエル主義の潮流を強めているのだろうか。

直接的な要因は和平プロセスの行き詰まりと、アラブ側との暴力的な対立の拡大である。2000年に始まった第二次インティファーダはイスラエル世論を決定的に変え、一転してオスロ合意への反対が支持を上回った（第56章参照）。イスラエルはその後も、レバノンのシーア派組織ヒズボラとの衝突（第二次レバノン戦争、2006年）、ガザからのロケット攻撃阻止を目的

ガザからの脅威にさらされる開発都市スデロット。警察署の裏にある飛来したロケットの残骸置き場（2010年３月、林真由美撮影）

としたパレスチナのイスラム組織ハマスなどとの断続的な衝突など、武力衝突を相次いで経験している。一連の武力衝突はアラブ側により大きな被害を与えているが、イスラエルのユダヤ人からみれば、和平合意がもたらしたものはテロや武力攻撃の増大だった。その結果「力による安全」を掲げる右派政党支持が拡大したのである。ガザとの武力衝突の際には毎回、80～90％が軍事攻撃を支持している。

右傾化を促進しているより大きな背景は、人口構成の変化だ。１９９０年代、イスラエルには旧ソ連からのユダヤ人とその家族が大量に移民した。２０１０年の調査では、旧ソ連からの移民はユダヤ人人口の21％に上っている。新移民である彼らは依然としてイスラエル社会の下層にいる。特に相当数は「開発都市」と呼ばれる地方の町に住んでいる。開発都市は新移民吸収用に１９５０年代から作られた町で、１９９０年代以降は旧ソ連からの移民が多く吸収された。

これといった産業が少ない開発都市では、低所得者が多く失業率も高い。加えて地方の外縁部に位置しているため、レバノンやガザからロケット攻撃の危険にさらされている。ガザからのロケットが多数着弾している南部の町スデロットは典型的な開発都市だ。それだけに開発都市住民の多くは現状に強い不満を抱いており、和平に対する不信感も強い。さらに労働市場で競合しがちなアラブ系国民への反発も強い。その結果、彼らの多くが右派政党の支持に回った。2015年の選挙でも、開発都市住民のほとんどがリクード、イスラエル我が家、ユダヤの家の三党に投票している。

旧ソ連からの移民の屈折した心理を巧みについて党勢を拡大したのが、イスラエル我が家だ。党首のアビグドール・リーベルマン自身、ソ連(現モルドバ)からの移民だ。2009年選挙で同党が掲げた標語は「忠誠なくして市民権なし」だった。この標語は、アラブ系国民は「ユダヤ人国家」イスラエルへの忠誠心をもっていないという偏狭な民族意識をくすぐるものだった。リーベルマン自身のタカ派的な言動とあいまって、同党は旧ソ連からの移民や右派層に確固とした支持基盤を築いている。

もう一つの人口構成上の変化は、「ダティーム」と呼ばれる宗教的なユダヤ人、さらに「ハレディーム」と呼ばれる超正統派の増加である。ダティームとハレディームの出生率は世俗派の2～3倍もあり、人口に占める割合は急速に拡大している。一般にダティームは宗教シオニズム(第3章参照)の傾向が強く、入植活動を積極的に推進してきた。他方、ハレディームの主流派は離散状態にあるユダヤ人が「約束の地」に再結集するのは神の計画によるものであり、人間が勝手にユダヤ人国家を作ることは神に対する冒瀆であると考え、シオニズムに批判的か反対する立場をとってきた。イスラエル独立後、ハレディームも宗教政党を作り政治に参加しているが、占領地問題には強い関心を示してこなかった。

一面に落書きされた安全フェンス（隔離壁）（エルサレム北部で）

しかし、占領地からの撤退が現実問題になるにつれ、ハレディームの間にも次第に大イスラエル主義の思想が広がっている。特にアジア・アフリカ系のハレディーム政党シャスの支持者にその傾向が強い。ハレディームに大イスラエル主義が拡大している顕著な例は、一部を除き兵役義務を免除されている彼らの間で、自ら志願して兵役に就く若者が増えていることだ（第28章参照）。その結果、ダティームを含め兵士の4人に1人は大イスラエル主義を信奉する宗教シオニストとの報告もある。もし軍が入植者撤去を命じた場合、彼らは上官の命令を聞くのか、「神の教えを守れ」というラビの指示に従うのか、今イスラエルでは改めて議論を呼んでいる。

加えて実利的な面もある。通常の仕事にあまり就かないハレディームには低所得者が多く、補助金などで住宅費が安い入植地に住む者が増えている。ヨルダン川西岸の入植者人口の3分の1は超正統派との推定もある。当然、彼らにとって西岸からの撤退は生活の問題となる。

右傾化のもう一つの要因は、多くのユダヤ人にとって、

第25章

右傾化するイスラエル

今やパレスチナ人が「みえない存在」となっていることだ。かつてイスラエル国内でパレスチナ人労働者をみかけることは、日常的な風景だった。しかし、テロ防止策として西岸、ガザからの出稼ぎが厳しく制限されている現在、工事現場などでパレスチナ人をみかけることはまずない。一方、ユダヤ人が西岸やガザに行くこともない。行くとすれば兵隊として任務に就いているときだ。

完成時には総延長700キロメートルに及ぶとされる「安全フェンス（隔離壁）」の建設もあり、東エルサレムなど一部地域を除き、大多数のユダヤ人にとって西岸、ガザのパレスチナ人は心理的にも物理的にもますます「みえない存在」になっている。このこともユダヤ人の間で、パレスチナ人を和平を結ぶべき隣人としてではなく、テロや暴力の視点でしかみない風潮を強めているといえるだろう。

1995年11月に当時の首相イツハク・ラビンを殺害したユダヤ人青年は過激な宗教シオニストだった。彼は裁判で「私は銃の引き金を引いた。だから人間の法に照らせば有罪だ。しかし、神の法では無罪だ」と主張した。彼からみれば、ラビンは「イスラエルの地」の一部を非ユダヤ教徒に譲り渡そうとした神に対する「裏切り者」なのである。

ラビン暗殺事件を引き起こしたのは、大イスラエル主義の底流に絶えずある過激主義の側面であり、「氷山の一角」だと警鐘が鳴らされた。その後もイスラエルの右傾化は進んでいる。2011年11月に行われた世論調査では、同様の暗殺事件が起こりうると信じているユダヤ人回答者が39％にのぼっている。

（立山良司）

イツハク・ラビン——イスラエル建国からの〝象徴〟

コラム8　林真由美

イツハク・ラビンをご存知の方は、1993年のホワイトハウスでのオスロ合意調印式で、クリントン米大統領に促されてややためらいがちにアラファトPLO議長（当時）と握手する姿をご記憶だろう。翌94年にはアラファト議長、シモン・ペレス外相（当時）の三人でノーベル平和賞を受賞し、その翌年の95年に暗殺者の凶弾に倒れたことから、イスラエルを和平に導いた指導者という印象が強いのではないだろうか。

しかし、多くのイスラエル人にとって、ラビンは非常に多面的な顔をもった人物であり、国家の歴史の節目節目における彼の姿がそのままイスラエルという国の歩みとともにある、いわば象徴となっている人物である。2005年の調査では、建国の父ダヴィッド・ベングリオンを押さえてイスラエルを象徴する人物の一位に選ばれた。

建国時、ラビンはユダヤ民兵組織ハガナのエリート部隊「パルマッハ（突撃隊）」に志願し、英国と戦った。「軍人・ラビン」は1948年の独立戦争では司令官の一人としてエルサレムや南部方面でアラブ軍と戦った。67年の第三次中東戦争ではイスラエル国防軍第7代参謀総長としてイスラエルを勝利に導いた。ダヤン国防相、ナルキス中部方面軍司令官とともにエルサレム旧市街地のライオン門をくぐる姿は、第三次中東戦争の「勝利」を象徴する写真となっている（65頁）。ラビン自身、第三次中東戦争を「軍人としての経歴の絶頂」と述べている。

イスラエルが米国との協調関係を強化し、武器調達で国防力を増強する足掛かりを築いたのもラビンである。1968年1月、退役したラビンは、希望して駐米イスラエル大使となる。「外交官・ラビン」は個人的にも米国首脳、特にキッシンジャー大統領補佐官（のち国務長官）と密接な関係を築いた。

大使退任後の1974年、ラビンは国政を目指し労働党から立候補した。「政治家・ラビン」はすぐに労働大臣として入閣、半年後の6月、首相に就任した。1992年、再び首相の座に就いたラビンは、93年9月にパレスチナとの暫定自治合意を、翌94年10月にはヨルダンとの和平合意を締結した。しかし「和平推進者・ラビン」は95年11月、テルアビブの平和集会で「戦争の道よりは和平の道を望む」と訴えた直後、同じユダヤ人が発した3発の凶弾に倒れた。

ラビンは「イスラエル史を作る出来事に一貫して関わってきた。イスラエル人のアイデンティティの遺伝子ともいうべき存在である」（ダヴィッド・グロスマン）。それにはラビンが「サブラ（英国のパレスチナ委任統治時代を含め、イスラエル領内で生まれたユダヤ人）」であることも大きく影響している。

パレスチナとの和平についてイスラエル国内で意見の相違が顕著になるとき、ラビンが亡くなった場所であるテルアビブ市役所に造られたモニュメントに、和平反対派が落書きをしたりペンキをかけたりするなどして抗議を示す。いまだ和平反対派にとってもラビンは「象徴」であり、攻撃対象なのである。

ただし、パレスチナからみたラビンには別の顔がある。占領地に入植地建設を進め、ヨルダン川西岸に立派な道路を建設したのも、1987年に始まったパレスチナ人の民衆蜂起「第一次インティファーダ」の際に、徹底的な力による鎮圧策を進めた国防大臣も、同じラビンだということを彼らは忘れてはいない。パレスチナ人からみれば、立派な道路も「戦車を通すため」のものなのだ。

26

「憲法」のない国

★将来の憲法を構成する「基本法」を整備★

イスラエルは、英国、ニュージーランドなどとともに「憲法をもたない国」の例として取り上げられる。実際には、長年の歴史の中で生まれた法律や判例などを実質的な憲法としている英国やニュージーランドと違い、イスラエルにはいくつかの「基本法」と名づけられた制定法があり、草案段階のものも含め、これら基本法が将来の成文憲法を構成することになっている。

1948年5月の国家樹立宣言でイスラエルは、同年10月1日までに憲法制定議会を選出し憲法を採択するとした。しかし直後に起きた第一次中東戦争の影響で、選挙が実施されたのは1949年1月だった。このとき選出された憲法制定議会（のちに「第一回クネセト」と呼ばれる）は憲法草案を提出できず、政府の基礎、大統領、議会、内閣の権能などを定めた暫定法を制定した。憲法論議は第一回クネセトでも続けられたが制定にはいたらず、1950年6月、クネセトは「憲法は章単位で構成され、各章は別々の基本法として制定される。そののち憲法・法律・司法委員会（クネセトの常任委員会の一つ）による憲法草案審議を経て、クネセトに提示され、すべての章が一つにされて憲法を構成する」との決議を採択した（提案した議員の名から「ハ

表　現在制定されているイスラエルの基本法

- 基本法―クネセト（1958年制定）
- 基本法―国土（1960年制定）
- 基本法―大統領（1964年）
- 基本法―政府（1968年制定／1992年、2001年改定）
- 基本法―国家経済（1975年制定）
- 基本法―イスラエル国防軍（1976年制定）
- 基本法―エルサレム－イスラエルの首都（1980年制定）
- 基本法―司法（1984年制定）
- 基本法―国家会計検査官（1988年制定）
- 基本法―人間の尊厳と自由（1992年制定）
- 基本法―職業の自由（1992年制定／1994年改定）
- 基本法－国民投票（2014年制定）

ラリ決議」と呼ばれる）。以後イスラエルは、国の社会的制度について定めた基本法を分野ごとに制定している。

イスラエルが成文憲法を制定しなかったのは、建国直後の不安定な国内状況のためだった。ユダヤ人国家として誕生したものの、国内在住のユダヤ人は世界全体からみたら少数であり、「帰還」していない同胞にも強制力を及ぼす憲法を制定することができるのかという議論があった。さらに国内には世俗勢力と宗教勢力の対立もあった。特に世俗的な憲法とユダヤ教の律法との兼ね合いで論争があった。

建国の父ダヴィッド・ベングリオンの考えも大きく影響した。ベングリオン自身は労働シオニストだったが、新しいユダヤ人国家を一つにまとめるためさまざまな勢力と手を結ぶ必要があった。特に選挙の結果クネセトで多数勢力となれなかったため、宗教政党との連立を必要とした。そのためには世俗と宗教の対立を回避する必要があり、彼は憲法制定には積極的でなかったのである。またベングリオン自身、憲法的な規定がなかったことで政策決定などに関しより自由に裁量できた。このため、英国で何世紀もかかって憲法的な仕組みが発展してきたように、イスラエルも徐々に憲法的な仕組みを進化させればよいと述べていた。

現在イスラエルで制定されている基本法は表（前頁）のとおりである。これらに加えて、「立法」「裁判での権利」「表現及び結社の自由」「社会的権利」が審議を待っている。「基本法―クネセト」では、選挙日程、会期、議会運営などが定められている。「基本法―政府」が二度にわたり改正されたのは、１９９２年に首相公選制を導入したためである。直接選挙は三度行われただけで廃止された（第24章参照）。

１９６７年の第三次中東戦争で東エルサレムを手中にしたイスラエルは、終戦直後にエルサレム再統一を宣言し、法令で行政、司法、法の適用を定めた。１９８０年に採択された「基本法―エルサレム―イスラエルの首都」は、エルサレムが首都であることや聖地を保護することを規定した。国際社会はイスラエルによる東エルサレムの併合をジュネーブ第四条約（戦時下の文民保護）違反であるとして認めていない。国連安保理は、基本法成立から二週間後に決議４７６号と４７８号（いずれも賛成14、米国は棄権）を採択し、エルサレムからの大使館の撤退や、「基本法」を承認しないことを加盟国に求めた。エルサレムにあった大使館は２００６年までに全てテルアビブとその周辺に移転した。しかし、２０１８年に米国がエルサレムに大使館を移転させ、数カ国がこれに続く動きをみせている。

クネセトでの「基本法―エルサレム―イスラエルの首都」の審議の際は国内でも大きな批判が起こり、採択は賛成69、反対15、棄権3、と少なからぬ反対があった。しかし現在では第1条にいう「エルサレムは不可分且つ統一された首都」という言葉が、イスラエルの首脳によって繰り返し述べられている。

クネセトでの採決は、特に条文で定められた場合を除き単純多数決（「基本法―クネセト」第25条）である。採決に参加した議員の過半数の賛成があれば可決される。基本法の審議でも同様である。軟性憲法のようだが、将来憲法として整備される際にどうなるかは今後の審議による。なお基本法の規定には、改正時に過半数（61票）や3分の2（80票）以上の多数を必要とする条文もある。

基本法の制定内容をみると、1990年代以前とそれ以降では変化がみられる。以前は国家の制度について制定されていたが、1990年代以降は人権、社会制度に関わる内容が整備されている。

1990年代はイスラエルで「憲法革命」といわれた時期である。この頃「基本法―人間の尊厳と自由」「基本法―職業の自由」の二つが制定されたことに加えて、1995年にイスラエルの最高裁判所が基本法に関して重要な判断を示した。最高裁は判決で、基本法が一般の制定法に対して優位にあり基本法に反する法律は違法である、と述べた。建国から50年近くを経て、基本法は最高法規性を備えている、すなわち憲法たることのお墨付きを得たのだ。

2003年には、クネセトの憲法・法律・司法委員会が憲法草案についての審議を始め、3年後の2006年2月、同委員会委員長のミハエル・エイタン議員（リクード）は、憲法草案を作成したと述べた。しかしクネセトが解散して総選挙となり、草案は審議されなかった。2007年には当時のエフード・オルメルト首相（カディマ）が所信表明演説の中で憲法制定についての意欲をみせた。

イスラエル社会でも憲法制定に関する議論は盛んになっている。近年30近い憲法草案が国内のシンクタンクなどから示されており、その内容は世俗的・民主主義的なものから、ユダヤ民族国家としての性質を重視したものまで多岐にわたっている。宗教勢力の中でも、シャスの指導者だったオバディア・ヨセフ師(1920〜2013)は憲法制定に理解を示し、同党の議員に憲法制定について協力するよう指示したという。

2014年、クネセトで国民投票を実施する基本法が承認され、今後「主権領域」内にある地域を和平交渉で譲渡する場合には原則として国民投票が必要となった(クネセトが賛成80以上で承認した場合は不要)。この法は西岸地域には適用されないが、東エルサレム、ゴラン高原は含むと解釈されており、今後の中東和平の交渉に大きな影響を及ぼすことが考えられる。22年ぶりの基本法制定が満場一致であったことにネタニヤフ首相は満足の意を示した。しかし、法案通過はクネセト議員120人中連立政権に属する68人だけが決議に参加、賛成したことによるものであり、和平交渉に対するイスラエル国内の議論の分裂状況が見て取れるものだった。

それ以上に2010年代に入り議論を呼んでいるのが、イスラエルを「ユダヤ民族国家」と規定しようとする「基本法—ユダヤ民族国家」案である。2011年に右派議員から提案され、その後、いくつかの法案が出されているが、未だに成案を得ていない。アラブ系など非ユダヤ系国民が存在している以上、「ユダヤ民族国家」と規定すると民主主義や平等の原則に大きく抵触する可能性があり、意見集約ができないからだ。さらに「ユダヤ人」をどう定義するかについても論争が続いている。この問題はイスラエルの右傾化を懸念している米国ユダヤ社会にも飛び火し、右派の一部を除き、左派はもちろん、多くの中道的な主流派ユダヤ組織も法案の成立に反対している。

(林真由美)

27

政治と軍事

★安全保障政策は誰が決定しているのか★

「イスラエルでは国防政策が常に最も決定的な領域であると看做されてきており、市民に対してその最も死活的な公共財――安全保障――を提供している。安全保障の手段が軍隊であり、軍は宗教的ともいえる地位を与えられるようになった。」

この言葉に象徴されるように、イスラエルにおいては安全保障がすべてに優先すると考えられる傾向が強い。しかしその安全保障政策は誰がどのようにして決定しているのか、あるいは軍の統帥は誰が握っているのかという問いに答えるのはそう容易ではない。

外部からその安全を軍事的に脅かされる環境の中に建国され、それ以降も常に臨戦態勢を余儀なくされる状況に置かれたイスラエルでは、それゆえに肥大化し潜在的に強大な政治的影響力を獲得しかねない軍事部門に対して、如何に有効な文民統制《シヴィリアンコントロール》を敷くかが当初より大きな課題となった。対外的には強力に軍事化された社会が、対内的には民主的なシステムを堅持するという命題へのとりあえずの回答は、いわば人格的なレベルで両者を接合するというものであった。すなわち、「建国の父《ファウンディングファーザー》」として絶大な権威を誇った初代首相ベングリオンが国防相を兼務し、創設間もない国防軍の幹部人事を一手に握るという形で文民政府の国防軍に対する優位を確保した。後述するように、イスラエルでは今なお首相や国防相、あるいは参謀総長といった安全保障領域の政策決定権者の間の権限関係や職掌分担が明示的に定まっているとは必ずしも言い難いが、少なくともこの時点ではベングリオンの隔絶したカリスマによって国家の安全保障政策はほぼ一元的に決定されていたと見ることができる。

このような建国期の政軍関係が大きな転機を迎えたのは、1967年の第三次中東戦争を挟んでの時期であった。ベングリオンが引退し、後を襲った第二代首相エシュコルは、開戦直前に軍部の圧力に屈する格好で、兼務していた国防相のポストを前参謀総長ダヤンに渡し、ここにベングリオン以来の属人的な文民統制の時代は終わりを告げた。第三次中東戦争における圧倒的な勝利によって国防軍の声望が頂点に達したこともあって、軍指導層がさまざまな回路で政治領域に触れるようになり、既存の各種政治勢力が軍幹部の取り込みを図ったり、高級軍人が予備役編入と同時に政・財・官各界に「天下り《パラシューティング》」したりする現象が目立ち始めた。こうした現象は、1977年にそれまで政権をほぼ独占してきた労働党連合が野に下り、リクード連合に初めて政権を奪われて以降さらに顕著になる。かくして、第三次中東戦争以降イスラエルの政軍関係は、政府が軍部の優位にあったそれまでの構図から、政府と軍部とが補完性を強め、より対等で相互依存的関係に移行したと考えてよい。

1990年代以降のいわゆるポスト冷戦期において、政府と軍部との関係はさらなる変容を遂げる。ラビン、バラク、シャロンといった参謀総長ないし軍司令官経験者、あるいはベングリオンの下で長らく国防次官の任にあったペレスなど、軍歴を背景とする政治家が続々と組閣し、また高級軍人から政治家への転進がほぼ恒常化するなど、軍部の政府への浸透が格段に強まったからである。とはいえ、それによって政府が軍部によって支配されたり操作されたりするわけではなく、軍部の政府に対する優位が確立されたわけでもない。むしろ、場合によっては両者間の軋轢が拡幅されるような事態にも結果した。

議院内閣制を採っているイスラエルでは、内閣はクネセトに責任を負い、首相は「同輩中の首席《プリムスインテルパーレス》」であるに過ぎない。建国期とりわけベングリオン時代には、首相個人の権威によって安全保障政策全般を指導し、首相が事実上の国防軍最高司令官として振る舞っていたが、そこに制度的な担保があったわけではない。だからこそ首相は国防相を兼務し、原理的・構造的な矛盾の顕在化を回避しようとした。しかし、第三次中東戦争以降この二つのポストが通常は切り離され、特に参謀総長職などの軍歴を背景とした政治家が国防相の座に就くと、首相との間の力関係は微妙なものとなる。そもそも、１９６８年に成立した「基本法：政府」においても安全保障領域における首相と国防相との間の権限分担は必ずしも明らかでなく、１９９１年に国家安全保障閣僚委員会が法制上の位置づけを与えられるまでは首相のこの領域での直接的役割が明示的に認められてはいなかった。

さらに、国防相と参謀総長との間にも権限・職掌をめぐる軋轢が存在する。内閣は全体として国防軍の最高指揮権を掌握し、そのような指揮権の実動部隊への窓口《リンク》が国防相であるとの理解が一応成り立っているが、その機能は実動部隊トップである参謀総長との関係においてどのように定められるのかという問題である。参謀総長職が現役「制服組」の最先任将官としての責任と影響力をもつものと看做されたのは１９５５年の軍令法においてだが、「基本法：軍」が１９７６年に制定されるまでその地位は法制上の裏付けに乏しかった。参謀総長は国防相の指令に服するが、同時に内閣およびその長である首相に対しても服属する義務を負い、こうした二重服属関係が国防相と参謀総長との間の力関係を複雑なものとしているのである。

ところで、ポスト冷戦期のイスラエルにおいて不均衡なほどに軍指導層の政界進出が目立つことはすでに指摘したとおりだが、そのような現象がそのままイスラエルの右傾化に直結しているとも言えない。そのことは、ラビン首相兼国防相（退役中将）の時代にオスロ和平プロセスが出発し、バラク首相兼国防相（予備役中将）の時代にレバノン撤退が実現し、シャロン首相（退役少将）・モファズ国防相（退役中将）の時代にガザ撤退が実現したという事実と、指導的軍歴のないネタニヤフやオルメルトなど「文民」首相の時代に和平プロセスの蹉跌や第二次レバノン戦争・ガザ再侵攻などが経験された経緯とに照らしても明らかであろう。最近でも、ネタニヤフ首相ら文民閣僚がイラン核武装阻止のため軍事攻撃も辞さない強硬姿勢をちらつかせているのに対して、軍指導層は挙げてこれに抵抗したという構図が見られた。

いずれにせよ、イスラエルにおける安全保障政策の決定プロセスは主として枢要三ポスト、すなわち首相、国防相、参謀総長の間の力関係によって大きく左右される。大尉で除隊し、枢要な軍歴を持たないまま政界入りして40代で第13代首相となり、その後２００９年から第17代首相として長期政権を率いているネタニヤフ首相の場合、当初はヤアロン元参謀総長を国防相に迎え、軍事領域ではそのイニシアチブに従っているかに見えた。しかし、両者の個人的軋轢が強まり、２０１６年にヤアロンが辞任、後継国防相にこれも軍歴の乏しい連立相手のリーベルマン「イスラエル我が家」党首を据えると、国防政策においては現役の参謀総長であるエイゼンコット中将の発言力が相対的に大きくなるという状況が出来した。

もっとも、急速に進化し変転する現代の軍事技術や情報戦略に相対するとき、専門的知見といえども僅か数年で容易に陳腐化を免れず、基本的には現役の職業軍人に安全保障政策の立案策定を依存する比率が格段に高まっているのも事実である。その意味では、政治指導層が一般国民に対して明快な国家の政戦略目標を提示できない限り、イスラエルの政軍関係がより軍事的合理性重視に傾いていくのは不可避と考えなければならない。

（池田明史）

28

国防軍（IDF）とイスラエル社会

★政軍関係と聖俗関係との狭間で★

建国の瞬間から国家としてのその「生存権」を認めようとしない敵対勢力に包囲され、常に「自力で生き延びる」切迫した必要を意識させられたイスラエル社会は、俗に「マサダ・コンプレックス」と呼ばれる被包囲意識を前景化させた。国家が直面する安全保障上の脅威は、「終わりがなく、解決の見込みがなく、暴力的、ゼロサム的、全面的かつ決定的」な性格をもつものと映り、これに対抗するために社会全体をいわば「常在戦場」の態勢に置こうとしたのである。

建国以前の武力闘争を担った民兵組織「ハガナ」やそのエリート部隊であった「パルマッハ」を母胎として創設されたイスラエル国防軍は、したがって社会全体で安全保障上の負担を負うという前提の下に、一旦緩急あれば戦闘適齢期の男女すべてを動員する文字通りの国民軍として編成された。18歳以降男子は3年、女子は2年の現役徴兵年限に服した後も、原則として男子には55歳まで予備役として年間1カ月程度の訓練応召義務が課され、戦時編成ではこの予備役こそが国防軍の主兵として前線に投入されるのである。イスラエルにおいて兵士は「制服を着た市民」であり、市民は「11カ月間の休暇中にある兵士」にほかならないとは、このような軍と市民社会との相互浸透性を端的に示す表現である。それは同時に、移民の流入によって支えられるイスラエル社会にあっては、在外のユダヤ人をイスラエル市民へと変身させる政治的社会化の装置でもあった。

単純比較すれば兵力量で20倍以上と考えられたアラブ側敵対勢力との戦力差を埋めるために、イスラエルでは予備役の急速動員を核とする社会の戦時稼動システムが構築され、限りある人的・物的資源の効率的な運用と、経済活動への影響の極小化がはかられた。軍事面では、この絶対的な量的劣勢という認識が、国防軍の伝統的なドクトリンを導出することとなった。すなわちそれは、第一に量的劣勢を装備や兵員の質的優位でカバーするという発想であり、第二に相手の攻勢企図を挫いて主戦場を敵領内に求めるという予防先制的戦略であり、第三に短期決戦主義によって戦場での優位を確立しつつ早期停戦に向けた友邦（米国）の仲介を待つという同盟政策であった。

冷戦期においてこのような国防軍のドクトリンを体現する存在となっていたのが空軍にほかならない。熟練した操縦士によって操られる最新世代の戦闘爆撃機を多数装備した空軍は、戦略的な縦深性を決定的に欠いているイスラエル領土への奇襲に対する早期警戒装置であり、初動期に予備役動員の時間的余裕を稼ぎ出す安全装置であり、動員後に発動される敵領内への機動攻勢作戦の主兵であるとみなされた。また、それら空軍機の機体や兵装は概ね米国から調達されたため、空軍は軍需産業を媒介とした米国との強い紐帯の「担保」でもあった。

軍民間の相互浸透、予備役主体、空軍など技術兵科重視といった諸要因により、国防軍現役将校団の服務年限は相対的に短く、たとえば40歳代で参謀総長（中将）に就任し、50歳前後で退官するといった事例もめずらしくなかった。そのような軍歴を背景に、比較的若い年齢で予備役に編入された高級軍人は、そのまま政界や経済界に「天下る」場合が目立つ。こうした現象は、「建国の父」世代が政界や経済界を引退し始めた1960年代に、同じく軍の現役を退くが相対的にはまだ若年の軍幹部経験者が、「建国の父」世代の跡を襲う格好で彼らの職を引き継いだところから始まっている。

予備役・退役軍人の政財界への進出は、国防軍の社会的役割拡大の帰結でもある。ユダヤ人の移民による国民国家建設を目指したイスラエルでは、兵役は対外的な国家防衛と並んで対内的な国民統合の手段でもある。一部の例外を除いて、基本的にユダヤ系市民のみが兵役の対象となり、彼らはユダヤ人国家イスラエルの構成員としての自覚を植え付けられ、その視点から国防以外に教育、建設、医療、福祉などさまざまな領域において訓練を受けて任務を与えられることとなっていた。しかしながら、そうした役割拡大の基盤にあったのは、どこまでも世俗主義的なシオニズムの理念であって、守るべき「ユダヤ人国家」のユダヤ人性とは第一義的にはユダヤ民族意識を意味した。国防軍にはもともと士官学校のような専門職能教育機関がなく、徴兵された現役兵士の志望者の中から選抜されて将校養成コースに進むシステムになっているが、1980年代までは将校団の大多数は世俗派で占められていた。総人口の数%に過ぎない世俗主義シオニズム系キブツやモシャブ出身者が、ほぼその10倍に近い比率で将校団を構成していた事実は、この間の事情をよく物語っている。

このような状況に変化がみられ始めたのは、エジプトとの和平が成立した1970年代末以降、とりわけ中東和平プロセスが始動した1990年代以降のことであった。プロセスの進展に伴い、自らの生存権をめぐるイスラエル社会の強迫観念は大きく減殺されたが、切迫した軍事的な脅威が希薄化した一方で、社会内部の軋轢、たとえば占領下に置いたヨルダン川西岸・ガザ地域をどうするかといった国家の将来像をめぐる対立が顕在化し徐々に先鋭化していった。そうした対立は、軍と社会との間の相互浸透性の高いイスラエルにあっては直接、国防軍の状況に投影される。80年代以降、予備役の一部に占領地での服務を拒否する良心的兵役拒否の運動がみられたり、逆に2000年代に入って国粋主義的傾向を強めたユダヤ教過激派や入植地出身者の将校団参入度の拡大など、国防軍はまさにそれぞれの時代や状況の下にあるイスラエル社会を映す鏡となってきた。「ユダヤ人国家」のユダヤ人性をめぐる世俗派と宗教勢力との論争や軋轢が拡大しつつある現在、国防軍の抱える社会的課題もまた、宗教勢力との関係やその取り扱い如何を主要な論点としている。その場合、宗教勢力とはいってもそれぞれ性格の異なる二つの集団に大別され、いずれも国防軍指導層にとって厄介な問題を突きつけている。

第一は、ユダヤ教超正統派と呼ばれる非（反）シオニスト系の集団である。イスラエルの建国を担った世俗主義シオニストにとって、ユダヤ人の自力救済としてのイスラエル国家を認めない彼ら超正統派との関係は機微に触れるものであり、それが結果としていわゆる「現状維持協定」を成立させた。同時に、第二次大戦中のホロコーストによってほぼ壊滅状態にあったユダヤ教正統派の伝統継受者たる宗教指導者・神学者の再建を喫緊の課題と認識していた初期の政治指導層が、ユダヤ教神学校の学生に対しては一律的な徴兵免除を認め、これが歴代政権と超正統派との間の暗黙の了解事項として引き継がれてきた。しかし総人口60万人から出発したイスラエルはその後急速に人口が膨張し、70年を経て850万人に届く勢いとなった。早婚多産の生活様式を墨守していまや総人口の1割以上（約90

万人）を構成する超正統派の人口拡大を背景に、多くが生活保護や子供手当といった国家による保護を享受していながら、神学研究という口実を掲げて兵役や納税を忌避しようとする彼らに対して、１９９０年代以降一般市民の憤懣が蓄積されることとなったのである。とりわけ徴兵免除問題は、イスラエル社会における「法の下の平等」に違背するとの指弾の槍玉に挙げられ、毎回の総選挙で中心的な争点の一つとなるに至った。２０１７年9月には最高裁がこの徴兵免除措置を違憲・違法と判示し、その是正を政権に命じている。しかしながら構造的に長期不安定政権を率いるネタニヤフ首相は、閣内外における超正統派の協力を不可欠としており、この問題は当面決着しそうにない。

第二の集団は、ユダヤ教正統派の伝統を堅持しつつ、イスラエル国家を「神によるユダヤ人救済の着手」と解釈する、いわゆる宗教シオニストの勢力である。彼らにとってイスラエル国家の防衛はユダヤ教の求める聖地の回復とその維持という優れて宗教的な義務と位置付けられ、徴兵免除の特権がありながら、むしろ積極的に応召する姿勢を示してきている。その限りにおいて、建国以来宗教シオニストは世俗主義シオニストの補完勢力といえた。ところが、「領土と平和との交換」を前提とした中東和平プロセスが始動すると、国家の安全保障上の必要から占領地問題を勘案しようとする世俗主義政権と、護教上の信念からその死守を主張してやまない宗教シオニストとの間の原理的な軋轢が前景化するに至ったのである。１９９５年、当時の労働党連立政権を率いていたイツハク・ラビン首相が宗教シオニスト過激派の手で暗殺された事件は、こうしたイスラエル社会内部の対立の構図を象徴するものであった。

かくして、世俗主義シオニズムによって建国され、彼らによって構想され設計された国防軍は、いまや二つの反世俗主義集団に挟撃される格好となっている。このうち国防軍の統制という観点から、より深刻な問題を提起しているのは宗教シオニストの勢力伸長という事態であることに疑いはない。かつては人口比に対して不相応な大きさで将校団を構成していた世俗派キブツやモシャブ出身者に置き換わる形で、宗教シオニストが中堅・少壮将校へと進出し、一部は将官にまで進出しつつあるからである。これら宗教シオニスト将校の多くは、西岸の入植地の出自であり、聖地の防衛という護教上の信念は同時に彼ら自身の故郷を死守することと同義となる。エジプトとの和平条約締結に伴い1982年に実現したシナイ半島からの撤退（入植地撤去）に際しては、国防軍将兵の命令違反は皆無であった。2005年のガザからのいわゆる「一方的撤退」の作戦中に公式に抗命の廉で処罰された将兵は数十名に上り、内外の耳目を集めたが作戦そのものに支障を生じさせるものではなかった。これに対して、時間の経過とともに将校団における宗教シオニストの存在感は拡大し、また西岸はシナイ半島やガザ地区とは比較にならない規模の入植者を抱えている。その西岸からの撤退が部分的にもせよ政治日程に上ったとき、国防軍の一元的な統帥は担保されるのか否か。イスラエル国防軍はそこで、建軍以来想定だにしなかった試練に直面することとなろう。

（池田明史）

29

イスラエルの核戦略

★曖昧政策と一方的抑止★

建国当初、敵対する周囲のアラブ諸国に対して圧倒的に劣弱な戦力で立ち向かわざるをえない状況に苦慮した初代首相ベングリオンら首脳部は、米国の「核の傘」に入ることを画策したが、果たせなかった。それは、イスラエルと正規の軍事同盟を結ぶことでアラブ側を過度に刺激することを恐れた米国の思惑による。

ここにイスラエルは、自国防衛上の「究極の抑止手段」として1950年代半ばから独自の核武装計画に着手する。当時アルジェリア戦争やスエズ問題などでアラブ世界と対立していたフランスに接近し、1957年にはイスラエル＝フランス原子力協力協定を締結、翌58年からネゲブ砂漠南方のディモナで公称出力2万4000キロワットの実験炉の建設を開始した。この原子炉は62年に臨界に達し、公称を遥かに上回る7万キロワット強の出力をもつものであって、同時に建設された再処理工場は70年代には独自にウラニウム濃縮能力を、また80年代半ばには原爆約10発分に当たる年間約40キロのプルトニウム生産能力を備えるに至った。

米国科学者連盟（FAS）によれば、イスラエルは現在、熱核（水爆）から戦術核、中性子兵器まで幅広い種類の核兵器をそれぞれ一定量備蓄し、運搬手段としても地対地のエリコ型ミサイル（Ⅰ型は70年代初、Ⅱ型は80年代半ば、最新鋭のⅢ型は２００８年に実戦配備された）や、ドイツから購入したドルフィン級小型潜水艦搭載用にこれもポパイ・ターボ型巡航ミサイルなどを独自に開発し配備している。

イスラエルが実際に最初の核兵器を手にしたのは１９６９年とみられているが、歴代のイスラエル政権は「核の曖昧政策」を採用し、核武装についてはもっているともいないとも明言しないとの立場をとり続けている。それは第一に、潜在的な敵性勢力に核兵器の有無を疑わせ、疑心暗鬼を生じさせることがイスラエルの安全保障にとって有利に作用し、より確実な抑止効果をあげられると考えられたからであり、第二には盟友であり庇護者である米国を極端に困難な立場に立たせないための配慮でもあった。すなわち、一方で核拡散防止条約（ＮＰＴ）を通じて核兵器の不拡散体制の音頭をとる米国からすれば、イスラエルが公然と核保有を宣言すれば、その瞬間から深刻なジレンマに直面せざるを得ない。イスラエルをＮＰＴで認められていない核武装国家と非難して、インド、パキスタンや北朝鮮と同様に扱って米国＝イスラエル間の「特別な関係」を断ち切るか、あるいは現実を黙認して「二重基準」の国際的非難にさらされるかという選択を迫られることになるからである。

１９９６年の国連総会で中東非核化の呼びかけが採択され、また国際原子力機関（ＩＡＥＡ）が繰り返し査察を伴う非核化構想の実現を唱えても、イスラエルは「曖昧政策」を固守してきた。米国がイスラエルに圧力行使を躊躇するなか、アラブ連盟は、イスラエルが核保有を認め、なおかつ査察の受け入れと核兵器の廃棄とに応じないのであれば、連盟全体としてＮＰＴから脱退すると主張している。

中東非核化構想に対するイスラエルの立場は、中東の全ての国がイスラエルとの戦争状態を終結させ、通常兵器・非通常兵器の双方において軍縮ないし軍備管理の枠組みが設定され、既存の国際組織によらない実効的な査察体制が構築されるとの条件が満たされなければ応じられないというものである。ＮＰＴ再検討会議やその準備会合、あるいは他の幾つかの機会を通じて、中東非核化構想に向けた働きかけが再々なされてはいるが、イスラエル側はこれに応じる姿勢を示していない。今後もこの状況は変わらないとみられる。それでも、ベングリオンの下で国防次官として核開発に携わりフランスとの連携に奔走したシモン・ペレスは大統領時代に、「核の曖昧政策」がイスラエルにとって成功であり、なお実効性を失っていないと強調している。

核保有を公言することなく、しかしその存在を推測させる傍証や状況証拠に事欠かないこのような不透明核戦略は、これまでに幾度となく破綻の脅威にさらされてきた。その最大のものが、１９８６年のヴァァヌヌ事件である。ディモナ核施設の技術者であったモロッコ系ユダヤ人モルデハイ・ヴァァヌヌが、英紙『サンデータイムス』に対してイスラエルの核兵器製造現場の実態を57枚の証拠写真とともに暴露したのである。ヴァァヌヌはこの暴露によってイスラエル当局から反逆罪およびスパイ罪の廉

18年の景気を終えて刑務所を出るモルハディ・ヴァヌヌ（OHAYON AVI, The Government Press Office）

で追われることになり、諜報機関モサドによって滞在先の英国からおびき出されて逮捕され、イスラエルに連れ戻されて禁固18年の刑に服した。服役後も官憲によって監視され、出国もできないような状態に置かれているが、こうした扱いそれ自体が彼の暴露の信憑性を高めており、イスラエルがそれによってどれほど震撼したかを物語っている。

現在ではイスラエルが核武装国家であることはほとんど公然の秘密となっている。その核が実際に使用されるシナリオとしては次の四つが想定されているといわれる。第一に、1967年以前の境界線（グリーン・ライン）の内側、それも人口が密集した都市部に大規模な敵兵力の侵入を許した場合、第二にはイスラエル空軍が壊滅した場合、第三にイスラエル都市部に対する大規模で破滅的な空襲が行われたり、化学兵器や生物兵器を用いた攻撃が行われた場合、そして第四にイスラエル領土に核攻撃が仕掛けられた場合である。

これらの想定に基づいて、核アラート態勢が発令されたのはこれまでに二度あった。1973年の第四次中東戦争でエジプトとシリアとによる調整奇襲を受けた際と、1991年の湾岸戦争時にイラクからのスカッド・ミサイル攻撃を受けたときである。2003年、米国など有志連合がイラクのサダム・フセイン体制打倒をめざしてイラク戦争に踏み切った際には、当時の首相アリエル・シャロンは「もしイスラエルが生物化学兵器その他の大量破壊兵器で本格的に攻撃され、市民に犠牲が出た場合には、イスラエルはこれに応答する」と警告を発したが、核アラートが発令されるには至っていない。

このように、国家安全保障上の究極の抑止力と位置づけられるイスラエルの核兵器であるが、その抑止構造はイスラエル側からの一方的な抑止でなければならず、中東の他の諸国が核兵器を保有して相互抑止の状態に入ることを阻止するという拒否戦略もイスラエル核戦略の重要な柱の一つである。事実、1981年にはイラクの原子炉オシラクを、また2007年にはシリアの核関連施設と目される標的を、イスラエル空軍機がそれぞれ爆撃して破壊している。現在、イスラエルが喫緊の課題と位置づけるイランの核武装阻止に向けた国際社会の取り組みは、二転三転し、米国オバマ政権時代に成立したイラン核問題に関する包括的共同作業計画（JCPOA）は、トランプ政権になって米国の離脱が明らかとなった（2018年5月）。イスラエルは一貫してJCPOAを批判し、そこには「致命的な欠陥がある」と指摘して、イランの核開発阻止を訴えてきたため、こうした展開はイスラエルにとっては望むところであった。しかし他方で、シリア内戦の泥沼化にともなってアサド政権を支えるためにイランの実力部隊（革命防衛隊）がシリア国内に拠点を構築しつつあり、その排除を目指すイスラエルとの間に直接戦火を交えるまでに至っている。両者の戦闘がエスカレートした場合、イスラエルがイランの核施設を長躯して攻撃するというシナリオもあり得よう。オバマ政権時代とは打って変わってトランプ米大統領は、ネタニヤフ政権との親和性が高く、イランに対する予防先制攻撃を容認する可能性が増しているからである。イスラエルの一方的核抑止戦略はなお厳然として存続している現実を直視すべき所以である。

（池田明史）

30

兵器産業と武器輸出

★最先端システムを支える柱★

イスラエルにとり兵器産業は、安全保障と経済成長を支える柱である。安全保障に関していえば、兵器産業は自国軍の近代化を促進するには欠かせない。また、イスラエルは武器輸出という手段によって、欧米諸国以外にもインドやトルコなどのさまざまな国と戦略的な関係を築いてきた。経済成長という面では、武器輸出に加えて、兵器産業から派生した先端技術が民間に転用され、ハイテク産業も急成長したことにより、国内経済の産業基盤が強化された。

国をあげての兵器産業の強化策により、冷戦後の１９９０年代、イスラエルは世界でも有数の武器輸出国として知られるようになった。ストックホルム国際平和研究所（ＳＩＰＲＩ）の２０１７年版年鑑によれば、２０１２〜16年において、イスラエルの武器輸出額は世界で10位だ。その前の５年間２００７〜11年と比べ、約13％も増えた。

兵器産業が国策となった転換点の一つには、１９６７年の第三次中東戦争があげられる。この頃まで、イスラエルへの最大の武器供給国はフランスだったが、戦争後、フランスはイスラエルに対して武器禁輸を課した。イスラエルは主な武器供給先を米国に転換し始めると同時に、独自で軍に最新兵器を供給できる体制構築を目指し、国内において兵器産業の増強を図った。もう一つの契機には、1980年代の国内経済危機があげられる。政府はこれをきっかけに、国内の経済基盤と輸出競争力を強化するため、兵器産業の技術力向上を掲げてハイテク化を推進した。その結果、1980年代半ばのピーク時には、防衛関連分野の従事者は約6万5000にも達し、当時の工業人口の20%以上を占めた。これ以降、1990年代に人口増加や産業の多様化がみられたが、兵器産業の従事者は約5万人とされ、一大産業であり続けた。また武器輸出額は、1970年代から1997年までには約25倍にも膨れ、世界上位にランクインした。

2000年代に企業の民営化や子会社化が進み、2010年には、兵器製造企業は約200社に及んだ。中でも、依然大きな力をもつのは国有企業だ。たとえば、戦闘機クフィールなどの航空機の改良や無人航空機（UAV）を開発したイスラエル航空宇宙産業（IAI）社、装甲車両の改良や短機関銃ウージーなどの世界的に有名な小型武器を開発したイスラエル軍事産業（IMI）社、ロケットなどの最新の軍事技術を開発するラファエル社などだ。SIPRIのデータベースによれば、IAI社とラファエル社に加え、民間企業で防衛用エレクトロニクスなどを扱うElbit Systems社の三社は、2016年の世界（中国を除く）の兵器製造企業トップ100社に入っている。

表　イスラエルの主要な兵器会社（2016年）

兵器生産企業名	世界ランク（中国を除く）	兵器売上（百万米ドル）
Elbit Systems 社	27位	3,100
イスラエル航空宇宙産業（IAI）社	32位	2,610
ラファエル社	41位	2,120

出所：ストックホルム国際平和研究所（SIPRI）ホームページ、“SIPRI Arms Industry Database” より作成

第30章

兵器産業と武器輸出

これらの企業は、軍への兵器売却のほか、防衛関連輸出の促進を担当する国防省の機関（ＳＩＢＡＴなど）の支援を受けつつ、輸出によっても大きな利益を得てきた。また、軍や企業で開発された先端技術の民需転換により、航空宇宙産業に加え、情報通信やエレクトロニクスなどのハイテク産業も成長した。こうした官民一体の構造をもつ兵器産業が、イスラエル軍の近代化に加え、経済成長を牽引してきたのである。

武器輸出に関しては、さまざまな特徴がみられる。伝統的な戦略は、「敵の敵は友」をコンセプトとし、その「友」が国家であろうと、敵国内の反政府勢力であろうと、「敵の敵」に武器輸出を行うことにより、潜在敵国の台頭を封じ込めることを意図するものであった。１９８０年に始まったイラン・イラク戦争では、イスラエルはイランに、米国はイラクに武器援助を行った。革命後のイランはイスラエル敵視策をとったが、それでもアラブの強国イラクと戦っているイランはまさに「敵の敵は友」だった。しかしイスラエルのこの戦略は、時に同盟国米国との関係を悪化させることもあった。１９８０年、イスラエルが米国製戦闘機Ｆ－４ファントムの交換部品をイランに輸出した一件は、イスラエルと米国間で外交問題にまで発展した。その後、イスラエルにとり、イランは完全な「敵」に変わった。１９９０年代からイスラエルは、対立するシリアやイランの中東地域における影響力を封じ込める目的で、トルコとの戦略的な関係強化を図った。２０１０年のガザ支援船強襲事件によりイスラエルとトルコの関係は悪化したが、２００６年からその事件までは、トルコがイスラエル最大の武器輸出国の一つだった。

一方で、イスラエルの武器輸出には、経済的利益の追求という動機が強く働いている。欧米諸国以

図　イスラエルの武器輸出（2017年）

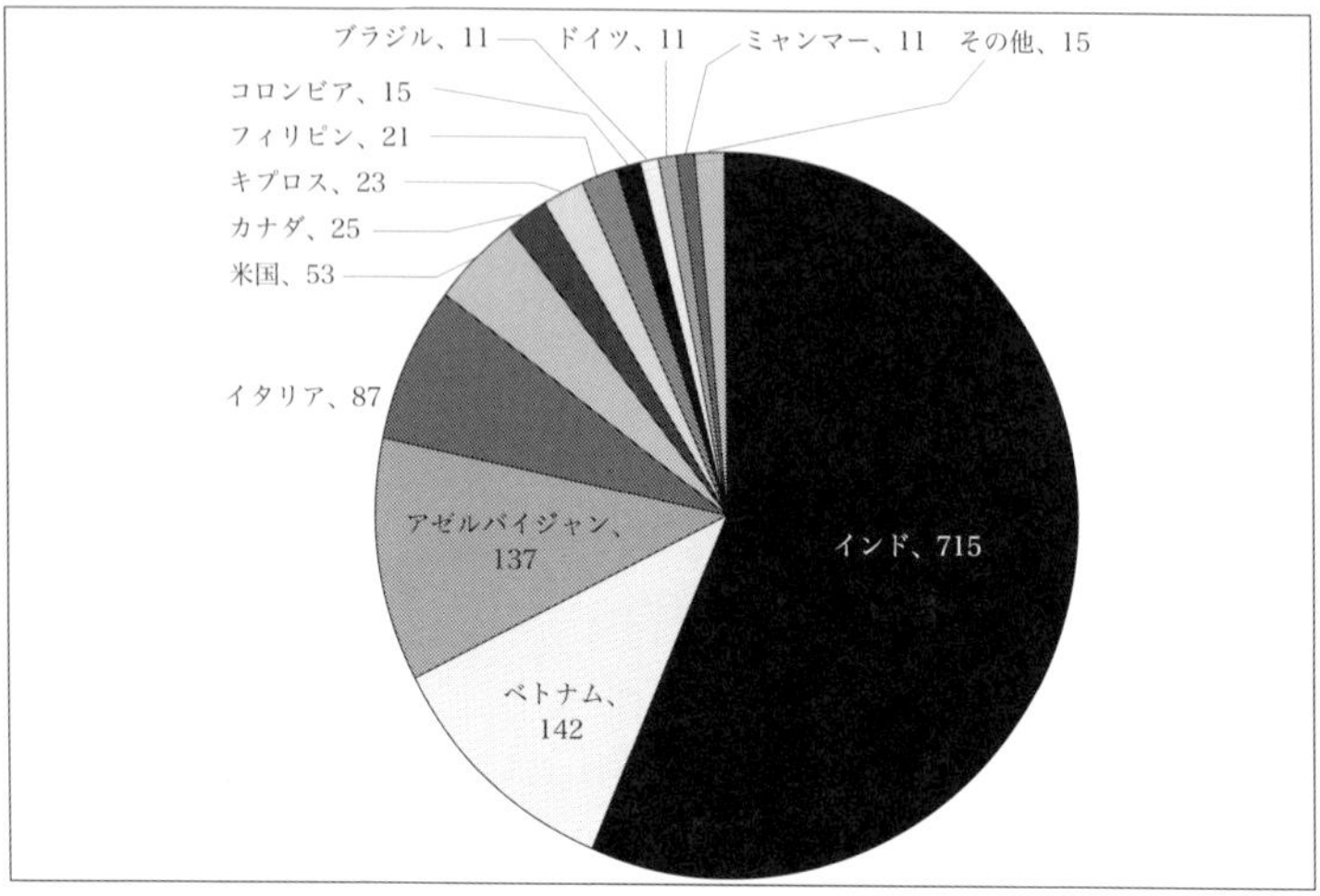

単位：百万米ドル
出所：ストックホルム国際平和研究所（SIPRI）ホームページ、“SIPRI Arms Transfers Database”より作成

外の例をあげれば、インドとは１９９２年に国交が結ばれて以降、武器輸出は大幅に増え、両国の戦略的な関係が強化された。ＳＩＰＲＩの２０１７年版年鑑によれば、２０１２〜16年におけるイスラエルの武器輸出のうち、インドは全体の41%を占めた。イスラエルはインドに向け、地上設置や機上レーダ、誘導ミサイル、ＵＡＶなどの兵器を供給した。他方で、中国に対しては２０００年以降、イスラエルは何度も武器輸出を試みたが、米国の強い圧力により計画は中止に追い込まれた。その他、２０００年代には、ナイジェリア、アンゴラなどのサブサハラ・アフリカ諸国への武器輸出も実施された。このようにイスラエルは、自国の安全保障上の利益に反しない限り、世界各地で積極的に武器輸出を進めてきた。

　ＳＩＰＲＩの２０１７年版年鑑によれば、

2012～16年において、世界全体の武器移転量の約2％をイスラエルが占めている。この占有率だけをみれば、上位の米国、ロシア、中国、フランス、ドイツ、英国の計約78％や、スペインの約2％と比べ、一見際立った問題にみえないかもしれない。しかし、イスラエルの武器輸出がとりわけ問題視されてきたのは、その透明性の問題である。軍事機密などを理由に政府の情報公開度が低いことに加え、武器の不正取引につながりかねない輸出規制基準のあいまいさが指摘されてきた。なかでも、輸出先国において武器が不正使用される可能性が高いことへの配慮の欠如や、輸出先国から別主体に武器が移転する危険性への評価不足などが問題点としてあげられる。こうした透明性を欠く武器輸出は、輸出先国やその地域の不安定化を助長しかねない。

上述の例としては、1970～80年代におけるアパルトヘイト体制下にあった南アフリカ、軍事政権だったチリ、フィリピンのマルコス独裁政権などへの武器輸出があげられる。この頃からイスラエルは、経済制裁を受けるなど、国際社会から孤立した国を相手として選び、不透明な市場に商機を見出してきた。また近年では、武器輸出市場における、諸外国政府に警備や軍事教育などを提供する元イスラエル軍人からなる民間軍事会社（PMC）の関わりも指摘されている。この例には、コロンビアや、2008年のロシアとグルジア間で発生した南オセチア紛争前のグルジアとの関係があげられる。

21世紀に入り、国際社会における紛争形態の変化や経済のグローバル化に伴い、イスラエルの兵器産業を中心とした軍産複合体の構造にも変化がみられ、様相が複雑化してきている。イスラエルの武器輸出に対し、輸出管理体制の整備・強化とこれに伴う透明性の向上を求める声は今後も上がりそうである。

（辻田俊哉）

31

変化するイスラエルの脅威概念

★新たな類型の出現と対抗戦略★

建国当時約65万人のユダヤ人人口に対して合計3100万人の人口を擁する近隣アラブ六カ国との軍事衝突（第一次中東戦争）に直面したイスラエルは、以降70年間で11度にわたる戦争・武力紛争を重ねることとなった。現在に至るも、アラブ国家23カ国中でイスラエルと公式の和平関係にあるのはエジプトとヨルダンの2カ国に過ぎず、かつて「アラブの大海に浮かぶ孤島」とも形容されたユダヤ人国家を取り囲む状況は、いまもなお劇的に改善されたとは言えない。現実にイスラエルは、アラブの大海の果てにある非アラブの大国イランからの「実存的脅威」に曝されつつあるとの認識を強めてもいる。

それでも、1948年にはろくに飛行機も戦闘用車両も装備しておらず、当時のイガル・ヤディン参謀総長をして「勝算は半々」と覚悟させたイスラエル国防軍（IDF）は、いまや中東最強の軍容を誇り、世界でも第八位にランクづけられる実力集団となった。これを支える経済は、独立当初の30億ドル規模から70年後の今日では3000億ドル規模へと100倍の成長を遂げ、ユダヤ系市民は10倍の650万人に拡大、失業率は僅かに5％のハイテク・サイバー大国として、イスラエルはいわゆる「スタートアップ・ネーション」の異名で知られる存在となった。

これに伴ってイスラエルの脅威認識は大きく変遷した。当初は通常戦力で圧倒的に上回る周辺アラブ諸国の圧力の前に、国家の存亡は限りなく不透明に思われていた。

まずそのような強迫観念が第三次中東戦争での「完勝」と広大な占領地の獲得によって払拭された。そして第四次中東戦争で南北両正面から同時奇襲を受けながら、何とかもちこたえて侵入した敵軍を撃退ないし包囲して停戦にもち込んだイスラエルでは、隣接アラブ諸国の通常戦力による奇襲が主たる脅威と看做されるようになり、その可能性を極小化する方向に安全保障戦略が組み立てられるようになった。その最大の成果が１９７９年のエジプトとの間の和平協定であった。これによって南方正面の脅威から解放されたイスラエルは、次に北方に目を転じる。東方のヨルダンはイスラエルと同様に冷戦下の西側陣営の一員であって、意図においても能力においても国家の安全を脅かす存在とは看做されなくなっていた。むしろ、ヨルダンはその向こうに控える大国イラクとの間の緩衝帯として、その安定がイスラエルの安全保障に不可欠な要素と考えられていた。したがって、イスラエルの残る主敵は北方のシリアと、その従属国と看做されたレバノンとなった。

１９８２年、イスラエルは突如レバノンに侵攻する（第一次レバノン戦争）。しかしこの戦役は泥沼化し、２０００年に全面撤兵するまで多大な兵力の消耗と社会的な厭戦気分の蔓延とに帰結した。さらにこの経験は、二つの点でイスラエルの脅威認識を変容させた。第一に、従来イスラエルでは、社会的動員力の限界という観点から「戦争は他に選択の余地がない場合にのみ発動されなければならない」との合意の下に、「選択肢のない戦争」を戦ってきたとの自己認識を抱いてきたのに対して、レバノン戦争は政府指導部によって「選択された戦争」であったことである。そして第二には、脅威の内容それ自体の変質である。過激で暴力的な重武装の非国家主体の脅威が、イスラエルに隣接する諸国家の軍事的脅威と入れ替わった。レバノンやシリアのヒズボラやガザのハマスがその典型である。

実際に21世紀に入って、イスラエルはこれらの非国家主体と五度にわたって全面的な軍事衝突を余儀なくされている。こうした脅威はいまやイスラエルの都市部人口集中地域や戦略的中枢部を十分な火力によって脅かすことができ、社会的抗堪性や国家の継戦能力を潜在的に阻害する能力をもつ。またこれらの非国家主体は、イスラエルに隣接する非戦闘地域ないし住民密集地を策源地とし、意図的にそこから攻撃を発起する。これに報復し、あるいは予防先制をかければ、イスラエルは必然的に国際的非難の集中砲火を浴びることになるのである。

これら近隣の非国家主体からの非正規戦闘の脅威に加えて、遠隔地の敵性勢力による大量破壊兵器の脅威もまた顕在化してきている。国境を接しない遠方からの非通常兵器による攻撃は、1991年の湾岸戦争でイラクがイスラエルに対して約40発ものミサイルを撃ち込んできたことで現実のものとなった。すでにイスラエルは1981年、イラクの核開発を阻止すべくバグダッド近郊の原子炉を空爆するなどの予防先制作戦を実行していたが、この被弾経験は結果的に（核など非通常兵器の）脅威に対する「選択された」軍事行動の正当性をあらためて認識させるものとなった。イランの核武装阻止を呼号するイスラエルの強硬姿勢は、そのような脅威抑止の成功体験に基づくものである。

かくして、21世紀に入ったイスラエルの脅威概念は、20世紀のそれとは大きく様変わりしている。かつての第一次から第四次中東戦争のような形態の国家間戦争の脅威は後景に退き、一方では非国家主体が仕掛けてくる低強度紛争の脅威が、他方では遠隔の敵性国家による非通常兵器の脅威が、それぞれイスラエル社会の安全と安定とを脅かしているとされるに至ったのである。しかも現在では、前者の脅威であるヒズボラやハマスの「テロ活動」が、後者の脅威であるイランの支援を受けるという形で、両者は結託し共謀してイスラエルの破壊を目指しているという一種の強迫観念が台頭してきた。そしてそれは、2011年以降のシリア内戦の中で、同国に展開するイランの兵力とイスラエルとが

図　ガザ地区からのロケットの射程

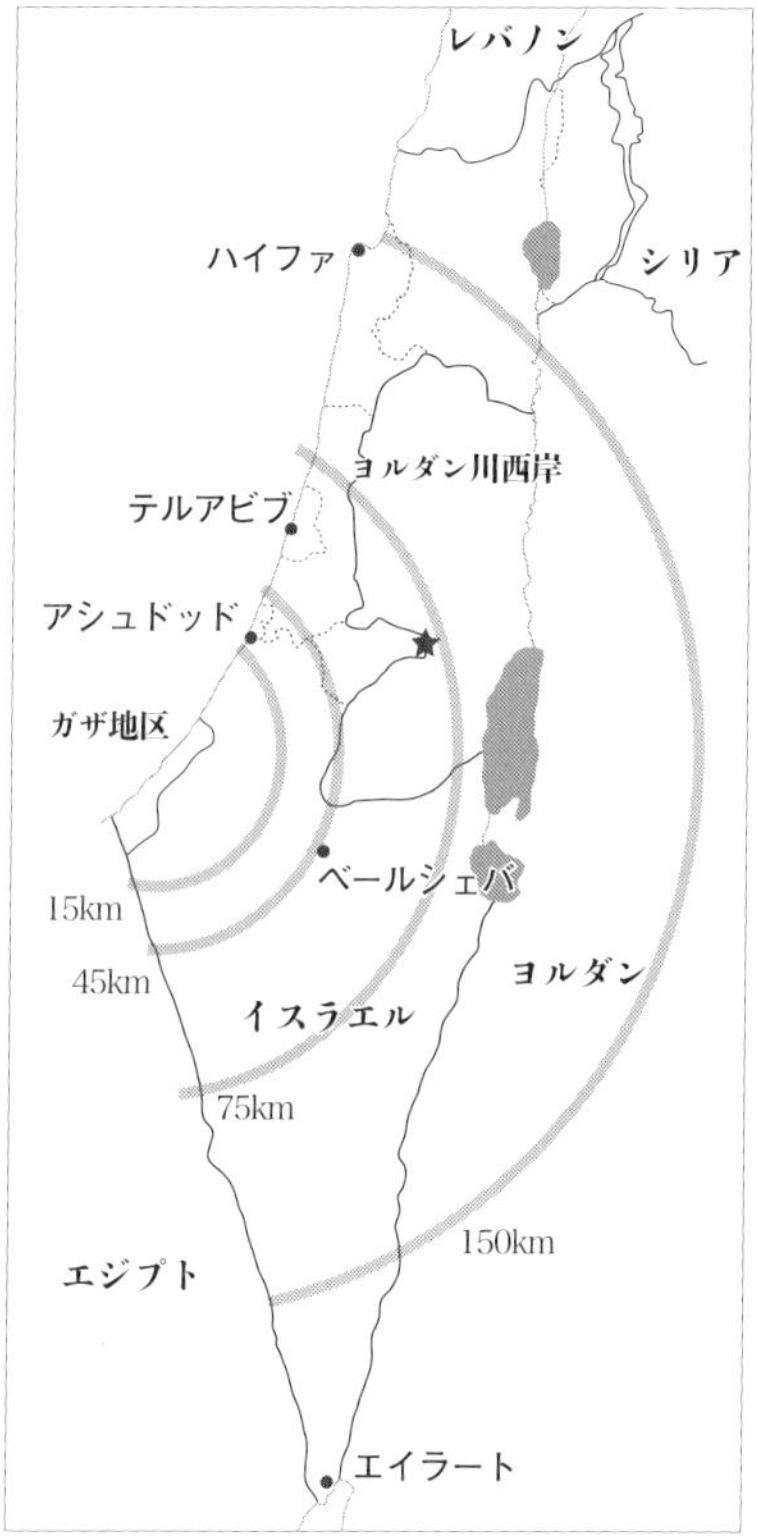

表　ハマスが使用した主なロケット

	射程（km）	最初の使用年
カッサム	15-17	2005
WS-1E ／改良グラッド	45	2008
ファジュル 5	75	2012
ハイバル 1 M302（R-160）	150-170	2014

出所：GlobalSecurity.org ほか

直接、武力衝突を惹起する懸念の高まりとともに一層強化されつつある。

こうした脅威に対抗すべく、イスラエル国防軍は武力行使の類型を通常類型、非常事態類型、そして全面戦争類型の三つに区分している。非国家主体との闘争は基本的に非常事態類型が適用されるが、これにイランなどの遠隔地の「実存的」脅威が絡むような場合には、その増強型、すなわち全面戦争類型により近い準備を以て対応することになる。その「準備」で強調されているのは、従来の火力重視一辺倒ではなく、火力と地上機動との相互補完性・有機的連動性というところであり、具体的には情報・諜報ネットワークと各級司令部および戦闘単位との間の結節化とその相互連結の革命的合理化にほかならない。そこでは高度のサイバー戦遂行能力の獲得こそが決定的に重要となる。国防軍内の各軍・方面軍・各級司令部に散在するC4I（指揮・統制・情報・諜報）機能を一元的に集約し統括するサイバー戦司令部の創設が最優先で進行しつつある所以である。

（池田明史）

コラム9

世界有数のサイバーセキュリティ先進国

辻田俊哉

「中東のシリコンバレー」と呼ばれるイスラエル。サイバーセキュリティの分野でも次々とイノベーションが生まれ、世界的に注目を浴びている（第37章参照）。経済面の一方で、安全保障面でも国家をあげてのサイバー大国への挑戦がみられる。

イスラエル国防軍（IDF）がサイバー空間を作戦領域として位置付けたのは、2009年のことである。米国がサイバー空間を陸、海、空、宇宙に次ぐ「第五の戦場」と位置付けた前年のことだ。実際にIDFは2000年代後半からサイバー攻撃を実行したとされる。たとえば、2007年のシリア原子炉空爆の際、サイバー攻撃によってシリアの防空レーダーの妨害に成功したといわれている。また、2009年頃からIDFのサイバー攻撃・防御を担う「8200部隊」は、米国の国家安全保障局（NSA）との共同作戦でイラン核関連施設を攻撃したとされる。この施設のコンピュータがウイルス（「スタックスネット」）に感染した結果、遠心分離機の5分の1が停止に追い込まれ、イランの核開発は大幅に遅れた。サイバー攻撃によって物理的な破壊が生じた世界初の事例ともいわれる。

イスラエルはサイバー攻撃の実施の一方で、サイバー攻撃の標的にされる国の一つとしても知られる。とりわけ、2008～09年以降の三度のガザ紛争などIDFの軍事作戦が実施された際、イスラエルに対する攻撃は増加した。このほか、「#OpIsrael」と呼ばれるサイバー攻撃の事例もある。「反イスラエル」を掲げる集団や個人による同攻撃は、2013年から3年間、ホロコースト記念日に合わせて実行された。

平時、有事を問わず、対立する国家からハッカー集団や個人まで、多種多様なサイバー攻撃に対し、イスラエルはサイバーセキュリティ体制の構築に注力した。2010年、政府は「国家サイバーイニシアチブ」を立案し、2015年にサイバー大国上位5カ国を目指すとした。以降、国家をあげての取組が一層加速した。政府は、2011年に自国で初となるサイバー戦略を策定し、国家サイバー局を発足させたほか、産官学連携を推し進めた。また、海外へのアピールも積極的に行っている。国内外で開催される大規模な国際会議「サイバーテック」は世界的に有名だ。セキュリティ体制の構築には、民間セクターの役割と協力も欠かせない。イスラエルでは、サイバー攻撃を数多く受ける組織の一つイスラエル電力公社（IEC）による取組が知られる。同社は防御のノウハウを活かし、企業向けに実践的な訓練を提供する「サイバージム社」を立ち上げた。日本を含む世界中から受講者が集っている。

IDFに関しては、8200部隊の役割が特に大きい。リーダーシップやチームワークなどの試験を含む厳しい選考を通った者のみが入隊できる同部隊では、高度な技術の習得のほか、常識にとらわれない考え方や柔軟な思考力が求められる。サイバーセキュリティや情報活動では、予期しないことがよく起こるためである。そのため、ヘブライ語で図々しいや大胆を意味する「フツパー」の姿勢が奨励され、失敗を恐れないチャレンジ精神と失敗から学ぶことが重視される。技術偏重ではなく、創造力を鍛える人材育成の方法への評価は高く、「ハーバード大学に相当」との指摘もあるほどだ。また、同部隊出身者の産業界での活躍もみられる。たとえば、出身者によるシンクタンク「TEAM8」は、サイバーセキュリティ企業の輩出に大きく貢献した。

こうした産官の連携に加え、大学の積極的な取組もあり、イスラエルは多様なプレイヤーを巻き込み、革新的な技術や研究開発を促す環境の整備を図ってきた。このイノベーション・エコシステムの確立こそ、経済と安全保障の両面で世界有数のサイバーセキュリティ先進国に至った最大の理由といわれる。近年、政府はその取組をさらに促進させようと、南部の中心都市ベエルシェバを、企業、軍部隊、省庁、大学が集うサイバーの一大拠点（サイバーパーク）にする計画を進めている。今後8200部隊なども移転予定だ。サイバー大国への野望は続いている。

32

情報機関

★国家安全保障の根幹★

一般に情報（インテリジェンス）機関は、自国の安全の確保を目的とした国内外の情報の収集・分析・評価を主任務とする。しかし、イスラエルほど安全保障上の問題を多く抱える国であれば、必然的に情報機関に求められる役割も大きく多岐にわたる。

イスラエルの情報機関で、特に重要な役割を担う組織は次の三つである。①軍事情報を分析するイスラエル軍情報部、通称「アマン」、②国内の保安任務を担当する総保安局、通称「シャバク」（またはシン・ベト）、③対外情報活動を任務とする情報特務機関、通称「モサド」。これらの機関のうち、最多の人員を擁するアマンは国防省、シャバクとモサドは首相府の直轄下にある。アマンとシャバクは、イスラエル建国直後の1948年に、モサドは1949年（ただし対外情報活動が主任務になったのは1951年）に組織された

軍事、国内、国外とそれぞれの担当範囲が一見明確に区分されているようにみえるが、実際には各機関の役割が重複する。レバノンやガザ地区など、占領地からの撤退に伴い状況が変わったり、脅威がテロから大量破壊兵器問題、またサイバー戦

まで多様であったりすると、当然の帰結といえるかもしれない。そのため、設立当初から縦割り意識が強い官僚組織間では対立も幾度かみられた。その好例が、1993年の「オスロ合意」と、2000年のレバノン撤退やインティファーダ発生前に、時の首相が組織間の縄張り争いを解決するため担当範囲の線引きを行い、各機関に署名を求めた事例である（「マグナ・カルタ」1、2と呼ばれる）。

近年の各機関の主な担当・活動範囲は、①アマンが、周辺国や潜在敵国、②シャバクが、イスラエル領内に加え、西岸とガザ地区、③モサドが、国外におけるテロやイランの核開発問題を含む大量破壊兵器問題とされている。いずれも、イスラエルの安全保障にとって必要不可欠な情報となるため、これらの三機関が政府の政策決定過程に与える影響は大きい。また、元軍情報部長（アマン長官）のバラク元首相のように、情報機関に所属した人物が後に政治家に転身することもめずらしい話ではない。しかしこれまでのところ、一つの情報機関が権限を集め過ぎて暴走したり、情報が政治家によって極端に政治化されたりするケースはみられない。その阻止要因の一つに、先にみた組織間の競合関係がマイナス面にばかりでなく、プラスに働いているとの指摘もある。

これら三つの情報機関のうち、モサドはスパイ小説や映画などを含めあまりにも有名だ。モサドの主要任務は対外情報活動のため、米国でいえば、中央情報局（CIA）のような役割となる。つまり、国外における自国の脅威に関する情報収集のみならず、これらの脅威を取り除くためのオペレーションまでを担うのである。世界各地に点在するユダヤ人ネットワークを活かし、大胆な秘密工作活動を行ってきたことから、モサドの暗躍ぶりとその知名度は高い。

その顕著な例として、1960年のアイヒマン拘束作戦があげられる。当時、モサドの主要任務の一つはナチス戦犯の捜索だった。1957年、西ドイツのユダヤ人検事から、元ナチス親衛隊中佐アドルフ・アイヒマンがアルゼンチンに潜伏しているとの情報が舞い込んだ。モサドはアイヒマンの息子がユダヤ人女性と付き合っていることを突き止め、2年間その息子を追跡調査した。そして1960年3月、ブエノスアイレス郊外でアイヒマンを発見し、5月11日に彼を自宅付近で誘拐した。モサドのチームと鎮静剤を打たれたアイヒマンは、イスラエル国営（当時）のエルアル航空の制服を着用して航空機に乗り込み、22日にイスラエルに到着した。その翌日、ベングリオン首相は国会でアイヒマン拘束を発表した。このニュースは全世界に衝撃を与えた。その後、イスラエル国内でアイヒマンの裁判が始まった（コラム3参照）。

無論、モサドの主な役割は、政府が定める安全保障上の脅威を対象としてきた。第三次中東戦争前、イスラエルでは当時の最新兵器としてアラブ諸国に配備されたソ連製戦闘機ミグ21に関する情報を取得することが重要課題とされていた。そこでモサドは、イラク空軍のミグ操縦士で、キリスト教徒であったゆえにイラク軍での不当な扱いに不満を持っていたレドファという人物に接触した。そして、多額の報酬と家族の国外脱出を条件に、ミグ戦闘機の引き渡しという条件を彼に提示した。1966年8月16日、レドファはミグ戦闘機の飛行訓練でイラク軍基地を離陸した後、イスラエルに到着した。「ダイアモンド作戦」の命名に相応しく、イスラエルはソ連製ミグ21を手に入れたのである。機体の分析は、1967年の第三次中東戦争の圧勝に大いに活用され、米国空軍にも提供された。

ハイジャック事件などの「劇場型テロ」が増加した1960年代後半以降、テロ対策におけるモサドの役割も拡大した。なかでもよく知られているのは、1972年のミュンヘン事件である。この年のミュンヘン・オリンピックにおいて、パレスチナ武装組織「黒い9月」のメンバーがイスラエル選手団を殺害した。これに対し、モサドは事件に関与したメンバーを次々に暗殺していったのである。イスラエルの閣僚からなる「X委員会」が承認し、モサドが実施したこの「神の怒り作戦」と呼ばれる一連の暗殺事件は、ローマ、パリ、ベイルートなどの各地で実行され、1979年1月に「黒い9月」のトップが暗殺されるまで続けられた。このモサドの報復劇は、2005年公開のスピルバーグ監督の映画『ミュンヘン』にも描かれ話題となった。

大量破壊兵器問題に対してのモサドの関与も多く指摘されてきた。近年でもイラン核開発に関連し、科学者や関係者の拉致・暗殺事件やコンピュータウィルスを使ったサイバー攻撃で、モサドの名前が取りあげられた。こうした憶測が海外メディアで飛び交う背景として、1960年代のエジプトのミサイル開発や、1981年のイスラエル機によるイラクの原子炉オシラク空爆事件前に、開発計画に携わったとされる関係者にも同様なことが起きた事例があげられる。

これらの活動以外に、モサドが国交のない国との関係改善に果たした役割も大きい。1958年にモサドは、対エジプトの情報収集を強化するため、同じく汎アラブ主義や共産主義勢力の台頭を危惧していたトルコとイランの情報機関との協力関係を構築した。欧米にも活用された「トライデント」と呼ばれたこの情報協力体制は、1979年のイラン革命まで続いた。また、モサド長官エフライム・ハレヴィとフセイン・ヨルダン国王との秘密チャンネルは、1994年のイスラエル・ヨルダン和平締結に寄与した。

モサド以外の組織に関し、イスラエル国内では、シャバクの活動への評価も高い。特に2000年以降、シャバクがイスラエル軍や他の情報機関との積極的な連携により、幾度もテロ事件を最前線で防止したことなどが、国民の支持や信頼を集めた。また近年、サイバー攻撃の脅威増大を受け、アマンの情報収集部門の一部署で、サイバー攻撃・防御も担う「８２００部隊」と呼ばれる部隊が国内外から注目されている（コラム９参照）。同部隊は、情報収集のみならず、イラン核開発問題への対策の一環として、米国の国家安全保障局（ＮＳＡ）との共同作戦で、イランにサイバー攻撃を行ったとされる。エリート集団と評される同部隊が注目を浴びる最大の理由は、高い技術力をもつ同部隊の出身者が、兵役後にハイテク業界などで起業家として成功を収めているからだ。「スタートアップ・ネイション」と呼ばれるイスラエルではあるが、その背景にはイノベーション創出を支える同部隊出身者の頭脳が欠かせないといわれている。

このように近年のイスラエルでは、情報機関の活動が安全保障に加えて、経済成長に与える影響についても関心が寄せられている。と同時に、情報時代における情報機関への期待や求められる役割は以前にも増して大きくなってきている。

（辻田俊哉）

33

モサド

★失敗の系譜★

世界的に、イスラエルの最も有名な情報機関はモサドだ。しかしイスラエル国内では、国民のモサドへの評価はそれほど高くはない。モサドは他の国内の情報機関と同様、紛争が発生したときには、情報収集や評価の失敗について批判を浴びてきた。またモサドの場合、その任務は対外情報活動となる。任務の性質上、国外での活動の功績は日の目をみることはほとんどないが、その失態は世に知れ渡ることが多い。モサドの失態が目立つため、スキャンダルな事件の多い官僚組織というイメージも国民の間でもたれやすい。

モサドの失態の一例には、1960年初期に起きたエジプトのミサイル開発問題における工作活動があげられる。1962年にモサドは、ドイツ人科学者の支援を受け、エジプトが弾頭に化学兵器を搭載し得るミサイル開発に着手したとの情報を入手した。モサド長官のイセル・ハルエルは、栄華の中にも常に危険が潜むことを意味する古代ギリシャの故事「ダモクレスの剣」に因んだ「ダモクレス作戦」の実施を決意し、西ドイツやエジプトにおいて、科学者などを狙った工作活動を始めた。しかし1963年3月、ドイツ人技術者の娘を脅迫した容疑でモサドの工作員が逮捕され、作戦が明るみに出た。これを受け、西ドイツとの関係悪化を危惧したベングリオン首相は、作戦の中止命令を下した。その理由には、モサドが単独で半ば強引に作戦を進めたことに加え、作戦の根拠としていた情報の信頼性が低かったこともあげられる。結果的に、追い込まれたハルエル長官は辞任した。

このときの失敗は、1960年のアイヒマン拘束作戦などでモサドに高い評価が集まっていたときに起きた。他の情報機関に対する自信と誇りが高まり、リスクが高くともさらなる成果を強引にあげようとしたなか、失態が生じた。いわば組織の「傲《おご》り」に起因した失敗であったともいえるが、その後も、情報分析や工作の失敗は続いた。

他の情報機関との競合関係に加え、1990年代以降、情報機関といえども最低限の組織の公開性が求められるようになったため、メディアや国民の理解という要素もモサドの活動に影響し始めた。こうしたなか、モサドは首相の高い要求に結果を出さなければ、組織の存在意義が問われかねないという「焦り」に起因して失態を演じたこともあった。

その顕著な例には、1997年にヨルダンで起きたハマスの政治局長ハーリド・マシャアル暗殺未遂事件があげられる。その年の7月、エルサレムの市場でハマスによる自爆攻撃が行われた。強硬派で知られるイスラエル首相のネタニヤフは、モサド長官のダニ・ヤトムに対し、直ちに報復作戦を指示した。そうしたなか、9月にエルサレムで再び自爆テロ事件が発生した。モサドは暗殺作戦の立案を急ぎ、ヨルダンを活動拠点としていたマシャアルにターゲットを絞った。1994年のイスラエル・ヨルダン平和条約締結から3年しか経過していない時期にもかかわらず、ネタニヤフ首相はヨルダン

第33章
モサド

における暗殺作戦を承認した。

　9月25日朝、ヨルダンの首都アンマンで、外国人を装ったモサドの工作員二人は、ハマスの事務所がある建物の入口付近にいたマシャアルとその護衛に近づいた。通りすがりに、工作員のうちの一人が炭酸飲料の缶を開けたすきに、もう一人がマシャアルの首に微量の液体をかけた。わずか数秒の出来事だったが、異変に気付いた護衛は、工作員二人が乗り込んだ車の後を追いかけた。しかし驚いたことに、しばらくすると逃走した車は道に迷い、一周した形で逃げ始めた地点に戻ってきたのである。工作員二人はその場で取り押さえられ、ヨルダン当局に身柄を確保された。取り調べを受けた工作員二人は、偽造のカナダ旅券を所持していたが、すぐに正体が明らかになった。一方でこの間、マシャアルの体調は急激に悪化した。実は、モサドの工作員がかけた液体は神経毒だったのである。

　ヨルダンの要求を受けイスラエルが提供した解毒剤の投与により、マシャアルの容態は回復したが、イスラエルとヨルダンの関係は平和条約の停止に至る状況までに悪化した。そもそもこの事件は、ヨルダンのフセイン国王にとり青天の霹靂だった。パレスチナ人が多く居住する自国で、モサドによるハマス幹部の暗殺が実行されれば、暴動が発生するなど、政情の不安定化を招きかねなかった。事件はヨルダンにとり、両国間の平和条約を経て築かれた信頼を完全に裏切る行為だった。事態が深刻化するなかで、ネタニヤフ首相は、中東和平交渉に深く関与していた米国の特使ロスに経緯を伝え、米国の仲介を要請した。その後、クリントン大統領をも巻き込んだ事態修復への努力が続けられた。

　結局、事件発生から数日後に、ネタニヤフ首相らがヨルダンを訪れ、数日間の交渉の末、ヨルダンが拘束した工作員二人の引き渡しと交換に、イスラエルが自国の刑務所に終身刑で服役中だったハマス創始者の一人で精神的指導者のアフマド・ヤシン師を釈放することに合意した。このようにモサドの作戦失敗の代償はあまりにも大きかった。釈放されたヤシン師はガザ地区で英雄として迎えられ、ハマスへの民衆の支持は高まった（ヤシン師は２００４年にイスラエル軍によって暗殺された）。さらに、事件直後からイスラエルはヨルダンとの関係修復に努めることに加え、逮捕されたモサドの工作員がカナダの偽造旅券を使用していたことから、カナダとの関係改善にも力を注がねばならなかった。

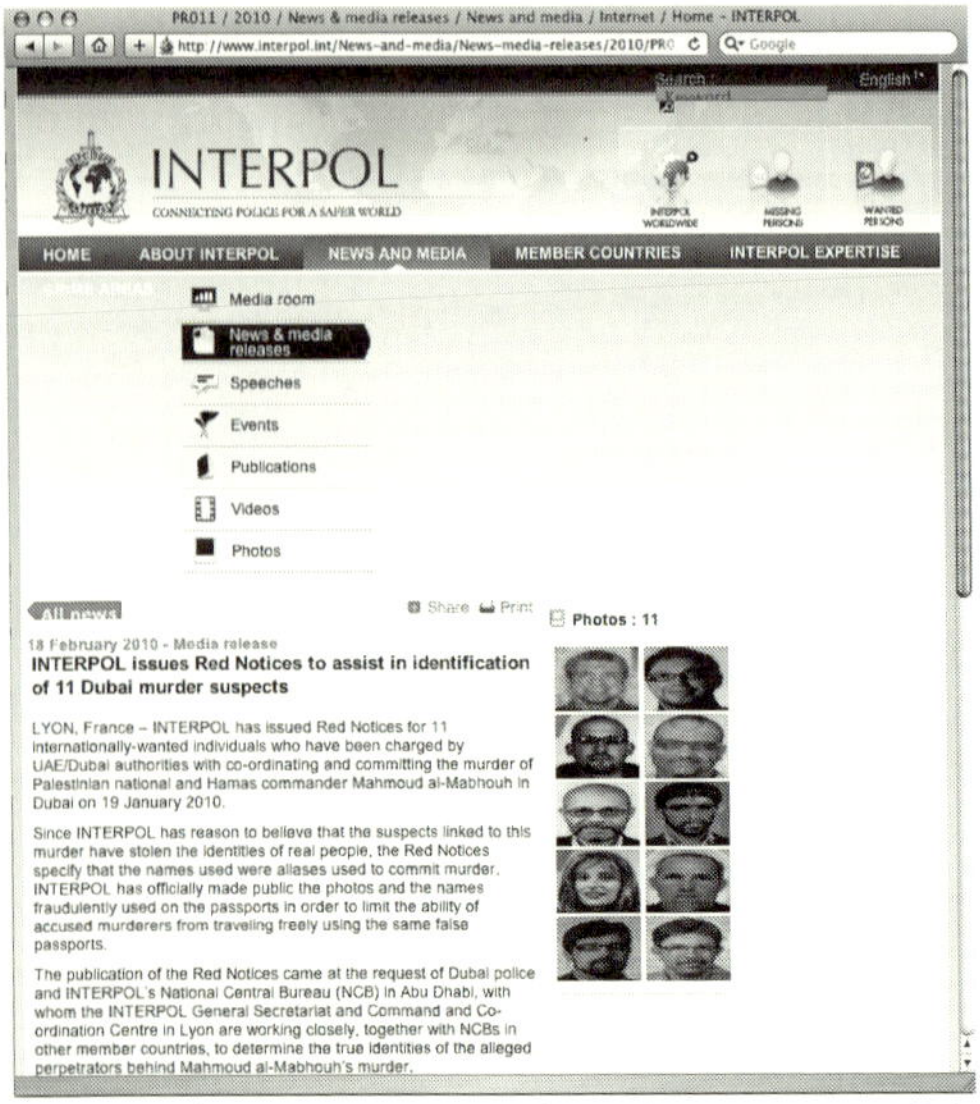

インターポールのホームページに掲載されたドバイ殺人事件の容疑者手配書（http://www.interpol.int/News-and-media/News-media-releases/2010/PRO11）

　事件後に設立された調査委員会の厳しい追及もあり、１９９８年にヤトムはモサド長官を辞任した。調査委員会は作戦失敗の主要因として、マシャアルの日々の行動に関する情報収集不足、逃避ルートの確保などの訓練不足、各情報機関との連携不足などを指摘した。これらの多くは、モサドの他の失敗作戦でもみられてきた要因である。

　モサドの威信が地に落ちた後、組織再建への取り組みがなされた。なかでも、２００２～11年までの長期間、モサド長官を務めたメイール・ダガンへの評価は高い。ダガンは、エジプトの日刊紙においてイスラエルの「スーパーマン」と指摘されるなど、対イランの「鍵となる人物」として国内外において広く知られた。しかしその間も、モサドの失態はあった。２０１０年1月19日、アラブ首長国連邦（ＵＡＥ）のドバイで、ハマス軍事部門幹部マフムード・マブフーフが暗殺された。事件後、ドバイ警察は監視カメラの映像分析などから、モサドによる犯行と結論づけた。３月、ドバイ警察の要請を受け、国際刑事警察機構（インターポール）は容疑者27人を国際手配した。この間、容疑者らが使用した偽造旅券が英、アイルランド、仏、独、豪だったことから、事件はイスラエルとこれら一部の国との外交問題にまで発展した。

組織の「傲《おご》り」や「焦り」に起因した数々の失態はあるが、モサドは負のイメージを払拭しようにも、その任務の性質上、功績をアピールすることはできない。他方で今後もこの状況が長引けば、情報機関に最も不可欠な要素である優秀な人材の確保も一層困難となる。モサドのこうした苦悩もまた、今しばらくは続きそうである。

（辻田俊哉）

34

軍事作戦と国際法

★自衛権の行使か、過剰な軍事力の行使か★

イスラエルは自国の軍事行動を「自衛のため」とし、国際法に違反していないと強く主張している。しかし、なかには「国際法違反」を指摘される事例もある。最近では、第二次インティファーダ（アル・アクサ・インティファーダ）以降、イスラエルが繰り返し行っている「標的殺害作戦」、ガザ地区に対する海上封鎖、２００８年末から２００９年初めにかけてのガザ空爆時の白リン弾・フレシェット弾の使用などの問題が議論を呼んだ。国際法との関係では、後述するように、普遍的管轄権に基づいた政治家や軍幹部に対する告訴もイスラエルを悩ませている。

標的殺害について、ジョン・ホプキンズ大学のスティーブン・デヴィッド教授は「国家の明白な承認を受けて、特定の個人または集団を意図的に殺害すること」と述べ、ベルギーの弁護士トム・ルイスは「国家による暗殺」と定義している。近年では、ロシアがチェチェンの活動家の殺害の中で関与を認めたものや、米国のアルカイダ関係者殺害作戦がある。なかでも最も有名になったのは、２０１１年５月にオサマ・ビン＝ラディンが、パキスタンで米国の特殊部隊に殺害されたケースだ。

国連の報告書によると、イスラエルが実行した標的殺害作戦で、2002年から2008年5月までに、少なくとも387名のパレスチナ人が死亡した。標的だったのはこのうち234名で、他は巻き添えとなった民間人である。またイスラエルの人権活動組織によると、ガザでは2009年の空爆以降も標的殺害作戦が実施され、2018年3月までの9年間に標的となった53名が死亡し、133名がその巻き添えで犠牲となった。

イスラエルは1990年代まで、標的殺害に関する疑惑を断固として否定していた。しかし2000年に第二次インティファーダが始まった直後、パレスチナ自治政府が刑務所に収監していたハマスやイスラミック・ジハードなどのメンバーを釈放したばかりか、パレスチナ武装組織による自爆テロやロケット攻撃でイスラエル市民の犠牲者が出たため、イスラエルは自治政府が暴力の停止を放棄したとみなし、標的殺害作戦を公然と行い始めた。標的殺害はイスラエル国内でも問題視されたが、提訴を受けたイスラエル最高裁は2006年、標的殺害は一概に国際法に違反しているとはいえず、合法性は作戦ごとに検討されるべきであるとの判断を示した。「パレスチナの武装集団に脅威を与え、抑止効果を発揮している」とのベンヤミン・ベンエリエゼル元国防相の発言にもあるように、イスラエルはパレスチナの武装勢力に対して有効な作戦だとみている。しかし結局、憎悪を拡大させるだけで、暴力の連鎖は続いており効果が薄い、との批判もある。

2008年末からのガザ攻撃の際には、危険とされる白リン弾やフレシェット弾などの武器をイスラエルが不適切に使用したこと、またパレスチナ住民を人間の盾にしたとの疑惑が指摘された。白リン弾は、通常煙幕に使われるが、白リン粒子が人体に触れると皮膚や肉が延焼しひどい火傷を負うため、人混みの中などでの使用は特に危険とされている。フレシェット弾は、矢の形をした弾丸で、体

表　イスラエル国防軍（IDF）による標的殺害の事例

標的にされた人物	時、ところ	所属組織	殺害方法	参考
フセイン・アバヤト	2000年11月 西岸	ファタハ	ヘリコプターによるロケット攻撃	2名が巻き添えで死亡。 イスラエルが初めて公式に標的殺害を認めた事例。
アテフ・アバヤト	2001年10月 西岸・ベツレヘム	アル・アクサ・殉教団及びタンジーム地区指導者	車に爆弾をしかけて爆破	
サラーハ・シェハデ	2002年7月 ガザ地区	ハマス 軍事部門指導者	自宅を空爆	妻子を含む一般市民100名以上が死傷。
イブラヒム・ムハンマド・サレム・アバヤト（フセイン・アバヤトの兄）	2002年10月 西岸	ファタハ	電話ボックスに仕掛けた爆弾で殺害	イスラエルは公式声明を出していない。
イスマイル・アブ・シャナブ	2003年8月 ガザ地区	ハマス 政治部門指導者	空爆	他2名死亡。殺害は「エルサレムでの自爆テロの報復」（イスラエルの声明）。
アフマド・ヤシン師	2004年3月 ガザ地区	ハマス 創設者、精神的指導者	空爆	他息子を含む8名死亡、15名負傷。
アブドゥウルアジズ・ランティシ	2004年4月 ガザ地区	ハマス ヤシン師の後継	ヘリコプターからのミサイル攻撃	他3名（1名は息子）死亡、6名負傷。
アドナン・アル・グール	2004年10月 ガザ地区	ハマス 「カッサム・ロケットの父」	車を空爆	他1名死亡。
ハリド・シャーラン	2009年3月 ガザ地区	イスラミック・ジハード	ミサイル攻撃	ガザ地区からのロケット攻撃への関与が殺害理由。
ムハンマド・アブ・シャマラ	2014年8月 ガザ地区	ハマス カッサーム旅団幹部	空爆	他幹部2名死亡、境界防衛作戦中に実行された。
サミール・クンター	2015年1月 ダマスカス郊外	ヒズボラ	ミサイル攻撃による建物空爆	クネセト議員が関与を認める発言。

内で羽の部分と本体部分に分裂し人体内部を傷つける。ゴールドストーン元南アフリカ判事を委員長とする国連調査団は、前述の指摘を事実と判断し、イスラエルの戦争責任を認めた。イスラエル側は、空爆はガザからのロケット攻撃に対する自衛策だったと反論した。後に調査を進め、白リン弾やフレシェット弾の使用はテロリストの攻撃に対するもので、国際法に違反したものではなかったが、白リン弾については、予想以上に人々を死傷させたことを認めた。

ガザ港に造られた支援船事件の9人の犠牲者の顕彰モニュメント（立山良司撮影）

イスラエルはまた、ハマスが支配するガザを陸路だけでなく海上からも封鎖し、物資の搬入を制限している。イスラエルは、海上封鎖をするのはハマスと戦闘状態にあるからで、事前に宣言と通告も行っており国際法に則っていると主張している。他方、海上封鎖は国家間が交戦状態にある場合に敵国の港などを武力で封鎖する行為であり、非国家主体であるハマスとの武力衝突に対して国際法上の海上封鎖は適用されない、とイスラエルの主張を否定する意見もある。

２０１０年５月に、ガザへ人道支援物資を運ぼうとしたトルコのＮＧＯの船団をイスラエル海軍が公海上で臨検した際、乗船者９名が死亡する事件が起きた。イスラエルは、船団が封鎖を突破しようとしたため阻止しようと乗り込んだが、乗船者の抵抗にあい武器を使用したと主張した。国連による調査の結果、イスラエルによる海上封鎖は武器流入を防ぐための正当な安全保障上の手段であり、国際法に則っているが、船団への実力行使は過剰で不合理なものだったとされた。トルコは、イスラエルの海上封鎖は国際法違反だとしてこの結論に激しく反論した。2013年にトルコに対しネタニヤフ首相による謝罪があったが、この事件以降イスラエルとトルコの関係はパレスチナ情勢の悪化も加わり冷え込んだままである。

国際社会では近年、普遍的管轄権を利用してイスラエルの政治家や軍関係者の戦争責任を追及する動きが拡大している。普遍的管轄権とは、国際法上の共通の法益を守るため、一定の犯罪行為について、国際刑事裁判所や他の国の裁判所で裁くことができるという考え方である。1993年にベルギーで、この考えに基づく人道処罰法が制定されたところ、人権団体が各国の政治家を次々に告訴した。アリエル・シャロンも訴えられた一人である。国防相時代の1982年に行ったイスラエル軍のレバノン侵攻（第9章参照）の際、ベイルートのサブラ・シャティーラ難民キャンプで多数のパレスチナ難民が虐殺された事件の責任を問われたのだ。結局ベルギーの法律は2003年に事実上廃止されたため、シャロンが裁判所に出頭することはなかった。

英国も普遍的管轄権を採用しているため、イスラエルの政府、軍関係者が訴えられ、外交問題に発展している。クネセトのツピィ・リブニ議員の事例はその最たるものである。リブニは2008年末からのガザ空爆当時外相を務めており、作戦遂行に関与し戦争責任があるとして提訴され、英国の裁判所から逮捕状が出された。2009年12月に英国を訪問予定だったリブニは、入国すれば逮捕される危険があるとして直前になって英国行きをキャンセルした。その後英国で普遍的管轄権に関して法改正が行われ、逮捕状発行の要件が制限された。ただしリブニは既に逮捕状が発行されていたため、２０１１年と２０１４年の訪英時には英国政府から訴追免除を受けて入国した。また２０１０年11月にはダン・メリドール副首相がやはり英国行きを突然中止した。ガザ支援船団事件にかかわる副首相としての責任を問われ提訴ないし逮捕される危険があったためだ。

　このほか、イスラエル軍の元参謀総長が標的殺害作戦の責任を問われ、英国とニュージーランドで提訴されている。また元南部方面軍司令官が私的な訪問で英国に到着したところ、標的殺害を実行した責任で逮捕状が出ているのを知り、飛行機から降りずにそのままイスラエルに引き返したという出来事もあった。スペインも一部政治家や軍関係者にとって、逮捕の恐れがあり訪問しづらい国である。

　イスラエルの立場に立てば自分たちの行動は「自衛権の行使」「テロとの戦い」であり、法に則ったものということになる。他方、パレスチナ側からみれば、イスラエルは圧倒的な軍事力を行使している。実際、国連などでもしばしばイスラエルによる「過剰な軍事力の行使」が問題となってきた。最終的には国際法の解釈問題になるため、イスラエルの法的な理論武装はかなり厳重だ。それでも「国際法違反」という指摘や訴えは、自国の正当性を否定することになりかねないだけに、イスラエルにとって頭の痛い問題だ。

（林真由美）

Ⅵ

経済発展の光と影

35

イスラエル経済の変遷

★特異な発展モデル★

今やハイテク国家としての地位を不動のものとしたイスラエルは、2010年9月に悲願だった経済協力開発機構（OECD）加盟を果たし、名実ともに先進国の仲間入りをした。2018年の一人あたりGDPは4万2000ドルとこの15年で約2倍となり、日本をも超えた。イスラエルの経済は、その歴史、政治と同様に、非常にユニークかつ世界に例をみない発展を遂げてきた。それは他の国の発展モデルにはなり得ないユダヤ国家ならではの特別なものでもある。

ユダヤ人はシオニズム運動が本格化し始めた1900年初頭からパレスチナの地に移民を始め、土地を購入し、キブツ（第23章参照）やモシャブ（協同組合村）を建設し、社会基盤を整備してきた。その主導的役割を果たしたのが、1920年に設立された「ヒスタドルート（労働総同盟）」であり、世界シオニスト機構（WZO）の執行機関として29年に設立された「ユダヤ機関」である。その結果、政治的イデオロギーである労働シオニズムの影響の強い社会主義的な経済建設が進められることになった。この傾向は独立後も長くイスラエル経済の特徴であり、国家による統制色の強い、また労働組合の力が強い硬直的な経済でもあった。

しかし、四度にわたる中東戦争、二度にわたる石油ショックを経て、この社会主義的な経済体制は行き詰る。長く政権を担った労働党からリクードに交替したことを契機に、経済改革を経て自由主義経済へと大きく舵を切ったのはようやく1980年代後半であり、その流れが定着したのは、ITを中心とするハイテク産業が急速に発展した90年代半ばであった。それまでは、輸出産業としてはダイヤモンド加工が中心で、銀行、郵便局などのサービスは悪く、公共部門のストは頻発し、電気製品、食品等の消費財の種類も少なく、国民は決して豊かな生活を享受していたわけではない。

ハイテク産業が急速に発展しはじめた90年代半ばは、ちょうど93年にオスロ合意（暫定自治合意）が結ばれ和平への期待が膨らんだときだった。海外からの投資も急増し、イスラエルのビジネス環境は大きく変化した。今では、完全に自由主義経済体制になったといえよう。

しかし、イスラエル経済の道のりは平坦ではなかった。イスラエルは建国時から大きなハンディを背負っていたからである。一つは建国と同時に周辺アラブ諸国と戦争状態となり、それが今日まで続いていること、二つめは日本の四国ほどの小さな国土のうち約60％が砂漠・半砂漠であり、水資源や燃料・鉱物資源に恵まれなかったこと、三つめは、建国当時国内に産業基盤を全く有していなかったことである。

したがって、キブツやモシャブを基盤とした農業を中心に経済開発を進めていかなければならなかった。イスラエルが今でも食料のほとんどを自給できる農業大国であることはあまり知られていないが、このような国としての出発がその背景にある。

　こうしてみると、このような困難な状況に置かれた国が経済発展し先進国になるには、並大抵ではない努力と幸運がなければ成しえなかったであろう。第二次世界大戦後の荒廃から見事に復興して経済大国になった日本にイスラエル人がシンパシーをもつのは、同じような境遇に置かれた者同士の共感があるように思う。もちろん、この地に移り住んだユダヤ人が国造りのために注いだ情熱と努力は称賛に値するが、一方、イスラエルは他の新興国ではもちえなかった特殊な好条件を得ていたのも確かである。それは次のような三つの要因である。

　一つは、ユダヤ人国家であるがゆえに得られた海外からの多額な資金援助である。具体的には、ホロコーストに伴うドイツからの補償・賠償金（第53章参照）と、米国を中心とする在外ユダヤ人コミュニティから寄せられる多額の寄付金である。前者は、建国当初の厳しい財政事情のなか、主に石油など燃料、機械設備や資本財などの購入に充てられた。後者はイスラエルの大学や病院に行けば、たくさんの寄付者の名前が表示されているので一目瞭然だが、主に教育施設や医療・福祉のために使われた。これら資金援助は、政府の役割を肩代わりし、財政負担の軽減に大きく貢献した。

　二つめは、大量の移民の流入による人口増、国内市場の拡大、優秀な人材の存在である。建国当初のユダヤ人人口は70万人にすぎなかったのが、2018年4月現在、880万人を超える。そのうち移民の数は4割近い320万人を占める。特に89年以降、旧ソ連からの移民が急増し、その数は120万人以上になる。このような急激な人口増は、往々にして経済・社会にとってマイナスに作用しがちであるが、イスラエルの場合、国内市場の確立と拡大、住宅建設など内需の拡大、特にソ連からの優秀な科学者、技術者の流入が後のハイテク産業の発展に大いに寄与するなど、マイナス面を上回る

表　主要経済指標動向

	2012年	2013年	2014年	2015年	2016年
名目GDP（10億ドル）	257.6	293.3	308.8	299.4	318.4
実質GDP成長率（%）	2.4	4.4	3.2	2.5	4.0
1人当たりGDP（ドル）	32,583	36,410	37,599	35,743	37,262
消費者物価上昇率（%）	1.7	1.5	0.5	-0.6	-0.5
失業率（%）	6.9	6.3	6.0	5.3	4.8
輸出額（100万ドル）※通関ベース	63,190	66,583	68,956	66,040	60,146
輸入額（100万ドル）※通関ベース	73,121	71,899	72,276	62,005	66,651
貿易収支（100万ドル）※国際収支ベース（財）	-9,022	-7,125	-6,728	-3,305	-7,374
経常収支（100万ドル）※国際収支ベース	1,485	9,746	11,817	15,094	12,247
外貨準備高（100万ドル）	75,908	81,786	86,101	90,575	95,446
対外債務残高（100万ドル）	223,750	250,312	270,606	279,694	269,777
対ドル為替レート（期中平均値）	3.86	3.61	3.58	3.89	3.84

出所：ジェトロ・ウェブサイト「イスラエル基本情報」より

貢献を果たした。世界の中で、これほどまでに急激に多くの移民を受け入れた経験をもつ国はなく、またそれが経済にとってプラスの効果を生み出したという点できわめて稀なケースといえる。

三つめは、米国との「特別な関係」である。イスラエル経済は米国との関係なしでは語れない。一つは経済援助であり、もう一つは投資である。米国によるイスラエル援助が本格化するのは１９６０年代後半からで、86年から98年度にかけて年間30億ドルで推移する。内訳は軍事援助18億ドル、経済援助12億ドルである。98年以降は経済援助が毎年削減され（軍事援助は毎年６０００万ドル増加）、２００８年度には経済援助がゼロになった（第51章参照）。このような経済援助がイスラエルの経済開発にどれだけの貢献をしたか、論を待たない。

また、イスラエルにとって最大の貿易相手先、投資受け入れ先は米国である。米国はイスラエルの最大の輸出先で全体の約4割を占める。イスラエルは、国別の直接投資受入統計を発表していないので、米国からの投資額の数字を正確に把握できないが、M＆A動向、ベンチャー・キャピタルの動きなどから推測すると、相当額の投資が行われているのは間違いない。米国のイスラエル投資の草分け的存在はインテルである。インテルは1974年に半導体の研究開発センターをハイファに設立し、81年に製造工場をエルサレムに設立した。その当時のイスラエルにはハイテク産業も電子産業も育っていない時期である。その後インテルのみならず、IBM、マイクロソフトなど米国を代表するIT企業は軒並みイスラエルに進出している。これらは単なる経済合理性だけでは説明がつかない点もあり、イスラエル支援といった政治的な意図があったとも推測される。最近でも、アマゾン、グーグル、ヤフー、フェイスブックなど主要IT企業も軒並みイスラエルに研究開発拠点を設立したり、イスラエル企業を買収したり、活発な活動を繰り広げている。

このように、ハイテク産業の成長を核に順調に発展してきたイスラエル経済は、近年欧州経済の停滞など外的要因に影響を受けながらも、中国などアジア諸国との関係を強めるなど堅調に推移している。しかし一方で、中東和平交渉の停滞、経済成長に伴う貧富の差の拡大や社会基盤を支えてきたキブツの変容、経済活動に従事しない超正統派人口の増加など潜在的なリスクも顕在化してきた。ユダヤ国家ならではの強みを維持しつつ、これらリスクを克服することができるか、政府は今後も、難しい経済運営を強いられるだろう。

（村橋靖之）

36

二つの基幹産業

★発展する農業と岐路に立つダイヤモンド★

死海から紅海に続くアラバ渓谷、広大なネゲブ砂漠に点在するキブツ周辺に青々と広がる見渡す限りの緑の農地は壮観だ。一方、テルアビブに隣接するラマット・ガン市には、1992年に建てられた高さ115メートル、32階建てのダイヤモンド・タワーを筆頭に複数の高層ビルからなるダイヤモンド・コンプレックスが堂々たる威容を誇っている。

イスラエルの産業発展を語るうえで、欠くことのできないのが農業とダイヤモンド産業である。この二つの産業の変遷をたどっていくと、第35章でも述べた、イスラエルという国の経済の特徴が見事に浮かび上がる。農業については、その規模ではなく、農業のあり方において革新的な方法を編み出し、今では世界最先端の農業立国として世界中から注目される存在になっている。ダイヤモンド産業は、ユダヤ人国家ならではのネットワークと政府の支援、さらには独自の研磨技術によって発展してきたが、インド、中国、タイなどの台頭により難しい舵取りを迫られている。

建国以来の基幹産業だった農業とダイヤモンドだが、引き続き発展を続ける農業と大きな岐路に立っているダイヤモンド、ここでは、イスラエル経済を支えてきたこの二大産業について紹介する。

まず、イスラエルの農業を概観しよう。国土の約60％が砂漠・半砂漠地帯で農耕地は約23％しかない。平均年間降水量は比較的雨の降る北部でも１１００ミリ、農業の盛んな南部の砂漠地帯では１００ミリに満たない。農業にとっては非常に厳しい条件にもかかわらず、イスラエルは食料自給率が90％を超え、グレープフルーツやオレンジなどの柑橘類や切り花、野菜、馬鈴薯など多様な農産物を生産する。乳業や畜産業も盛んだ。農業のＧＤＰに占める割合は１・１％（２０１５年）、農業従事者は３・７万人で労働人口の１％（２０１６年）である。イスラエル農業地方開発省によると、２０１６年の農産品（加工品含む）輸出は22億ドルで、約５割がＥＵ向けである。農業従事者の労働人口比や対ＧＤＰ比は日本とほぼ同じで、農業をめぐる自然環境では圧倒的に日本が有利にもかかわらず、生産性や競争力では日本をはるかに凌駕する。

キブツの所有する広大な野菜畑

イスラエル農業の強さの秘密は何なのか。イスラエルの農業はその出発点において、急増する移民への食糧確保の観点に加え、国の安全保障政策と密接に関係していた。国土を守るために、北部ガリラヤ地方や南部ネゲブ砂漠など決して肥沃ではなく水資源に乏しい地域にキブツとモシャブが数多く作られ、新たな移民が入植していった。農業はそこに住む移民たちの最初の雇用機会でもあった。国家のために辺境の地に住み、厳しい条件の中で農業生産性を高めなければならなかった農民たちは、さまざまな工夫と試行錯誤を繰り返した。その最大の成果が、現在イスラエルが世界に誇る点滴灌漑技術であろう。

イスラエルが農業先進国と呼ばれる所以は水技術にある。点滴灌漑法は、１９６０年代初期に研究者と農業生産者によって発明された。プラスチック製パイプを通して要所に水を送ることによって水量の効率を最大限高めるという方法で、全農地の60％に導入されている。その代表的な企業が日本にも進出しているネタフィム（Netafim）社である。この方法は、土壌のタイプに応じて水の質や量を最適化する方法など応用開発が進められ、コンピュータ管理による高度なＩＴ技術とも融合して、他の追随を許さない技術水準を確立している。なお、同社は２０１８年2月、メキシコの化学大手メキシケム（Mexichem）社に株式の80％を19億ドルで買収された。

また、イスラエルは水のリサイクル率が75％と世界のトップに立ち、そのほとんどを農業用に再利用している。これら優れた水技術により、イスラエルは人口が増加し、消費需要や農業生産が増えているにもかかわらず、１９６４年以降ほとんど水の総消費量が増えていないという驚くべき成果を誇っている。

イスラエルは、自国農業の弱点を熟知しており、それを強さに変えるために、農産物の新たな品種開発や品種改良、土壌改良への研究開発、より効率的な灌漑技術や水技術の追求など、政府、大学、企業、農民が明確な意志と戦略をもって農業に取り組んでいる。イスラエルの農業技術は、世界中で水不足や乾燥化が進む中で、世界農業が目指すべき方向性を示し、大きな貢献を果たしていくだろう。

もう一つの基幹産業であるダイヤモンド産業は、イスラエルの代名詞ともなっており、ダイヤモンド原石の取引と研磨業において第二次世界大戦後の世界をリードしてきた。ダイヤモンド産業が興ったのは建国後で、急速に発展したのは、1950年代にダイヤ原石の輸入規制緩和や研磨企業への優遇措置が講じられてからである。さらにこの時期、政府主導でダイヤモンド原石の生産と供給に独占的な影響力を有しているユダヤ系資本デビアス社から研磨に必要な十分な原石の割当てを確保する措置もとられた。その後ダイヤモンド産業は、二度の中東戦争、デビアス社との確執、世界経済の好不況の波に翻弄されながらも、1980年には14億ドルだった研磨ダイヤモンドの純輸出は90年には27億ドル、2000年には54億ドル、2007年は71億ドルを記録するなど順調に成長してきた。しかし、2011年の75億ドルをピークに、以降減少し2016年には47億ドルとなっている。

2000年以降、イスラエルの研磨産業は転機を迎え、今では産業と呼ぶことが難しくなっている。国内人件費の高騰や研磨機器の普及により、研磨工場が人件費の安いインド、中国へシフトすることによる空洞化が進んでいるのだ。またインド、中国の研磨産業の技術向上に伴い、主要研磨拠点としての地位がすっかり低下してしまった。今では、研磨個数ベースでみると約9割が人件費の安いインドで研磨されているという。80年代には3万人の研磨人がラマット・ガン周辺で働いていたとされるが、今では200～300人程度まで減少している。今イスラエルで研磨されているのは、高額で大粒のダイヤや高級時計に組み込まれる精密なもの、ファンタジー・ダイヤと呼ばれる高度な技術を必要とするものに限られる。今では、研磨地としてではなく、小売りに近い卸問屋的機能が中心となっ

ラマット・ガン市にそびえるダイヤモンド・コンプレックス（森清美撮影）

ている。

ちなみに、イスラエルの日本への研磨ダイヤの輸出は、80年代後半バブルの時期には全体の20％以上が日本向けで輸出先第一位だった時期もあったが、その比率は2000年には4％、2010年にはついに0・4％にまで落ち込み、以降日本の存在感はすっかりなくなってしまった。往時には20社近くも進出していた日本のバイヤー企業も今やほとんどいなくなっている。

今でもダイヤモンドに関わる雇用は2万人を数え、輸出の約20％を占める主要セクターであることに変わりはない。しかし、その世界的位置づけは21世紀に入り、研磨からトレード（取引）の場へと大きく転換している。（村橋靖之）

イスラエル産ワイン——ストレートで味わい深く

コラム10 樋口義彦

ストレートで自己主張がはっきり、でもなぜか味わい深い——そんなワインを作り出すイスラエル人が人生を重ねる大地、またぶどうを育てるこの地の太陽と気候は、歴史的にワインと深い関係にある。

天地創造の物語「創世記」にワイン（ヤイン）という言葉はすでに登場し、また聖書の別の個所では、ぶどうの木はイスラエルの大地が育む七つの特産物の一つにあげられている。ワインはユダヤ人が現在も各家庭で行う儀式で重要な意味をもつ。天地創造の七日目に神が安息したことにならい、毎週金曜夕から土曜夕を休みとする安息日（シャバット）は、ワインによる清めで始まる。また、出エジプトを祝う「過ぎ越し祭」の晩餐式はワインで四回乾杯を繰り返しながら盛り上がっていく。公立の保育園で行われるこれらの儀式でも、子どもたちはぶどうジュースの入った「ワインの小瓶」を誇らしげに手にする。

近代的なワイン生産は、シオニズム運動が興った19世紀末に始まる。1882年、当時ロシアや欧州から移住し新境地を開拓していた若いユダヤ人を、フランス出身の富豪エドモンド・ロスチャイルドが後押し、現在のリション・レツィオン（「シオンへの第一歩」）とジフロン・ヤコブにぶどう園とワイナリーを開いた。これがイスラエル産ワインの礎となった。現在も複数のワイナリーが並ぶジフロン・ヤコブという名称の原義は「ヤコブを記念する街」だ。世界のワイン愛好家に親しまれる仏ボルドーのシャトー・ラフィットを1868年に買収したエドモンドの父ヤコブ・ロスチャイルドの業績を称えて命名されたように、イスラエル産ワイン誕生にロスチャイルド家は重要な柱であった。

イスラエル産ワイン

宗教的な戒律を守るユダヤ人が口にするコシェルのワインは、使用するぶどうから機材、工程までさまざまな決まりに従って作られる。たとえば、七年に一度農地を休ませる農地の安息年（シュミター）は聖書にも記される戒律の一つであるが、シュミター年に育ったぶどうはワインにできない。厳密な戒律になると、ぶどうの栽培からコルクを抜いてグラスに注ぐまでの過程で、非ユダヤ人がボトルに触れてはならないとされているため、うっかりボトルを手にすることもできない。

イスラエルおよびユダヤ人とワインは深い関係にありながら、フランスやイタリアのワイン大国と比べて消費量は少ない。その一方で１９９０年代後半から、家族経営による小規模なブティック・ワイナリーが次々と誕生している。コシェルよりも味を追求するワイナリーもある。ワイン職人が「ワイン作りを通じて、イスラエルの歴史やユダヤ人とこの大地の関係を感じる」と語るように、ブランド名には「紅海」や「杉の木」など地名や自然界にちなんだものが多い。ワインを味わいながら、イスラエルとユダヤ人の歴史を感じられるワイナリーめぐりは、新しいイスラエルの楽しみ方の一つとしておすすめしたい。

家族経営のブティック・ワイナリーで（樋口陽子撮影）

37

イノベーション大国

★ハイテク国家の旺盛な起業精神★

今では「ハイテク国家」としての評価が定着しているイスラエルであるが、世界に広くその実力を知らしめるようになったのは1990年代半ばである。米国を中心にPCおよびインターネットが世界中に普及し始め、いわゆる最初のITブームが始まった頃である。ユニークなコンピュータ・ソフトウェアを開発する国、ということで世界中から注目を浴びるようになっていった。

その時期、アメリカン・ドリームならぬいくつかの「イスラエリ・ドリーム」が出現した。コンピュータ・セキュリティ技術の「ファイヤー・ウォール」を爆発的に普及させたチェック・ポイント社、インターネット上のチャット技術（インスタント・メッセンジャーの草分け的存在）を開発し、のちにアメリカン・オンライン社（AOL）に当時（98年）としては破格の4億ドルで買収されたミラビリス社らである。いずれも生まれて間もないベンチャー企業であり、ナスダック上場やM&Aによって成功した企業としてもてはやされた。今ではまったく当たり前のように使われているが、当時は画期的な技術として、世界中が驚いたものである。

第37章
イノベーション大国

その後も、情報セキュリティ技術、画像圧縮、データ圧縮、最近ではモバイル、無線関連技術など数々の革新的ソフトウェアを生み出し、IT分野におけるイスラエル技術の優位性は揺るがぬものとなった。イスラエルの強さは、日本のITブームを風靡したサービス提供型ではなく、新技術の開発力にある。イスラエルがハイテク国家の名を世界に確立した2000年以降も、その技術開発力は衰えることなく、現在に至っている。

私は、1999年から2003年までの4年半、ジェトロ・テルアビブ所長として現地に駐在し、主にイスラエルのハイテク技術を日本に紹介する仕事に携わった。多くのイスラエル企業を訪問し面談したが、よくもまあ、こんなことを考えるな、と感心することが多々あった。たとえば、日本にも進出を果たし、世界で初めてカプセル内視鏡を開発したギブン・イメージング社。2000年当時、あるイスラエル人の紹介で、イスラエル北部の小さな工業団地に設立したばかりの同社を訪問した際、この技術を紹介された。カプセルを飲むだけで内臓の悪い部分がわかる80カ国以上で使用される世界標準となっている。こうした発想力、アイデアは、日本人では思いもつかないようなことが多い。その意味で彼らと話をすることは非常に刺激的で面白かった。

イスラエルがハイテク産業に強い理由は以下の4点に集約されるだろう。

最初にあげられるのは、イスラエル国防軍（IDF）の存在である。IDFは、単に国防の目的のみならず、IT分野を中心に先端技術の研究開発機能をあわせもち、さらには人材養成機関であることに大きな特徴がある。軍事技術のIT化・ハイテク化に伴い、軍の技術開発も最先端のものである必要があり、多額の資金と優秀な人材を投入している。軍で学んだ技術や経験をベースにスピンアウトし起業化する例は非常に多い。また、軍人として実績を積み上げた優秀な人材は、退役後、政府機関、商工会議所、ハイテク企業の幹部ポストに就き、軍と民間企業間の強固なネットワーク構築に貢献している。このような軍の存在がハイテク産業のバックボーンとして大きな強みになっているのだ。

二つめは、豊富な人材と国民性である。ユダヤ人が教育熱心で、教育に対する投資を惜しまないということはよく知られている。特に理工系を重んじる傾向が強い。イスラエルの統計によると、人口1万人当たりの科学者・技術者の数は140人と、日本の80人、英国の43人などに比べ圧倒的に多く、世界ナンバーワンである。これには100万人を超えるロシア（旧ソ連）からの移民が貢献している。移民の中には、優秀な科学者、研究者だった人材が多く、かれらが研究開発や技術開発に果たしてきた役割は大きい。

さらに、イスラエル人は起業家精神に非常に富んだ国民である。新しい事にチャンレンジする、人と違うことをやることを美徳とするところがあり、失敗しても再挑戦を良しとする社会風土がある。こういう気質がハイテク産業に向いているといえる。イスラエルには毎年1000社を超えるスタートアップ企業が誕生しているのである。

三つめは、効果的な政府の支援策である。政府は、84年に国内産業の研究開発を促進するために、産業貿易省が「チーフサイエンティスト局（OCS）」を設置し、積極的に企業の研究開発、ベンチャー企業育成を支援してきた。大学の基礎研究の段階、企業の基盤技術開発の段階、起業化の段階、などそれぞれの成長のステージに合わせてきめ細かい支援策を用意している。この政策はハイテク産業が育っていない80年代はそれほど活用されなかったが、90年代に入るとITブームとうまく連動し、効果的に機能した。そういう意味で政府に先見の明があったといえる。

また、93年には、今でいうベンチャーキャピタルファンド（VCF）の呼び水として、官制VCFともいえるヨズマ（YOZMA）を設立した。これを機に数多くのVCFが創設され、ベンチャー企業を育成するうえで大きな役割を果たすことになる。イスラエル財務省は2001年、外国投資家がイスラエルのVCFに投資した場合、出身国の税率に従って課税していたキャピタルゲイン税を廃止し、よりイスラエルへの資金供給がしやすくなった。IVCリサーチセンターによれば、2016年のイスラエルにおけるVCによるファンド・レイジングは23のVCFで16億ドルに上っている。また、イスラエルのハイテク企業への投資額は、2013年の24億ドルから2017年には2倍以上の52億ドルとなり、ハイテク産業は大きく成長している。

最後に米国のハイテク業界とのつながりである。上述のように、IT化、ハイテク化への基盤が整っていたイスラエルは、米国市場および米国企業によって大きく育てられた。イスラエルのハイテク企業への外国投資のほとんどは米国企業である。毎年多くのスタートアップ企業がM&Aにて「エグジッド（Exit=出口）」するが、その約半分は米国企業による買収である。また、もう一つのエグジッドであるIPO（新規公開株）においても、ナスダックには多いときで100社以上のイスラエル企業が上場していた。さらにハイテク産業に従事するイスラエル人は米国への留学経験、米国の市民権を有する者も多く、ボーダーレスな結びつきが存在している。

イスラエルにおける技術志向のハイテク企業の活動は引き続き活力を維持するであろうし、世界中にマーケットが存在する以上、そのプレゼンスは変わらないだろう。最近では、世界中で話題になっ

図　イスラエルのハイテク企業への投資額・件数
(2013- 2017)

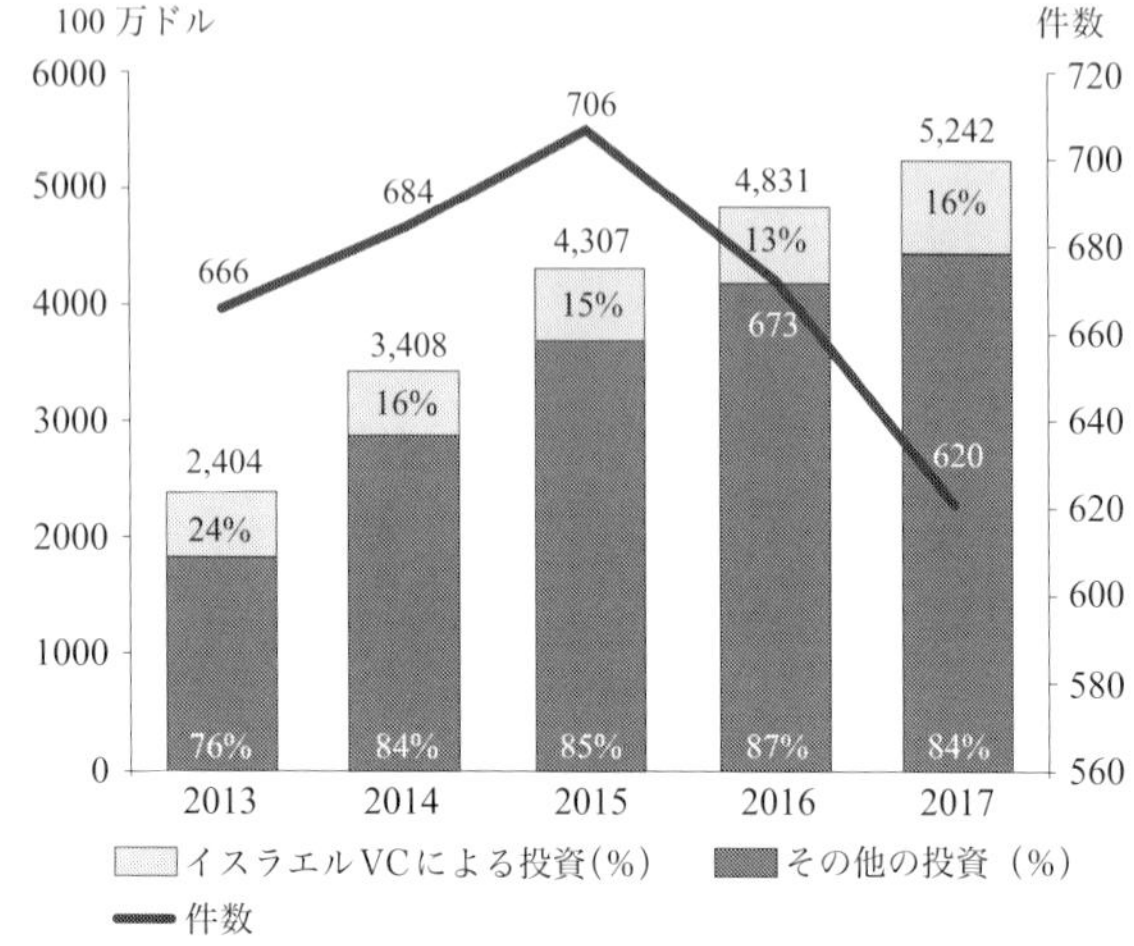

出所：IVCリサーチセンター

図　イスラエルのハイテク関連主要分野別投資額・件数
(2013- 2017)

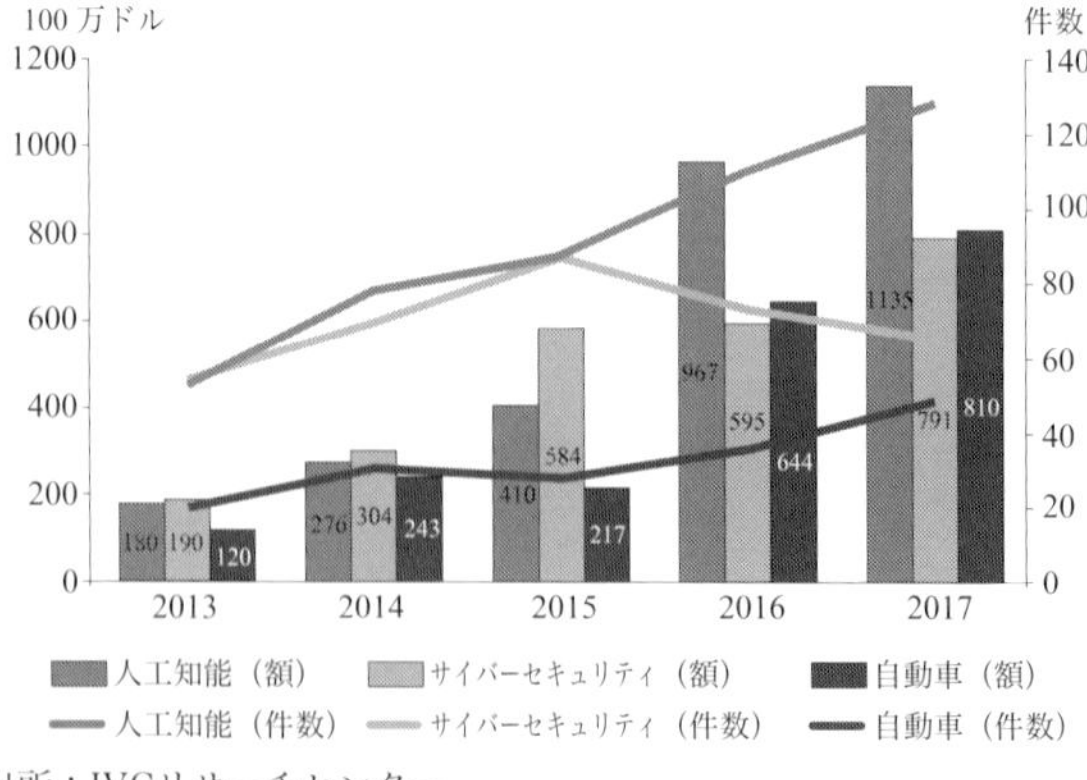

出所：IVCリサーチセンター

ているＡＩ（人工知能）、ビッグデータ処理などを使用したサイバー・セキュリティ製品、自動運転技術、マシーンラーニング（機械学習）等が注目されている。２０１３年には、グーグルが携帯端末用のカーナビアプリを開発したウェイズ（Waze）社を10億ドルで買収、インテルが２０１７年８月、自動運転など次世代自動車の研究開発を行うモービルアイ（Mobileye）社を１５３億ドルで買収するなど相変わらず存在感を発揮している。

また、近年注目されているのが、ネゲブ砂漠への玄関口ベールシェバだ。ほんの10年前までは、アフリカや中東からの移民の多い比較的貧しい街にすぎなかった。それが、２０１３年９月にサイバー・セキュリティー・ハブとしての経済特区「サイバースパーク（CyberSpark）」が開設されて以来、急速に関連企業の集積が進み、今では「サイバーキャピタル」と呼ばれるまでになった。すでにスタートアップ企業から世界的な多国籍企業まで約70社が進出、２０００人が働いているという。将来的には1万人を超える雇用規模になる予定だ。進出企業は免税や従業員給与補助金等さまざまな優遇措置が受けられる。政府・市、軍、ベングリオン大学、サイバースパークが一体となって巨大なサイバー・セキュリティー拠点、ハイテク研究開発拠点を形成しつつある。次から次へと時代を先取りする新たなユニークな技術を開発し、世界におけるハイテク集積地としての地位を確立しつつあるイスラエルに今後も眼が離せない。

（村橋靖之）

38

日本・イスラエル“ビジネス新時代”

★進展する経済関係★

日本とイスラエルの経済関係は、イスラエル・パレスチナ紛争に伴う治安の問題やアラブ・ボイコットの存在およびそれへの懸念等により、長きにわたって低調な時期が続いた。しかし、2014年5月のネタニヤフ首相の訪日、2015年1月の安倍首相のイスラエル訪問を契機に両国間の経済関係は劇的に進展している。首脳交流に歩調を合わせるように、ハイテク分野を中心に企業間交流やビジネスが活発化し、90年代末以来の「第二次イスラエル・ブーム」ともいうべき様相をみせている。

60年代から80年代にかけては、二度にわたる中東戦争やレバノン内戦もあり、イスラエルに進出する企業はほとんどなかった。90年代半ばまではイスラエルの日本企業といえばダイヤモンド関係者で、最盛期には20社を超える企業がダイヤモンド取引所のあるテルアビブ市内に事務所を構えていた。その状況が大きく変わったのが、94年のオスロ合意による中東和平プロセスの開始である。その後、三菱商事、三井物産、住友商事、伊藤忠商事等大手商社がぞくぞくと事務所を構え、貿易投資促進機関であるジェトロ（日本貿易振興機構）も97年10月に事務所を開設した。折しも90年代後半はインターネットの普及もあり世

第38章

日本・イスラエル“ビジネス新時代”

図　日本の対イスラエル貿易

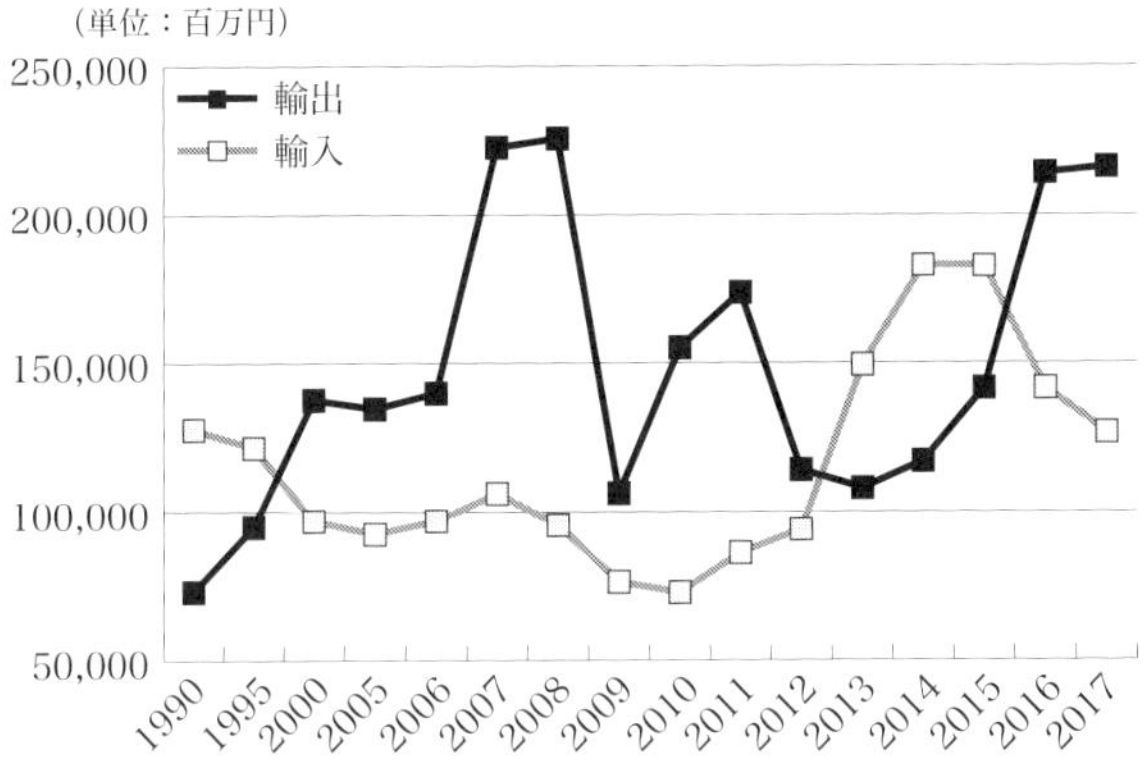

出所：財務省通関統計

界的なＩＴブームが起こり、イスラエルの革新的なソフトウェアやハイテク技術に世界の注目が集まるようになっていた。99年5月にパレスチナとの和平合意を公約に掲げるバラク労働党政権が誕生し、中東和平に向けたムードが一気に高まったことを受け、多くの経済ミッションやハイテク企業がイスラエルを訪問し、まさに「イスラエル詣で」が相次いだ状況だった。この時期を日本における「第一次イスラエル・ブーム」と位置付けることができよう。

しかし、このブームは、２０００年9月に始まったパレスチナ人による「第二次インティファーダ」によって急速に萎んでいく。相次ぐイスラエル国内での自爆テロやイスラエル軍によるパレスチナ自治区への侵攻など治安悪化により、イスラエルを訪問するビジネス客は急減し、増えつつあった進出企業も撤退したり、駐在員を引き揚げたりした。２００３年には、ジェトロを含む日本企業の在テルアビブ駐在員が４社・機関４名という寂しい時期もあった。以降、２００６年

安倍首相の訪問に合わせて開催されたビジネスリーダーズ・フォーラム（2018年5月、エルサレムで、Gidon Sharon-Government Press Office 提供）

のイスラエルによるレバノン侵攻、２００９年のガザ大規模空爆、リーマンショックなどもあり、日本企業によるイスラエルビジネスはしばらく停滞する。

この流れを変える大きな節目となったのが２０１４年５月のネタニヤフ首相の訪日である。同年７月には日本の経済産業相としては初めて茂木大臣（当時）がイスラエルを訪問し、R&D協定の締結や両国間のビジネス交流の促進に係る様々な提案に合意し、両国の経済関係は大きく動き出すことになる。さらに２０１５年１月には今度は安倍首相が経済ミッションを引き連れてイスラエルを訪問し、この動きをさらに加速させる。

スピード感あふれるイスラエル政府はこの機を捉え、さらなる手を打つ。２０１５年１月、安倍首相のイスラエル訪問を踏まえ、「対日経済関係強化のための３カ年計画」を打ち出したのだ。この計画の目玉は、３年で５００名の日本の官民各分野で活躍する中堅・若手人材をイスラエルに無償で招聘する「ヤング・リーダーシップ・プログラム」である。１週間程度のプログラムで、同国の歴史、文化、軍事、経済への理解を深めようというものだ。官庁、政府機関、ベンチャー企業、学者など広範な分野においてイスラエルに関心をもつ人材のみならず、アラブ・イスラム専門家も多く参加し、イスラエルに対するイメージを大きく好転させるきっかけになったといわれている。

２０１７年5月には世耕経済産業相がイスラエルを訪問し、さらなるビジネス促進を図るため、両国の官民の関連機関・経済団体からなる枠組「日本・イスラエル・イノベーション・ネットワーク（ＪＩＩＮ）」の設置が合意された。日本側は経済産業省、ジェトロ、新エネルギー・産業技術総合開発機構（ＮＥＤＯ）、日本経済団体連合会、経済同友会、新経済連盟、日本商工会議所が、イスラエル側は、経済産業省、輸出国際協力機構、イスラエル・イノベーション・オーソリティ、商工会議所連盟、イスラエル日本商工会議所、製造業者協会がメンバーになっている。今後は、ＪＩＩＮが中核となり、両国間のビジネスを後押しする仕組みが出来上がった。

その後、同年11月、今度はイスラエルからコーヘン経済産業相が訪日し、第一回ＪＩＩＮ総会が開催され、ＪＩＩＮの具体的な活動が議論された。２０１８年5月には安倍総理が2回目のイスラエル訪問を行うなど、この5年間の度重なる両国首脳・経済閣僚の往来とその都度行われる経済政策対話や同行する企業ミッションの参加を得て開催するビジネスフォーラムにより、民間企業がビジネスしやすい土壌が出来上がった。２０１７年10月には日本イスラエル投資協定も発効した。

このような政治的な動きを受けて、２０１６年、２０１７年と日本から経済同友会や大阪商工会議所など経済団体、各自治体、大学などが主宰する数多くのミッションや個別企業がイスラエルを訪問した。逆にイスラエルからはサイバーセキュリティなどIoT関連企業がＣＥＡＴＥＣなど日本の展示会に出展した。在京イスラエル大使館経済部は、毎年、ＩＴ、医療、農業などさまざまなハイテク分

表　本企業の対イスラエル投資額

（単位：億円）

年	2011年	2012年	2013年	2014年	2015年	2016年	2017年
投資額	3	2	11	27	52	222	1,299

出所：日本銀行「国際収支統計」

野の展示会出展、ビジネスミッション、セミナー、マッチングイベントを実施している。また、2015年11月にはイスラエル大使館経済部の機能を一部移した「西日本イスラエル貿易事務所」を大阪に設置した。双方の民間企業の往来はかつてなく活発化している。

日本の民間企業の動きが活発化した背景には、上述のように政府間の関係緊密化により、イスラエルビジネスに対する政治的リスクが軽減されたことがある。また、2011年以降の「アラブの春」以降のアラブ諸国の混乱、さらにトランプ政権以降の米国と、イスラエル、さらにサウジアラビアが接近するなどの結果、日本企業にとって足かせとなっていたアラブ・ボイコットの実質的消滅も心理的に追い風になっていると思われる。

日本企業による投資・買収事例も増えている。過去3年の主な例だけでも、ソフトバンクがAIを活用したサイバー攻撃対策プラットフォームを提供するサイバーリーズン（Cybereason）社への1億ドルの出資及び日本での合弁会社の設立（2016年）、ソニーが通信用半導体メーカー、アルティア（Altair）社を2億1200万ドルで買収（2016年）、味の素がベンチャー企業ヒノマン（Hinoman）社に約17億円出資、田辺三菱製薬が医療品ベンチャー企業ニューロダム（NeuroDerm）社を11億ドルで買収するなど活発だ。このような大型案件はこれまでみられなかった事例だ。

日本銀行の国際収支統計によると、2013年以降、日本企業のイスラエル投資の伸びが著しい。2011年には3億円だったのが、2013年には11億円、2014年は27億円、2015年52億円、2016年には222億円、そして2017年には1299億円と飛躍的に急増している。2016年は前述のソニーによる買収、2017年は田辺三菱製薬の買収が大きな要因である。外務省による海外在留邦人数調査によれば、2016年10月現在の進出日系企業数は57社と2013年の2倍以上になっている。ジェトロ・テルアビブ事務所によると、2017年末時点で、商社、製造業、投資・R&D、販売・営業など約70社が進出していると推定している。

日本とイスラエルの経済関係は、この数年で劇的に変化し、政官民一体となってビジネスを推進するまさに新たな時代が始まったといえる。引き続き日本企業の関心の高いサイバーセキュリティ、AI、ITソフトウェア、医療関係、半導体等の分野において、高い技術力とユニークなアイデアを有するベンチャー企業の発掘などイスラエル企業とのビジネスは活発化していくことだろう。

また、イスラエルには、継続する移民受入れ等による人口増加や経済発展の中で、ガス田開発やエネルギー分野、高速鉄道やメトロなど社会インフラ整備計画が目白押しだ。日本の経験やノウハウ、技術力に期待する声は高い。これまでは、アラブ諸国への配慮もあり、大規模な製造業投資やインフラ投資は控えてきた。しかし、ここにきて、アグリ・フード、製造業、建設、インフラなど進出分野のすそ野が広がりつつある。将来的にハイテク分野のみならず、幅広い分野で日本企業のビジネスが展開されるようになれば、まさに「ビジネス新時代」を迎えることになるだろう。

（村橋靖之）

39

共存の夢は遠く

★進むパレスチナとの経済分離★

現在のイスラエル／パレスチナ地域はイスラエル建国までは、オスマン帝国、さらに英国の統治下にあり、一体化した経済圏だった。イスラエルの建国後、ヨルダン川西岸はヨルダン、ガザ地区はエジプトの支配下に入ったが、１９６７年の第三次中東戦争にイスラエルが勝利してから現在にいたるまで、両地域ともにイスラエルの占領経済体制下に置かれている。

このような経緯もあり、67年以降のイスラエルとパレスチナ間の人、モノ、お金の流れは比較的自由に行われ、イスラエルにとってパレスチナは自国製品の市場であり、労働力の供給元でもあった。イスラエル産の生鮮野菜や果物、乳製品がパレスチナに供給され、イスラエルの農場や建設現場では多くのパレスチナ人が働いていた。１９８７年に第一次インティファーダが起こるまではパレスチナ人による抵抗運動は激しくなく、治安もよかったので、週末になると多くのイスラエル人がイスラエルとの境界に近い西岸の都市トゥルカレム、カルキリヤ、ジェニンなどに買い物に出かけていたものだ。

このような環境が大きく変わったのが、94年、パレスチナ国家樹立に向けた暫定自治プロセス（和平プロセス）が始まってからである。それ以後、国家と国家との関係を前提としたさまざまな措置が講じられてきた。両者間の経済関係については、法律的枠組みとして暫定自治合意の一つである経済文書（パリ議定書）で規定されている。パリ議定書は、両地域間の輸入関税をゼロとし、二地域間のモノの移動の自由、域外共通関税の適用（例外品目あり）、パレスチナ自治政府にも（品目によって）関税や規格を決める権利を与えること、関税徴収の仕組み（いったんイスラエル政府が徴収後パレスチナ自治政府へ還付）など主に貿易に関する原則を定めている。その他、通貨（シェケル）の統一、貿易のためのイスラエル港湾の利用、労働力の移動など経済関係構築に必要な詳細事項が決められた。

しかし、制度が整備され運用が始まるに従い、逆にパレスチナ側にとっては自由な経済活動が制約される、という一面をもっていた。議定書で平等の原則をいくら謳っていても国境など全てイスラエルが管理しているのだから当然といえば当然である。たとえば、労働力の移動である。イスラエル中央統計局によると、第一次インティファーダが始まる1987年にはヨルダン川西岸・ガザの雇用者総数の40％にあたる11万人がイスラエル領内で働いていた。それが94年にはその比率が18％にまで減少した。イスラエル当局がテロや治安対策として、イスラエル領内で働くための許可証の取得と取り締まりを厳しくしたからである。また、パレスチナ産品のイスラエルおよびその他地域へのモノの移動についても、パレスチナ側のトラックをイスラエル側に乗り入れさせないため、検問所で荷台から荷台に積み荷を積み替えるバック・トゥ・バック（Back to Back）方式が行われるようになった。関税の還付については、最初に徴収するのがイスラエル当局なので、パレスチナ側への還付を実行するかしないかはイスラエルの判断に委ねられた。

それでも和平プロセスが順調に進んでいる間は、それほど問題はなかった。1999年5月には和平達成を公約に掲げる労働党のエフード・バラク党首が首相に就任し、もうすぐ和平実現かという期待も膨らんだ。双方の経済関係や経済協力も進展し、イスラエルで働く労働者の比率も99年には21％まで戻り、多くのパレスチナ人ビジネスパーソンもイスラエル国内に入り、ビジネス交流も進んでいた。また、和平を睨んで、両国間の共同開発プロジェクトも数多く提案された。たとえば、工業団地である。ガザに作られたガザ工業団地では、2000年当時30社以上が操業し、なかにはイスラエル企業とのジョイントベンチャー（JV）もあり、繊維や金属加工分野ではイスラエル企業の下請け工場も多かった。そのほかにも、ジェニン、トゥルカレム、カルキリヤなどにもイスラエルと共同で工業団地を開発する案が計画されていた。民間ベースでもさまざまな動きがあった。なかでも著名なのは、イスラエルの世界的な切削工具メーカー、イスカル社の創業者で現名誉会長であるステフ・ヴェルトハイマー氏である。同氏は、自ら積極的に工業団地設立やJVを進めるなどパレスチナの工業化に尽力した。

政府や商工会議所ベースでの共同セミナーや対話の機会も盛んに設けられるなど、99年と2000年は相互の経済交流が最も盛んな時期だったといえる。筆者自身、これら会合やイベントに出席する機会を得て、日本との協力可能性も含めて議論した。課題山積みではあるものの、将来の国造りに向けて希望に満ちた顔で熱く語っていたパレスチナ人たちと、それをサポートしようと耳を傾けるイスラエル人たちの姿は今でも強く印象に残っている。

この状況が一変したのが、2000年9月に発生した第二次インティファーダである。以降、イス

表　イスラエルの対パレスチナ間の貿易（財・サービス：国際収支ベース）
（単位：百万ドル）

		2010年	2011年	2012年	2013年	2014年	2015年	2016年
輸出		3,476	3,935	4,079	4,039	4,039	3,900	3,935
	財	3,009	3,520	3,606	3,502	3,499	3,392	3,351
	サービス	467	415	473	5372	540	508	584
輸入		739	850	796	907	1,202	1,284	1,313
	財	534	601	540	612	817	854	874
	サービス	205	249	256	295	385	430	439

出所：イスラエル中央統計局

ラエル国内でのテロの激化に伴い、検問所の数は増やされ、チェックは厳しくなり、人とモノの移動は著しく制限された。パレスチナ人のイスラエル国内での雇用比率は2002年には9%にまで激減し、多くのパレスチナ人は職を失った。数々の共同プロジェクトは凍結され、交流機会は減り、ともに発展していこうという気運は急速に萎んでいく。

その後イスラエルは2002年から、治安確保を理由に分離壁（イスラエル側の呼称は「安全フェンス」）の建設を始める。当時のシャロン首相はテロを理由にパレスチナ自治政府との対話を拒否し、パレスチナとの「分離政策」を採用していく。このことは、イスラエル人が自国経済のあり方を考えるうえで大きな転換となった。それまでは、イスラエルの持続可能な経済成長のためには、パレスチナとの恒久和平が必要であり、パレスチナ市場と労働力はなくてはならないものとの認識が一般的であった。

しかし、分離政策が本格的に始まった2005年以降、イスラエル経済は逆に高成長を達成し、和平がなくても成長できることが証明された格好となった。労働力は中国など代わりがいくらでもある、市場はアフリカやアジアに拡大できる、イスラエル製品は依然としてパレスチナ市場に必要とされる、という妙な自信に変わったのである。パレスチナへ

テクノロジー・ハブを目指すラワビ・プロジェクト（ラワビ・テック・ハブ・プログラムで、ラワビ市提供）

の輸出は２００６年には21億ドルだったのが、２０１１年以降40億ドル前後で堅調に推移している。自らの経済成長にとって和平は必要ない、治安が確保されればそれでよいという認識が定着する。経済成長のために和平を追求しなければならないというインセンティブは薄れてしまった。中東和平プロセスの停滞は、和平なき経済成長を謳歌したこうした国民意識の変化が根底にあると思われる。

このように、政治・経済交流が停滞する中、パレスチナ側において最近注目を集める新しい動きが生まれている。パレスチナの実業家、バシャール・マスリ氏が立ち上げ、現在開発中の「ラワビ（RAWABI）プロジェクト」だ。これは、パレスチナ西岸の中心都市ラマラーの北９キロに位置する全く新しい民間による計画都市建設プロジェクトである。マスリ氏及びカタール政府が14億ドルを投じたビッグ・プロジェクトで、住居、職場、教育、文化、レジャーが一体となった複合都市である。２０１３年に建設が始まり、すでに住宅、学校、ショップ等かなりの施設が出来上がっており、今では4000人が入居している。将来的には4万人以上が住む街になる予定だ。

特に教育、ITビジネスに力を入れており、同都市をパレスチナのテクノロジー・ハブにしようという構想がある。まだ起業したのは4社に過ぎないが、マイクロソフトやイスラエルのメラノクス(Mellanox)社などIT大手企業がアウトソーシングしたり、グーグルやインテルなどがアウトソーシングのための拠点を設置するなどの動きもある。イスラエル企業も関心を高めており、多くの企業が視察に訪れているとのことだ。まだ始まったばかりだが、このような取り組みが再び経済交流を活発化させ、和平の扉を少しずつ開いていく動きになることを期待したい。

（村橋靖之）

40

経済を取り巻く課題

★国際協調と社会的不平等の是正★

イスラエル経済は、主要産業であるハイテク産業に支えられ、中東和平の停滞や欧州の経済不振の中でも、過去5年間の平均成長率は3・2％と堅調に推移している。ハイテク産業は依然として強みを発揮し、経済のファンダメンタルズにおいて大きな死角はないようにみえる。しかしながら、イスラエルが今後も持続的な成長を続けていくには、経済問題そのものというより、経済を取り巻く内外の環境において対応を迫られる課題が横たわっている。対外的に懸念されるのは和平の停滞や国際関係の悪化、特にＢＤＳ（Boycotts, Divestment and Sanctions）運動（イスラエル製品ボイコット運動）の広がりであり、国内的には格差の拡大など社会の不平等化に対する国民の不満の高まりである。

イスラエルを巡る国際環境はこの数年めまぐるしく変化している。米オバマ前政権時代は、史上最悪といわれるほど両国関係は冷え込んだ。ＥＵ諸国においても反イスラエル感情は高まっており、それはＢＤＳ運動の広まりという形で現れている。ＥＵは、２０１５年11月、イスラエル占領下にあるユダヤ人入植地で生産された産品の輸入に当たり、原産地表示に「イスラエル入植地」と記載することを義務付けた。また近年、欧州における反イスラエル活動団体が、現地のスーパーマーケットなどで入植地産品をターゲットにデモや営業妨害行為を繰り返している。

これに対して、イスラエル政府は過敏なほどに神経をとがらせ、BDS運動を支持する市長やNGOのイスラエル入国を禁止するなどの対応措置をとっているが、さらなる関係悪化を招く結果になっている。

イスラエルへの抗議デモでBDS実施を呼びかけるパレスチナ支持者（2014年11月パリで、ZUMA Press/アフロ提供）

一方、米国との関係は、2017年1月に誕生したトランプ大統領が親イスラエルの姿勢を明確にすることで大きく好転している。トランプ政権は、歴史上どの大統領も控えていた、エルサレムをイスラエルの首都と認め、大使館を2018年5月14日、同市に移転した。当然ながら、欧州、トルコ他周辺イスラム諸国は反発し、中東和平への道筋はさらに不透明感を増している。

そんな中、イスラムの盟主を自認するサウジアラビアとの接近が注目されている。サウジはシリア内戦やイエメン内戦なども絡み、2016年1月にイランと断交し、イランを最大の脅威・敵国とみなすようになった。そこにイランに対して敵対的なトランプ政権が生まれたことで、米国とサウジが急接近し、同じくイランを最大の脅威とするイスラエルが加わり、中東の勢力図が大きく変わったのだ。これまで中東和平にもイスラエルにも影響力をもっていたエジプトやヨルダンのプレゼンスはすっかりかすんでしまっている。この構図の変化が恒久的なものなのか、トランプ政権時代の一時的なものなのか、そしてそれがイスラエル及び中東和平にとって利益をもたらすのか、後世に判断を委ねるしかない。

他方、国内問題に目を向けると、貧富の格差が拡大し、貧困層が増えている。イスラエル国民社会保障研究所が２０１７年末に発表したレポートによると、２０１６年の貧困ライン以下で生活している人数は１８０万人を超え人口の約22%に達するという。これはＯＥＤＣ諸国の中で最悪の数字でもある。同レポートによる貧困ラインは、月額所得で、独身者（一人）の場合３２６０ＮＩＳ（ニュー・イスラエル・シェケル、９２０ドル）以下、夫婦（二人）の場合５２１６ＮＩＳ（１４６０ドル）以下、家族（５人）の場合９７７９ＮＩＳ（２８００ドル）とされている。貧困率が高いのは、片親家族で全体の33%、超正統派家族が15%、アラブ人家族が39%となっている。

このように貧富の格差が拡大してきたのには二つの大きな理由がある。一つは２０００年代以降急速に進んだ資本主義社会への変化である。建国以来、長い間労働シオニズムに基づく社会主義的経済体制の中で「みんなが貧しく平等」という社会理念が共有されていたが、ハイテク産業の興隆や資本主義経済の進展に伴い、富める者はますます富み、貧しき者はますます貧しくなる社会に変わっていった。

もう一つは、ユダヤ国家であるがゆえに抱える人口問題である。イスラエルはユダヤ国家としての性格を維持していくために、建国以来３２０万人以上の移民を受け入れてきた。元々は欧米からの移民が多かったが、この20年で出身国別構成比率が変わってきている。今ではロシア系（旧ソ連邦）移民が最大でユダヤ人口の25%を占め、次にモロッコ系が９%、イラク系４%と続く。最近目立つのはエチオピア移民の急増で人口比では3％にまで伸びてきた。これら移民はイスラエル社会において何かと差別されがちで、所得水準も低い。第二、第三世代へと移るなかで貧困層に属する移民が増える傾向にある。

人口問題のもう一つはユダヤ教超正統派（ハレディーム）人口の増加である。超正統派は経済的側面からみると、税金や兵役など国に対する義務を免除され、しかも子ども手当という国からの補助金によって生活している人々である。9人、10人という子沢山で貧しい家庭が多い。今ではユダヤ人人口の約10％といわれるが、出生率が高いため貧困人口もどんどん増えていく計算だ。

ロシア系移民や超正統派人口の増加は、別の意味でも問題を生み出している。彼らは自らの利益を代表する政党を作り、政治的発言力を増している。リクード、労働党など従来の二大政党が相対的に力を失っていることから連立政権を構成するうえでキャスティングボードを握るようになっている。政府は彼らの要求を受け入れた予算配分をせざるをえず、国にとって必要とされる経済政策の実行を妨げていると、その他国民の反発を買っている。

最近のイスラエルでは、このような格差の拡大や予算配分の特定グループへの偏りなど進行する社会の不平等化に対し、多くの国民が不満をもつようになっている。それが一気に爆発したのが2011年だった。当時は2005年からの高成長に伴い、物価上昇が激しくなり特に不動産部門は住宅バブルの様相を呈していた。

このような物価上昇を受けて、7月には住宅費高騰に対し各地の公園などにテントを張って占拠する「テント村抗議」が全国規模で起こったのだ。デモ参加者は、貧しい人たちだけでなく、若者や月

住宅費高騰などに抗議して公園などを占拠したテント村（2011年8月、テルアビブで、樋口陽子撮影）

収20万円程度の中流階級が中心で、フェイスブックを使って一気にデモを拡大させた。9月3日のデモや集会には全国で40万人が参加したといわれ、経済問題を主題としたデモとしては史上最大規模となった。デモに参集した国民の要求は、住宅問題だけにとどまらず、教員や医師など公務員の待遇改善、社会保障の充実、公正な富の配分など多岐にわたった。

このデモ拡大の特徴は、政治的信条、宗教や民族の違いを超えた国民横断的な広がりをみせた点にあった。これまでは常に右派 vs 左派、世俗派 vs 宗教派、ユダヤ人 vs アラブ人という対立軸が基本だったが、これらの対立軸を超えて、国民が格差の解消など社会的不公正の是正という共通の目的を掲げて共同歩調をとったという点で注目すべき動きだったといえる。最近では、ハイテク産業の拡大もあって、ハイテク vs 非ハイテクという構図も出てきている。ハイテク分野のエンジニアの新卒給与は、非ハイテクエンジニアの3倍にもなるという。これまで自分の生活を後回しにして国家の安全保障を最優先にとらえてきた国民が、社会的不公平の是正を声高に唱えるようになったという点においてイスラエル社会の変化を感じさせるものでもあった。

2011年以降、大規模なデモは起こっていないが、貧困層の増加と格差の拡大への取り組みや、国民の多くが抱くようになった社会的不公正感の是正は、今後どのような政権にとっても重要な経済政策課題となり続けるだろう。

（村橋靖之）

Ⅶ

文学・芸術・若者

41

イスラエル文学

★ヘブライ語の再生・建国とともに★

毎年6月中旬になると、イスラエルの主要都市では「ヘブライ図書週間」が開催される。屋外の会場に所狭しと並ぶ各出版社のブースには、特別価格の書籍が無数に並び、有名作家による朗読会や児童文学の劇など、ヘブライ語の図書に関する多彩なイベントが一週間以上続く。連日深夜まで客足の絶えないこの催しは、イスラエル文学の最新事情を知る格好の機会である。

一年間に出版される約7700の新刊本のうち、90％近くはヘブライ語が占める（残り約10％は英語、アラビア語、ロシア語等）数値にも示されるように、今やイスラエル文学はヘブライ語の文学とほぼ同義といえる。しかし、旧約聖書を代表にヘブライ語による文学が世界各地で数千年以上の長い歴史をもつのに対して、イスラエル文学は19世紀末の現代ヘブライ語の復興とイスラエル建国運動の大きな波の中で生まれてきた。

19世紀末、オスマン帝国下のパレスチナの地に東欧やロシアから移住したユダヤ人たちは、共通言語の必要性に迫られ、聖書ヘブライ語を基盤とした、日常生活で使える口語としてのヘブライ語を確立することを決定した。現代ヘブライ語の定着に積極的だったエリエゼル・ベンイェフダーと複数の文学者は、

１８９０年に「ヘブライ語委員会」を発足させ、聖書ヘブライ語には存在しない新たな単語や表現の創出に大きく貢献した（ヘブライ語の再生運動については第17章参照）。

「国民的詩人」と呼ばれるハイム・ナフマン・ビアリック（１８７３～１９３４）は、学校教育で取り上げられるなど、今でも多くの国民に親しまれる文学者の代表である。１８９１年に発表した代表作『鳥よ（エル・ハツィポール）』では、寒い国に住む「私」が、暖かな国々を旅してきた渡り鳥に対して、旅で目にした自然や情景を問いかける言葉が続く。反ユダヤ主義が高まるロシアで生まれ育ったビアリックが、ユダヤ人自身の国家建国を目指すまだみぬ大地を、深い郷愁と憧憬の眼差しで思い描いたこの詩は、今でも多くの音楽家によって歌い継がれている。あこがれの大地に移住したビアリックは、詩人としてのみならず「ヘブライ語委員会」の委員長を務めるなど、生涯を通じて現代ヘブライ語の定着に尽力した。ビアリックが詩の中で発表した「マツレマー（カメラ）」や「マトース（飛行機）」等の新語の数々は、現在誰でも使う身近な単語として定着している。

国民的詩人ビアリックの名を冠したテルアビブのビアリック通り（樋口陽子撮影）

　シャウル・チェルニホフスキー（１８７５～１９４３）は、医学や自然科学のヘブライ語用語集の編纂を通じて専門用語の確立に大きく貢献したほか、造詣の深かった古典ギリシャ作品をヘブライ語に翻訳するなど有数の翻訳家でもあり、また詩人でもあった。1938年に発表した『大地を見よ』では、国造りの過程で、アラブ人とユダヤ人が対立して多くの命が奪われ、貴重な大地が遺体で埋め尽くされている現実を嘆いている。

イスラエル人で唯一のノーベル文学賞作家シャイ・アグノン（1888〜1970）は、詩や短編をはじめ数々の小説をイディッシュ語やヘブライ語で書き残した。16歳で発表した『小さな英雄』で、初めてヘブライ語を口にしたときに自分の言葉と出会ったような喜びに満たされたと綴ったアグノンは、19歳でイスラエル建国を目指して移住。聖書や宗教文学など古典的なヘブライ語文学の影響を受け、国造りの過程でユダヤ人が新たなアイデンティティを追求する心境をヘブライ語で描き続けた。

ナタン・アルテルマン（1910〜1970）、アブラハム・シュロンスキー（1900〜1973）またレア・ゴールドベルグ（1911〜1970）も、現代ヘブライ語の定着とイスラエル文学の萌芽に欠かせない代表的な文学者である。ポーランド出身のアルテルマンは15歳のときに移住すると、詩、翻訳、脚本、児童文学と幅広く活動。自然への鋭い視線や社会と個人の関係などをヘブライ語で綴り続けた。シュロンスキーはウクライナ出身で21歳で移住したが、最初の詩は19歳でベルリンの新聞紙上に発表している。シェイクスピアやチェーホフなどをヘブライ語に翻訳したほか、「イグローフ（拳闘）」や「イプール（化粧）」など数々の新語創出に功労があった。ゴールドベルグは24歳のときに東欧（現在ロシア）から移住すると、シュロンスキーとアルテルマンらが結成した文学グループに参加し、生まれ育った東欧への郷愁や、イスラエルの自然を描写した美しい作品を数多く残した。

建国期の文学者はパレスチナへの移住前から現代ヘブライ語の定着を目指して詩、翻訳、エッセイ、脚本、また児童文学など、ジャンルを問わずに積極的な文学活動を行った。彼らの活動の結果、詩を中心に新語や新しい表現が使われた現代ヘブライ語による文学が芽吹くと、イスラエル生まれでヘブライ語を母語とする文学者が作品を発表するようになった。

サメフ・イザハル（1916～2006）は、テルアビブ南部の町レホボットで生まれ、国会議員として教育行政に深く関わりながら、作家として数々の名作を残した。代表作の小説『ジクラグの日々』（1958）は、独立戦争（第一次中東戦争）に従軍したユダヤ人兵士の心境や私生活を詳細に描写した大作で、イスラエル文学の礎を築いた代表作である。

建国以後から現在に至るまで執筆活動を続ける、A・B・イェホシュア（1936～）やアモス・オズ（1939～）は、イスラエル国内のみならず世界的にもその名が知られている。イェホシュアは、変わりゆくイスラエル社会の空気を見事にとらえた数々の作品を発表すると同時に、1967年の第三次中東戦争から現在に続くイスラエルの西岸地区の占領を一貫して批判。文学を通じた政治活動を続ける。オズは、生まれ育ったキブツに対する批判的な作品をはじめ、イスラエル人のアイデンティティや社会に常に問いを投げかける。エルサレムを詳細に描写しながら、そこに生きる女性の心境を描いた『私のミハエル』（1968年）は、30カ国語以上に翻訳され世界にアモス・オズの名を広める作品となった。

ラジオ作家出身のデヴィッド・グロスマン（1954～）は、初小説『子羊の笑顔』（1983年）でイスラエル占領下にある西岸地区の人生を描くなど、パレスチナ問題を批判的にとらえる作品を書き続けている。イェホシュアやオズとともに、政治活動を積極的に進める代表的な文学者で、日本語での翻訳も多い。

イスラエルでの日常生活を、口語に近い軽いタッチでスケッチしたような短編小説を発表し続けるエトガー・ケレット（1967〜）は、若者を中心に絶大な人気を誇る。「突然ノックの音が」（2015年。英語「Suddnky a Knock on the Door」）などの作品が世界中で訳されている。1990年代中頃にヒットしたイスラエル社会の風刺ドラマの脚本を手がけるなど活躍の場は広く、初の映画監督としての作品『ジェリーフィッシュ』（2007年）は、カンヌ国際映画祭で新人賞を受賞した。

サイード・カシュア（1975〜）は、イスラエルで生まれ育ったアラビア語を母語とするアラブ人であるが、ヘブライ語での文筆活動を続ける。イスラエルでユダヤ人に囲まれて生きるアラブ人の人生を、ユーモアと皮肉を交えて描いたテレビ・ドラマ『アラブ人の仕事』は人気番組となった。また、自伝ともいえる小説「Dancing Arabs」は2014年に映画化（英語はBorrowed Identity）された。少数派としてのアラブ人の生き方を、アラブ人の視点からヘブライ語で描くカシュアの作品は、今後もイスラエル文学に欠かせない存在といえよう。

イスラエル文学は、ユダヤ人自身の言語と国家を作り出す動きの中で生まれ、建国とともに定着してきた。イスラエルでは2013年から紙幣のデザインが変更され、人々はチェルニホフスキー、ゴールドベルグやアルテルマンが描かれた紙幣を日々手にすることになった。当初予定されていた初代首相ベングリオンなどの政治家ではなく、最終的に彼らが紙幣の人物に選ばれたように、現在でもイスラエル文学の誕生に貢献した文学者に対する敬意が払われている。

（樋口義彦）

コラム11

村上春樹とエルサレム賞――「壁と卵」

樋口義彦

近年、イスラエルで最も読まれている外国人作家に村上春樹の名は欠かせない。多くの書店ではヘブライ語訳が平積みされ、初対面のイスラエル人からは「日本人ならムラカミを読んだことがあるか」と聞かれることもしばしばだ。また、街中のカフェで読まれている本がヘブライ語版『1Q84』であることもめずらしくない。そんなイスラエルで、歴代受賞者に世界の大物作家が並ぶエルサレム賞が2009年村上春樹に贈られた。

エルサレム賞は1963年、社会における人類の自由について貢献した作家に与えられる賞として成立し、以後イスラエル人作家を含む審査委員会が隔年で、オクタビオ・パス、V・S・ナイポール、J・M・クッツェーなど、それぞれ数年後にノーベル文学賞を受賞する作家を選出している。賞金が1万ドルと他の賞に比べて控えめなことも特徴だ。受賞者は、最大規模の「エルサレム国際ブックフェア」期間中に行われる授賞式で受賞スピーチをする。

村上春樹が受賞スピーチを行った2009年2月は、イスラエルに対する批判が国際社会で高まった時期であった。ガザ地区からのロケット攻撃に対抗し、イスラエル軍が2008年末から約3週間にわたってガザへ大規模軍事作戦を展開した結果、ガザ側で多数の子どもを含む1000名以上が犠牲となったからである。日本でも受賞の辞退を求める運動が起こったが、最終的には自分の目で実際にみたいと村上春樹がイスラエル訪問を決めた。

受賞式には大統領などの来賓を含む700人以上が会場を埋めた。司会者が「今年の受賞者はハルキ・ムラカミ」と紹介するだけで拍手と指笛が響き、筆者の隣にいた複数の若い女性が

イスラエル文学賞授賞式での村上春樹（樋口陽子撮影）

「ムラカミ作品を日本語で読みたいから大学で日本語を勉強します」と目を輝かせるなど、異様な昂揚感が会場を覆った。村上春樹は壇上に立ち、後に「壁と卵」として知られる受賞スピーチを始めた。

冒頭、多数の市民が犠牲となったガザ大規模攻撃を批判した後、徐々に乗ってくる様子が全身から感じられるようになると、村上春樹は、両手で卵の形を胸の前に示しながら熱く語った。

もしここに硬い大きな壁があり、そこにぶつかって割れる卵があったとしたら、私は常に卵の側に立ちます。（中略）こう考えてみてください。我々はみんな多かれ少なかれ、それぞれに一つの魂と、それをくるむ脆い殻をもった卵なのだと。かけがえのない一つの魂と、それをくるむ脆い殻をもった卵なのだと。私もそうだし、あなた方もそうです。そして（中略）それぞれにとっての硬い大きな壁に直面しているのです。

次第に観衆と村上春樹の無言の対話を感じるようになり、おそらく公の場で初めてであろう彼の父の死について語る頃には、ピンと緊張感がはりつめた。「あなたがたの力によって、私はここにいるのです」の一言で観客との一体感が生まれ、スピーチが終わると、観客は立ち上がりしばらく拍手を続けた。

授賞式後、ある翻訳家が「今日から私も卵よ」と口にするなど、スピーチは大方肯定的に受け入れられた。イスラエル軍のガザ攻撃は、イスラエルの花形ニュース・キャスターも過剰と批判したように、村上春樹の批判は受け入れられる範囲のものであり、むしろ「世界のハルキ・ムラカミ」がこの地にやってきたことに対する興奮が勝った授賞スピーチであった。それから10年が経過するが、イスラエルの村上春樹ファンは根強く、新作が出ればヘブライ語訳が出版され続けている。

42

クラシック音楽界

★芸術音楽の限界と可能性★

イスラエルのクラシック音楽文化は、1880年代、ロシアや東ヨーロッパからパレスチナへ渡った移民の波とともに始まった。すでに1895年、シオニストが作った最初の町リションレツィオンでアマチュア・オーケストラが生まれ、1910年にはテルアビブに最初の音楽学校が創立された。1930年代には、ナチの迫害を逃れた中部ヨーロッパの優れたユダヤ系音楽家たちが続々とパレスチナにたどり着き、クラシック音楽界の基盤を築いた。ここでは、演奏界に絞って話を進めるが、イスラエルの音楽界が日本や世界各地の状況と決定的に異なることは、政治・宗教・社会の波を真正面から受けていることである。

イスラエルの演奏界をリードしてきたのは、イスラエル・フィルハーモニー管弦楽団（IPO）である。前身はパレスチナ交響楽団と呼ばれ、1936年にポーランド出身の名ヴァイオリニスト、ブロニスラフ・フーベルマンによって結成され、反ファシズムを唱えたトスカニーニの指揮で産声を上げた。その他、今日のイスラエルでは、エルサレム交響楽団（1940年頃設立）、イスラエル室内管弦楽団（1964年設立、ICO）など大小20余りの楽団が各地で活動している。これらの楽団は、例外なく、1980年代後半の旧ソ連からの新移民流入の影響を受けている。当時、「ベングリオン空港でヴァイオリンかチェロケースをもっていない新移民に会ったら、ピアニストかオペラ歌手だと思え」というジョークが流行した。確かに、どこの楽団にもロシア系が目立つ。

ハイファ交響楽団のコンサート（樋口陽子撮影）

国際色豊かな音楽イベントといえば、イスラエル音楽祭とアルトゥール・ルービンシュタイン国際ピアノコンクールがあげられる。世界各地の演奏家が来訪し、演奏の模様は公共メディアで中継。新聞各紙も連日演奏家たちのエピソードをスリリングに伝える。愛好家のボルテージが上がる期間だ。音楽祭の運営金や国際コンクールの賞金はほとんどが個人や団体の寄付によるもので、有力なユダヤ人やユダヤ系団体の支援があればこそ成り立つイスラエル音楽界なのである。

若手音楽家を育成するワークショップも盛んだ。その中心は、1973年、米国のユダヤ系ヴァイオリニスト、アイザック・スターンを中心に設立されたエルサレム音楽センターであろう。ここでは世界の著名な音楽家たちによるマスタークラスが催されてきた。ここで才能が見出され、世界へ飛び立った演奏家は、ヴァイオリニストのシュロモ・ミンツやピアニストのイェフィム・ブロンフマンなど少なくない。かつて、欧米社会のマイノリティであった東欧のユダヤ人たちにとって、クラシック音楽界の演奏家として成功することは、「世界」を手中に収めることを意味した。特に、ヴァイオリンはユダヤ人の心性を伝える楽器ともいえ、世界に名だたるヴァイオリンの巨匠がユダヤ系で占められている。きらめく才能をもつ若き音楽家にユダヤ人社会はあらゆる面から投資することを惜しまない。旧市街を見渡す小高い丘にたつエルサレム音楽センターでは、若手音楽家たちによる室内楽や現代音楽のコンサートが定期的に開かれている。2018年1月、1977年からIPOの音楽監督を務めるズービン・メータの後任としてテルアビブ生まれの29歳、生粋のイスラエル人指揮者ラハブ・シャニが正式就任することが発表された。ピアニストであり、編曲家でもあり、そしてコントラバスも演奏するという稀にみる多彩多芸な指揮者であるが、彼もこのセンターの青少年音楽家育成プログラムの出身者である。

イスラエルでは、芸術と政治が表裏一体の関係にある。それゆえ、この地で活動する指導的立場の音楽家は、芸術音楽の限界と可能性との間で模索し、挑戦を続けるという宿命を背負っているかにみえる。その一つが、ワーグナーの演奏に対するタブーへの挑戦であろう。ワーグナーは生前、きわめて激しい反ユダヤ的言説を行い、さらにヒトラーに愛され、彼の音楽はナチに大いに利用された。そのため、イスラエルの公共的な場でワーグナーの作品を演奏することは事実上禁止されている。

こうしたなか、IPOの音楽監督であるズービン・メータは1981年、定期演奏会のアンコールで、ワーグナーの『トリスタンとイゾルデ』の前奏曲の演奏を試みたが、一部の団員は演奏を拒否し、聴衆が騒ぎを起こす事態となった。彼は、数日後に再度ワーグナーを取り上げたが、聴衆の激しい抗議を受け、数小節で演奏中止を余儀なくされた。メータは、２００５年イスラエル紙『マアリヴ』とのインタビューで、当時を振り返り「イスラエルでワーグナーを演奏するのは時期尚早だった」と語っている。

ワーグナーへの抵抗は21世紀になった今も根強い。２００１年のイスラエル音楽祭で、アルゼンチン出身でイスラエル国籍ももつ巨匠ダニエル・バレンボイムがベルリン国立歌劇場管弦楽団とワーグナーの『トリスタンとイゾルデ』の前奏曲と〈愛の死〉を演奏した。正規のプログラムではなく、アンコールにおいてであったが、演奏前にバレンボイムは聴衆と約40分にもわたって対話を行った。「バレンボイムのやり方には疑問もあったけど、演奏は最高に素晴らしかったわ」――翌朝、コンサートにいたという近所の知人が私に語ってくれた感想はこんなものだった。しかしその後間もなく、バレンボイムはイスラエル社会と政界から猛烈な糾弾を浴び、クネセト（国会）の文化委員会は、バレンボイムに対するボイコットすら訴えた。対して、バレンボイムは「ホロコーストの辛い記憶を呼び起こす音楽だからといって、クラシック音楽を愛する全ての人間からワーグナーの音楽を聴く機会を奪う権利があるのか？」と反論する。一方、２０１１年7月には、イスラエル室内管弦楽団がワーグナー縁《ゆかり》のドイツのバイロイトで「ジークフリート牧歌」を演奏し、和解に向けた歴史的な出来事であると国際的に評価された。しかし、イスラエル国内では、ホロコースト関係者の怒りや批判の声が上がった。

バレンボイムとメータはともに音楽活動のみならず、国際社会で孤立していくイスラエルの将来を憂い、パレスチナとアラブ諸国との共存を唱える。バレンボイムがパレスチナ人思想家・故エドワード・

サイードとともに1999年、ドイツのワイマールでイスラエルとアラブ諸国の若い演奏家で組織する「ウエスト・イースタン・ディヴァン・オーケストラ」を創設したことはあまりにも有名だ。また、2004年、クネセトでウルフ賞受賞記念式が行われたとき、彼はイスラエル独立宣言を読み上げ、「征服と支配の立場が果たして、イスラエルの独立宣言にかなっているのか。ユダヤ人の歴史は苦難と迫害に満ちているが、隣の民族の権利と苦難に冷淡であってよいのか」と喝破した。「バレンボイムは私の弟だ」というメータも、テルアビブ大学付属メータ・ブフマン記念音楽アカデミーを拠点に、IPOとともにアラブ人とユダヤ人の和解を目的とする音楽教育活動を支援するプロジェクトを進める。「夢はIPOにアラブ人の演奏家が入団することだ」だという。

そんなメータとIPOだが、2011年9月、ロンドンのクラシック音楽祭「プロムス」での公演で、パレスチナ占領政策に反対する団体に演奏を妨害されるというハプニングに遭遇している。後日イスラエル紙『イェディオット・アハロノット』のインタビューで、メータは「私は涙を呑んだ。イスラエルがこれほど国際社会で孤立していることをあなたたちは知っているのか？　私はイスラエルが進む道に絶望している」と伝えた。この公演で、メータとIPOは決して演奏を止めなかった。最後は聴衆の喝采で終わったという。

鳴り響く音楽は一瞬にして消える。それでも世界や社会を変革し、希望を取り戻すことができるのか。現実は厳しい。しかし、音楽の鳴り響く間は、我々の何かが変わる。イスラエルが複雑な場であるからこそ、音楽家たちは政治的・社会的使命を強く感じ、音楽の可能性を信じるのかもしれない。

（屋山久美子）

43

オリエント音楽からジャズまで

★移民社会ゆえの多様な音階とリズム★

イスラエルのヒットソングの上位には、アラブ世界や地中海沿いで馴染みのリズムや音階に、ヘブライ語の歌詞をのせたオリエント／地中海音楽（以下「オリエント音楽」）と呼ばれるジャンルが多数を占める。タクシーでよく耳にするのも、また結婚式の踊りで盛り上がるのも多くはオリエント音楽である。しかし、イスラエルで一つのジャンルとしてこれほど定着したのは１９８０年代以降と、最近のことである。

１９７０年、初めて開催された東京国際歌謡音楽祭のグランプリを受賞したのは、イスラエル人デュオ、ヘドバとダビデが歌う『ナオミの夢』（アニ・ホレム・アル・ナオミ）だった。国際社会で初めて評価を受けたイスラエル人によるこの歌は、オリエント音楽ではなく、アップ・テンポな曲で、翻訳した日本語バージョンも、さまざまな日本人アーティストがカバーするほど大ヒットした。

ヘドバとダビデは来日の数年前、国防軍に所属する楽団で出会ってデュオを結成した。１９５０年代に国防軍の各部隊は兵役中の若い兵士で構成された軍の楽団を次々と新設し、軍の内部だけではなく、全国を巡回して一般市民を対象としたオリジナル曲を披露する演奏会を積極的に行った。1960年代から70年代にかけてヒットソングと実力派歌手を次々と生み出したのはこの軍の楽団であり、イスラエル音楽の歴史を語るうえで不可欠な一時代を築いた。

軍の楽団は、作曲家や作詞家が作品を提供する場でもあった。「第二の国歌」として広く歌われている「黄金のエルサレム」の作詞・作曲で知名度を上げたナオミ・シェメルは、没後も「国民的作曲家」と賞賛され続けているが、多くの作品は軍の楽団を通じて発表された。

「イスラエル音楽大賞」が1960年に始まると、独立記念日に家族が揃い、ラジオから流れるヒットソングに耳を傾ける国民的娯楽として定着した（イスラエルのテレビ放送開始は1968年）。やがて、オリエント系と呼ばれる、イエメンなどから移住してきた家庭で歌い継がれた伝統音楽の影響を受けた曲が社会に広まると、1971年には「イスラエル音楽大賞」と並んで「オリエント音楽大賞」が開催されるようになった。イエメンやモロッコ出身のオリエント系帰還民は1950年代にイスラエルに押し寄せたが、すでにイスラエル社会の中心的な役割を果たしていた欧米出身者から、社会的・文化的な差別を受ける屈辱を経験していた。そのため、オリエント音楽に多くの国民が耳を傾けたことは、イスラエル社会にとって画期的な出来事であった。

1974年の「オリエント音楽大賞」に初出場してその名を広めたオフラ・ハザは、初アルバムを発表した1980年から二年連続で複数の主要ラジオ局から「最優秀女性歌手」のタイトルを獲得した。イスラエルを代表する世界的に有名な歌手へと一気に駆け上がると、その名は日本にまで届いた。

ハザの両親はイスラエル建国直前にイエメンから移住した帰還民であった。イエメンで結婚式などの儀式の歌い手として活躍していた母親は、イスラエル移住後も、台所に立ち、また洗濯をしながら常に歌を口ずさんでいた。ハザは生前、家の中には常に母の歌声があったと語っているように、イスラエルで育ちながらも、ハザにとっての音楽とは母の口を通じて耳にしていたイエメンの伝統音楽であった。ハザの代表曲がイエメン民謡に歌詞を添えた「イム・ニン・アル」、また代表的なアルバム・タイトルが「イエメンの歌」であるのはそのためである。ハザと同時期に活躍し、謎の死から25年以上経ちながら、哀愁漂うコブシの利いた歌声で今も「オリエント音楽の帝王」とも称されるゾハル・アルゴブも、ハザとともに忘れることのできない伝説の歌手である。

アルゴブもハザも活動期間は短く、すでにこの世を去って久しいが、多くの歌手が歌う「オリエント音楽」は、イスラエルですっかり受け入れられている。今では、欧州各国の代表歌手が集う「ユーロビジョン国際音楽大賞」のイスラエルの代表曲として、世界中にも発信されている。

近年、国際的に活躍するイスラエルを代表する歌手の一人イダン・ライヘルは、「オリエント音楽」のみならず、ジャマイカなどの多様な伝統音楽と現代音楽を融合させ、アラビア語からスワヒリ語まで多様な言語を編みこんだ音楽作りに励んでいる。エチオピア音楽独特の音階やアムハラ語の響きに感銘を受けて音楽活動を始めたライヘルの音の世界は、「イダン・ライヘル・プロジェクト」として世界デビューも果たし、その作品は日本にも上陸している。

エチオピアやイエメンなどに代表される多様な伝統音楽が横たわる土壌の上に、ロック、ジャズ、ヒップホップなどさまざまな音楽の影響を受け、形を変えながらイスラエル音楽は作られ続けている。

なかでも、イスラエルのジャズは、理論や技法などを専門に学ぶ高校での専門課程が整備され、高

イスラエルを代表するジャズ・アーティストのアビジャイ・コーエン（樋口陽子撮影）

校在学中から音楽活動を始める才能あるアーティストが次々と生まれて活気がある。ニューヨークのジャズシーンでも、イスラエル人アーティストの存在感がどんどん高まっており、世界的にも注目されている。

薄暗く敷居の高いジャズのイメージに反して、テルアビブのジャズ・バーには中高生の姿がありフレッシュで若い空気が漂っている。

イスラエルを代表するジャズ・アーティストのアビシャイ・コーエンは、「かつてニューヨークに求めた最高峰の音楽家が、今では若いイスラエル人の中から充分みつけられる」と証言するように、ライブハウスに足を伸ばせば、20代から30代、また時には10代の才能あるアーティストに出会うことができる。

「ジャズは新しいものを作り出すことが重要」というある若手アーティストとその仲間たちは、自分たちのオリジナルの曲作りに励む。イスラエルのジャズ・バーで耳にする曲の多くは、スタンダードではなくオリジナルである。また、イエメンやモロッコなどの伝統音楽を編曲した作品や、日本でもフォークダンスの定番として知られる「マイム・マイム」（マイムはヘブライ語で水の意）など、イスラ

若者の活気が満ち溢れるテルアビブのライブハウス（樋口陽子撮影）

エルの建国期に作られた懐メロをジャズのテイストでアレンジした作品もジャズ・バーに流れている。

イスラエルで耳にする音楽は、移民がもち込んだ音階やリズムの多様性により、幅広く豊かに変化を続けている。他人と違うことを美徳とする社会で育った音楽家たちは、新しい作品作りにこだわる。しかし同時に作品作りの過程で、家族のルーツや建国の歴史を、模索しようとする。そのようにして生み出された多くの曲は、ロック、ジャズ、ヒップホップといったジャンルを問わず、時には世代を跨ぐほどに広く受け入れられながら社会を彩っている。

（樋口義彦）

今あつい「ムズィカ・ミズラヒート」

コラム12 屋山久美子

西エルサレムに「ナハラオット」と呼ばれる地区がある。狭い街路が迷路のようにつながるこの地区には、中東的な香りと雰囲気が漂う。冬の安息日の真夜中、この街の一角にあるシリアのアレッポ系ユダヤ人のシナゴーグ「アデス」には煌煌と明かりが灯る。「ミズラヒーム」と呼ばれる中東系ユダヤ人たちが、ユダヤ教の仮庵の祭りから過ぎ越しの祭りまでの期間、毎週、午前3時ごろから「シャハリート（ユダヤ教の安息日の朝の祈り）」が始まる午前7時頃まで、延々4時間、「バカショート（嘆願歌）」というヘブライ語の宗教歌をここで歌い続けるのである。

「バカショート」はユダヤ神秘主義思想「カバラー」の影響下、シリアのアレッポで発展し、19世紀末にエルサレムに伝えられた音楽伝統で、ミズラヒームの最も有名で豊かな音楽伝統の一つとして知られる。アラベスク模様のように繰り返されながら展開していく単旋律に、歌い手が自在な装飾音で彩っていく音楽は、まさしく中東的でアラブ的なものだ。その豊かな形態、美しさと力強さにもかかわらず、現代イスラエルで価値が認められ、世界に発信されたのは比較的最近のことである。ヨーロッパ起源のシオニズムに基づくイスラエルでは西洋音楽が支配的で、ミズラヒームの音楽は、「オリエントの音楽」と呼ばれ、芸術的、社会的価値には欠けると軽くあしらわれていた。

しかし、1990年代になって、シリア系、トルコ系、イラク系、クルディスタン系、イラン系、モロッコ系、イエメン系など非西洋系ユダヤ人のさまざまな音楽伝統、またパレスチナのアラブ音楽伝統が、シナゴーグや結婚式などの儀式の場という伝統的な枠組みを超え、公の

アデス・シナゴーグの歌い手たちがマハネ・イェフダ市場のファラフェル屋で歌う

舞台に盛んに登場するようになった。「ムズィカ・ミズラヒート（ミズラヒームの音楽）」は、ミズラヒームやスファラディーム、そしてイスラエルのアラブ系を代表する音楽として、「クラシック音楽」にも匹敵するものとして位置づけられることになってきた。

今日「アデス・シナゴーグ」は、ミズラヒームの「音楽アカデミー」とまでいわれるようになった。このシナゴーグで育ったミズラヒームの歌手たちは五線譜とは無縁だが、中東の膨大な音楽のレパートリーを体と頭で覚えており、イスラエルまた世界のユダヤ人コミュニティーの宗教歌唱を先導する優れた歌手たちである。

最も注目すべき「ムズィカ・ミズラヒート」の祭典は、エルサレムで毎年11月に行われる「フェスティバル・ウード」だ。日本の琵琶や西洋音楽のリュートに似た中東の代表的な弦楽器ウードを冠にした音楽祭では、イスラエル内外のユダヤ人、アラブ人、トルコ人などの音楽家による多彩なプログラムが組まれる。各会場を埋め尽くす聴衆には、アシュケナジームに並んでミズラヒーム、またアラブ人が座り、コンサートでは「アラブ的な」合いの手や掛け声がかかり、熱気に包まれる。毎年9月に行われる「ピユート・フェスティバル（ヘブライ語の歌唱のフェスティバル）」も人気だ。ミズラヒームの宗教歌唱にスピリチュアルな力を感じる今風の若者が、昔からの馴染みの歌を聞こうとやってきたひげ面おじいさんたちとともに歌を堪能する場だ。

「ムズィカ・ミズラヒート」は音楽教育機関のプログラムにも組み込まれ、エルサレムのルービン音楽アカデミーには専門の学部がある。ここではウードなどの中東の楽器やアラブの歌唱などが教授されており、五線譜を広げて演奏するミュージシャンが、組織的に音楽を学び、伝統の上に新たな音楽づくりに挑戦している。「ムズィカ・ミズラヒート」は、今やイスラエルで最も元気な、エネルギーに満ちた音楽といえる。

44

元気なイスラエル映画

――★「芸術的なディベート文化」の結晶★――

日本の映画ファンにも馴染みのある『戦場でワルツを』『迷子の警察音楽隊』『シリアの花嫁』など、すでに世界的に評価の高いイスラエル映画は数多い。制作の現場では若さが躍動しており、これからも新たな作品が生まれる鼓動が感じられる。その一方で、イスラエル映画産業は規模が小さいことに驚かされる。

イスラエルで一年間に制作される長編の劇映画は、約15本にすぎない。しかも、イスラエル国内だけでは資金が調達できず、フランスやドイツなど海外との共同制作も少なくない。しかし、限られた資金で、じっくりと練って作られた数々の映画が、世界中の人々の心に届いている。米アカデミー賞をはじめ、カンヌやベネツィアなど主要国際映画祭の各賞の候補作にイスラエル映画は必ずといっていいほどノミネートされ、受賞する作品も多い。総数は少ないが、作品毎の質の高さがイスラエル映画の特徴でもある。東京国際映画祭でも、2002年から2010年までの9年間にイスラエル映画の3作品がグランプリを受賞している。

現在のように、イスラエル映画が芸術的な映画といわれるようになったのは、1980年代以降のことである。1979年に独創的な映画作りを求める若手の映画監督や脚本家たちの声に応え、政治主導により発足した「独創的な映画作りのための公的基金」（以下「映画基金」）がイスラエル映画を大きく変えた。その後も映画づくりを促進するための複数の基金が発足しているが、「映画基金」は現在でも中心的な存在で、イスラエルの映画づくりに欠かすことのできないバックボーンである。政府から割り当てられる年間約600万ドル（イスラエルの映画産業全体の年間予算は1500万ドル）の予算をもとに、映画制作をはじめ映画祭開催などの活動を精力的に実施している。

「映画基金」の発足以降、それまで主流だった「ブレッカス映画」（ブレッカスとは気楽に食べられるファーストフードのパイ）と称されるワンパターンなコメディ・ドラマに代わり、イスラエル社会が直面している問題を題材にした作品や、個人の人生観やアイデンティティに迫った作品を目指す監督が現れ、独創性に富んだ作品がスクリーンに登場するようになった。

1970年代から現在に至るまで、第一線の演技派俳優として活躍し、イスラエル映画そのものと歩み続けている大俳優サッソン・ガバイ（『迷子の警察音楽隊』の隊長役）は、「80年代以後のイスラエル映画からは、監督や脚本家が、社会や自分自身に向き合って考えたことを、自由に表現しようとするエネルギーを感じられるようになった。また、人生とは何か、という問いに正面から立ち向かった物語性の強い作品が多く、その傾向は近年ますます強くなっている」と証言する。

2001年に「映画促進法」が成立すると、映画制作のための政府支援が拡大し、イスラエル映画作りの環境が法的に後押しされるようになった。その後発表されるイスラエル映画の作品は、独創性や芸術性が高く評価され、映画がイスラエルを代表する文化といわれるほど安定感を増すようになっている。

２００７年、世界各地の映画祭で話題をさらった『迷子の警察音楽隊』（２００７）は、エジプトの警察音楽隊が、演奏のために「冷たい和平関係」と揶揄される相手国イスラエルにやってくるというきわめて日常からかけ離れたストーリー。しかし、間違って辺境の地に到着してしまった楽団員と、地元の人々がぎこちなく交流する場面からは、言葉が違っても、国籍が違っても、人間同士はつながりたいという本能的な願いを思い出させてくれる。

また、２００９年のアカデミー賞外国語映画部門にノミネートされた『戦場でワルツを』（２００８）は、１９８２年のレバノン戦争に従軍し、20年以上がたった後、空白の記憶と悪夢に苦しんだ監督自身の経験に基づく作品。一人のイスラエル人の20年以上も前の戦場での記憶という、日本人にとっては無縁ともいえる個人的なストーリーである。しかし、ヒーローでもない19歳の少年が、兵士として戦場に送られ、命令に従い次第に重大な罪に加担していく姿からは、圧倒的な強さをもつ国家や軍という社会的システムに対する無力な個の弱さが突きつけられる。

イスラエルを代表する俳優サッソン・ガバイ（樋口陽子撮影）

この二作は、過去30年に「映画基金」の支援で制作された、イスラエル映画約３００本の中から、国民が選ぶベスト10に入っている。『戦場でワルツを』はイスラエル国民にとっては、できれば思い返したくない負の歴史であり、また、徴兵制度のあるイスラエルでは、監督と同様に悪夢にうなされる心の病は現在進行形の問題である。それにもかかわらず、上映期間中、国内では作品としての質の高さを評価する声が相次いだ。

イスラエル社会には、時にイスラエル人が「芸術的なディベート文化」と自負する、誰とでも率直に意見を述べ合う土壌がある。また、宗教と世俗の対立、右派と左派の対立など、近年イスラエル社会が直面している社会的な問題は多様化し、複雑化している。あらゆる問題に対し、人々は何らかの意見をもつ。そんなイスラエル社会で生きる映画監督や脚本家は、社会から刺激を受けながら、新しい物語をスクリーンに埋めようと映画作りに励む。そして、人々は、すでに存在する意見や議論とは異なる、新たな物語を求めて劇場に足を運ぶ。イスラエル映画の独創性や芸術性は、このような作り手と社会の対話によるところが大きい。

映画作りを志す中高生に対して、映画の歴史や理論、技術などを専門的に学ぶことのできる教育制度が整っているのもイスラエル映画の特徴の一つである。芸術学校に通う中高生がシナリオを書き、若手映画コンテストを目指して映画作りに励む現場からは、将来のイスラエル映画の可能性が強く感じられる。多感な年代に、学校教育として制度的に学ぶことができる環境は、映画のみならず、舞台劇、ダンス、音楽、美術などあらゆる芸術に共通する、指導者たちの次世代の育成に対する責任感と熱意の結晶である。

「一瞬も退屈のない」と自国を語るイスラエル人は、身近な題材にも目を向ける。したがって、ドキュメンタリー作品は年間約85作と劇映画を大きく上回る。近年、イスラエルの周辺諸国は短期間で激変し、社会はますます騒々しい。現実が騒がしくなればなるほど、人々は現実から離れて深呼吸を求めるのだろうか。映画のみならず、イスラエルで長い歴史をもつ文化の一つである舞台劇も、劇場は一杯だ。「芸術的なディベート文化」の中でもまれ、専門的な知識を身につけた若い監督たちは、斬新で独創的な作品を作り出していくであろう。元気なイスラエル映画、これからも楽しみである。

（樋口義彦）

45

ポスト・シオニズム論争

★「新しい歴史家」が提起したもの★

社会の多様化に伴い、歴史認識が見直されることは多い。イスラエルでは、そうした現象が1990年代を中心にみられた。建国以前から現代まで、自分たちのホームランドをパレスチナの地に作ろうとするシオニズム思想や運動には、いくつかの潮流がみられた（第3章参照）。一方で1980年代後半、シオニズムやその思想に基づいた歴史認識を批判的にとらえ、イスラエル国家の建設やその後の経済的繁栄などによって、シオニズムの目標はすでに達成されたと主張する政治思想が芽生えた。「ポスト・シオニズム」と呼ばれるこの思想はその名の通り、イスラエルが国家として今後歩むべき方向性を確認する時期を迎えていると訴えた。たとえば、民主的なユダヤ国家を掲げつつも、就労などにおいて非ユダヤ人がユダヤ人と同等の権利が与えられていない現状をどう解決すべきか、というユダヤ国家と民主主義の整合性の問題などを提起した。

「ポスト・シオニズム」が台頭した時期は、イスラエル社会が転換期を迎えていたときと重なる。1977年には左派勢力の労働党を中心とする連立政権の時代が終わり、右派のリクードを中心とする政権が発足した。しかし1980年代のレバノン戦争の長期化や1987年のインティファーダの発生により、対外的に強硬路線をとる政治に限界もみられた。他方で、1980年代、自由市場経済体制への移行が進むなかでは、労働党が主張する社会主義的色彩の濃いイデオロギーの弱体化も顕著となった。これらの政治と経済面の変化という背景に加え、1990年代初頭に旧ソ連諸国などから大量移民が流入したことで、国民の価値観が多様化した。

社会の多様化に伴い、左派・右派のそれぞれが主張する従来の国民統合を図るためのシオニズムの論理は大きなチャレンジを受けた。そうしたなか、パレスチナ人やそれまで少数派として二級市民のような扱いを受けていた東洋系ユダヤ人（スファラディームなど、第18章参照）などの「他者」の「発見」を重視することで、シオニズムの矛盾を突いた「ポスト・シオニズム」の視点が注目されたのである。この思想に対しては、右派などからの批判も起こったが、1993年のオスロ合意（暫定自治合意）などの和平への機運の高まりもあり、1990年代前半には「ポスト・シオニズム」が提起した問いについては一定程度の理解が社会に広がった。

「ポスト・シオニズム」の現象は学界でもみられた。イスラエルでは、原則30年が経過すると公文書の公開が法律によって定められている。1980年代後半、新しく公開された史料の検証を終え、1948年の第一次中東戦争の発生原因などを再考した研究が、「新しい歴史家」と呼ばれる研究者の一群によって発表された。

ベニー・モリス、アヴィ・シュライム、イラン・パペなど、若い頃に社会変化を迎えた世代からなる「新しい歴史家」たちは、イスラエルは和平を望んだがアラブ側がこれを拒み和平のパートナーがいなかった、「ダビデとゴリアテの物語」のようにイスラエル軍は形勢不利を見事に逆転した、といったそれまでイスラエルで通説とされた建国期にまつわる歴史解釈に疑問を呈した。彼らはそのような歴史解釈が可能となったのは、エリート層（主にアシュケナジーム）からなる「古い」歴史家が、シオニズムや建国の正当性を訴えるために、加害者の視点を欠いた集団記憶を史実として伝え、恣意性が強く主観性が高い研究を行ってきたためだと批判した。その根拠に、個人的なインタビューや回顧録などに基づく客観性を欠いた研究手法の問題点をあげた。過去の研究とは一線を画し、「新しい歴史家」たちは史実を「神話」としてではなく、史料に基づいて客観的に見直そうと試みた。

たとえば、「新しい歴史家」の用語を自ら最初に用いたモリスは、第一次中東戦争の際にパレスチナ難民が大量発生した原因を再検討している。従来のイスラエルの歴史観では、パレスチナ人はシオニスト側による追放ではなく、アラブ側諸国の指導者が避難を呼びかけたために自発的な形で退去したという解釈がなされていた。これに対しモリスは、従来の解釈を根拠づける史料がみつからないとし、パレスチナ人に対するシオニストによる強奪や強姦などの非人道的行為の問題を指摘した。この研究は直ちに大きな反響を呼び、特に従来の歴史観を主張する歴史家（シャブタイ・テベトやエフライム・カルシュなど）から、その内容や検証方法について激しく批判された。その他、シオニズムを根本から否定する研究だとする感情論的な非難もあがった。

また、「新しい歴史家」たちは、それまで自らを左派勢力と位置づけていた労働党が主張するシオニズムが、パレスチナ人や少数派のユダヤ人などの「他者」に配慮せず、実は植民地主義的で支配的な性格を有していたことを明らかにしようとした。この意味では、従来の左派とは異なる立場だ。

もともと少数派だった「新しい歴史家」たちは、２０００年9月末以降の大規模衝突を指す第二次インティファーダを経て、社会全体が右傾化するなかで、その勢いをさらに後退させた。情勢の変化は、「新しい歴史家」の論客にも影響を与えた。モリスは2000年の和平交渉において、アラファト・パレスチナ解放機構（PLO）議長がバラク・イスラエル首相の和平案を拒否したとして、パレスチナ側が和平を望んでいないと批判した。これに対し、シオニズムを否定する「新しい歴史家」の急先鋒のパペは、このような主張を左派の右傾化と糾弾した。

近年、イスラエル国内では、「ポスト・シオニズム」という用語はあまり聞かれなくなった。その研究や思想の流行のピークは過ぎたとの冷ややかな声もある。他方で、1990年代に「ポスト・シオニズム」のような従来のシオニズムや歴史認識に対する批判的なアプローチが、イスラエル社会において根づいた意義は大きいとの見方も強い。実際、学界では歴史学や社会学のみならず、安全保障研究でもこうしたアプローチがみられるようになった。

さらに、「ポスト・シオニズム」が台頭した時期に育った若者世代には、シオニズム「神話」への批判が特異なものではなく、一般論として受け入れられるほどになった者も多くみられる。政治思想からのみではなく、自分が望むビジネスや芸術などの道を進みたいとの理由で徴兵を拒否する者が増加したのも、その傾向の一つとされる。

このように広義の意味での「ポスト・シオニズム」的な現象は今もみられる。また、近年、政府の政策で非ユダヤ的な要素を社会から排除する傾向が強まっているが、その中でこそ、「ポスト・シオニズム」が提起した問題は、ユダヤ国家と民主主義の両立をめぐるディレンマがいまだ解消されていないという点で引き続き問われているとの声も根強い。

（辻田俊哉）

46

盛んなスポーツ

★そこにも政治の影が★

イスラエルのスポーツでは、サッカーやバスケットボールが特に人気だ。これらに加えて、近年、スポーツ文化の多様化が進んでいる。たとえば、野球である。野球のイスラエル代表は、2017年に開催されたワールド・ベースボール・クラシックの第四回大会において、台風の目となったチームであった。2次ラウンドまで初進出し、日本代表に敗れ敗退したが、その快進撃は野球ファンの間で話題になった。

一般に「政治とスポーツは別」といわれるが、イスラエルのように多くの政治問題を抱える国では、政治とスポーツは必ずしも無縁ではない。その最たる例に、1972年のミュンヘン・オリンピック事件があげられる。オリンピック開催中に、パレスチナの武装勢力「黒い9月」のメンバーが選手村内のイスラエル選手団宿舎へ突入し選手らを人質にして立てこもった。西ドイツ警察との銃撃戦を経て、結果的にイスラエル人選手11名が殺害されたこの事件は、全世界に衝撃を与えた。

国内のスポーツも政治に翻弄されてきた歴史がある。サッカーやバスケットボールの競技など、イスラエルのスポーツクラブと代表チームは欧州の大会に参加している。地理的にアジア大陸最西部に位置するイスラエルが、欧州大会に参戦するには理由がある。

サッカーに関していえば、イスラエル代表は1964年にアジアサッカー連盟アジア・カップで優勝し、1970年には国際サッカー連盟（FIFA）ワールドカップメキシコ大会に初出場を果たした。1974年、イスラエル代表はアジア大会の決勝まで進み開催国イランに敗れたが、これがアジアで活躍した最後の試合ともなった。アラブ諸国によるイスラエルに対するボイコット運動の高まりを受け、大会中に開催されたアジアサッカー連盟の総会で、イスラエルの除名が決定されたためだ。

アジアサッカー連盟からの追放後、イスラエル代表はオセアニアサッカー連盟の暫定メンバーとなったが、遥か遠方への遠征よりも欧州での大会参加を希望した。そして、1992年に欧州サッカー連盟（UEFA）への加盟が認められて以降、欧州大会に出場している。このように三大陸の予選を戦った経験のある「流浪」の代表チームは、世界中でもイスラエルだけだ。

政治に翻弄された歴史はあるが、イスラエルにおけるスポーツ熱は高い。特に、国民的スポーツのサッカーには熱狂的なファンも多い。

そもそもイスラエルのサッカーの歴史は古い。イスラエルは1948年に建国されたが、最も古いユダヤ人のサッカークラブは、1906年創立のマカビ・テルアビブだ。また代表チームの初の国際試合は、1934年の「エレツ・イスラエル（イスラエルの地）」代表として対戦したエジプト戦である。ちなみに、日本代表とイスラエル代表は1973～77年の間に七回対戦した。結果は日本代表の全敗だった。

1990年代、強豪ひしめく欧州大会に参加した当初、イスラエルのクラブと代表は「欧州のお荷

国民の多くがサッカーの試合で盛り上がる。熱心なサポーターも多い（OHAYON AVI, The Government Press Office）

物」といわれるほど弱かったが、レベルの高い戦いの中でチーム力は向上した。1970年大会以来のワールドカップ出場は果たしていないが、代表のFIFAランキングでは、2008年11月時点の世界15位が過去最高だ。またクラブレベルでも、2000年代に六度も国内リーグを制覇したマカビ・ハイファがUEFAチャンピオンズリーグ本戦にイスラエルのクラブとして初進出するなど、躍進がみられた。個別の選手では、イングランド・プレミアリーグで活躍したヨッシ・ベナユンが有名だ。「イスラエルのダイアモンド」とも称されたベナユン選手は、2007年から三年間在籍した強豪リバプールなどでも活躍した。

　国内では、建国前に創立され、主要都市のハイファ、テルアビブ、エルサレムを拠点とするクラブを中心に毎シーズン優勝争いが繰り広げられたが、近年、南部の中心都市ベエルシェバのクラブの躍進もみられる。これらの中でも、ネタニヤフ首相やオルメルト元首相もその熱心なファンとして知られるベイタル・エルサレムは、右派やリクード党支持者の熱狂的なサポーターが多いことで有名だ。そのため、ベイタル・エルサレムと、左派のイメージが強いハポエル・テルアビブとの試合は因縁が多く、サポーター同士の衝突事件も幾度か発生した。また、アラブ系イス

第46章
盛んなスポーツ

ラエル人選手が多数活躍し、2003年にトップリーグに初昇格したガリラヤ地方のクラブ、ブネイ・サフニンとベイタルの試合も、スポーツの域を超えた異様な熱気に包まれる。このように長い歴史に加え、早くに地域密着型のスポーツ文化が定着したことが、サッカーが子供から大人まで幅広い世代に支持される要因であろう。

一方で、人気ではサッカーに劣るものの、国際的な結果を出してきたのがバスケットボールだ。なかでも、マカビ・テルアビブの知名度は高く、国内リーグの優勝回数は50回を超えた。また、2000年より始まった欧州最高峰のユーロリーグで連覇を達成するなど、欧州屈指の強豪でもある。

オリンピックでは、全般的にメダル獲得に苦戦する傾向がみられてきた。その一因に、アスリートの伸び盛りの年齢に兵役義務が課せられる徴兵制度の存在も指摘されてきた。しかし近年、イスラエル人選手の活躍は徐々にみられるようになった。1992年バルセロナ大会の柔道競技でイスラエル選手が銀と銅メダルを獲得した後、2004年アテネ大会のウィンドサーフィン競技でガル・フリッドマンが、イスラエル初となる金メダルを獲得するという快挙を成し遂げた。

また、イスラエルでは四年に一度、世界中のユダヤ人選手が参加する「マカビア競技会」と呼ばれるイスラエル版オリンピックも開催される。建国前の1932年に開始されたこの大会の競技は多種目にわたり、過去には1972年のオリンピックで七つの金メダルを獲得した米国人競泳選手のマーク・スピッツなどが参加した。

近年のイスラエルでは、市民がさまざまなスポーツや運動に触れる機会が増えた。武道では柔道が人気で、最近では日本との交流促進もみられる。空手やイスラエルで考案された護身術クラヴ・マガも人気だ。イスラエル軍などで近接格闘術として発展したクラヴ・マガは、諸外国軍や治安関係者に採用された他、市民向けに相手が凶器を所持する状況など、実戦を想定した護身術のトレーニングとして世界中に広まった。また英語圏から移住した人々によって、インドからクリケット、南アフリカからラグビー、米国からはアメリカンフットボールが輸入された。米国人選手が多数占める野球リーグも、２００７年に発足した。

これら以外に、世界の中でも有資格者の比率が高いスキューバダイビングや、カヤック、ロック・クライミングなど、人口が少なく国土が小さい割には、市民が多様なスポーツ文化を満喫できる環境が整備されてきた。もちろん、サッカー文化の地位も揺るぎない。代表チームが二度目のワールドカップ出場で初勝利をあげる日が来ることは、左派・右派を問わず意見の一致がみられる国民的悲願である。

（辻田俊哉）

二都物語――エルサレムとテルアビブ

コラム 13

辻田俊哉

イスラエルの二大都市、エルサレムとテルアビブ間は、車で約一時間の距離だ。しかし、両都市の極端な違いには、初めて訪れる外国人観光客も驚かされる。

まず地理と気候だが、内陸部の小高い丘の上に位置するエルサレムでは、夏でも夕方になれば涼しく、空気も乾燥している。冬には、イスラエルでは珍しい雪が降るときもある。他方で、地中海に面するテルアビブの夏は湿気が多く暑いが、冬は割と暖かく過ごしやすい。

こうした地理と気候は、街の雰囲気の違いにも合っている。約3000年の歴史をもつエルサレムには、ユダヤ教・キリスト教・イスラム教の聖地に加え、街の至るところに史跡が点在している。場所により異なる時代を堪能することができるほか、街全体を覆う独特な不思議な雰囲気には、世界中の多くの観光客が魅了される。また、エルサレムには、政治の中枢機能（議会にあたるクネセトや首相府など）も集まっている。イスラエル政府は西エルサレムに、1967年の第三次中東戦争後に併合した東エルサレムを合わせて首都としているが、これは国際的には認められていない。そのため、各国は大使館をテルアビブに置いている。こうした背景があるがゆえに、2017年12月のトランプ米政権によるエルサレム首都認定と、2018年5月の在イスラエル米大使館のエルサレム移転は、世界中で大きく取り上げられた。このように宗教と歴史を肌で感じることができ、政治問題も考えさせられるエルサレムの雰囲気は、乾いた空気の下でも重いとさえ感じる。

他方で、エルサレムに次ぐ大都市で、ヘブライ語で「春の丘」を意味するテルアビブの雰囲気は全く異なる。建国前に作られたこの街は、

2009年に創立100年周年を迎えたばかりだ。宗教や政治色は薄く、経済や文化の中心地としての役割を担い、オープンで自由な街として明るい。街の西側にはビーチとリゾートホテルが立ち並び、中部と東部には高層オフィスビルなどがそびえ立つ。その間の通りに立ち並ぶカフェには、老若男女を問わずおしゃべり好きなイスラエル人が集う。夜も賑やかで、洒落たレストランやバー、ナイトクラブが多い。この「眠らない街」を満喫するために、数日間だけヨーロッパから遊びにくる者もいるほどだ。

両都市がかもし出す雰囲気の違いは、エルサレムで宗教的なユダヤ人の人口がますます増えたことで、近年さらに顕著になってきた。エルサレム・イスラエル研究所の2017年度報告書によれば、2013～15年の調査で、エルサレム居住者のユダヤ人20歳以上のうち、自分を宗教層に属すと回答した者は約80％だった。そのうち、黒衣をまとい最も熱心な信者として知られる超正統派は、5年前の調査から5％増加して34％だった。男性が頭に小さな丸帽子「キッパ」をかぶる宗教派が19％、宗教的には比較的自由で祭日などの民族の風習や伝統を守る伝統派が27％だった。一方、無宗教などの世俗派は20％にすぎなかった。超正統派が2％、世俗派が67％を占めるテルアビブとは対照的だ（イスラエルのユダヤ人全体では、超正統派は9％、世俗派は44％）。また超正統派は出生率が高く、通常の仕事にあまり就かないことなどから、エルサレムは貧困層の割合が高い街として知られる。こうした傾向も世俗派の若年層によるエルサレム離れを加速させている。

宗教色が強まるエルサレムと、世俗化が進むテルアビブ。それぞれのイスラエル人にとり、互いの心の距離は、車で約一時間という実質的な距離よりも広がってきている。

47

若者文化

★サブカルチャーとバックパッカー★

イスラエルでは、サブカルチャーとしての音楽、映画、芸術、ファッションなどが充実している。最近では、日本アニメも人気だ。世界的な有名人には、エルサレム生まれで、映画『スター・ウォーズ』シリーズでも大役を演じたナタリー・ポートマンや、兵役の経験をもち、映画『ワンダーウーマン』で主役を演じたガル・ガドットなどがあげられる。

欧米諸国にみられる多様な価値観に基づく自由な若者文化が根付き始めたのは、1990年代のことだ。この頃、目覚ましい経済発展に加え、さまざまな国からの大量移民の影響もあり、多岐にわたる文化を発信する若年層が広がった。その多くは、異なる民族や言語といった独自のバックグランドを既存の音楽や芸術のコンテンツに融合させたことで人気を得た。たとえば音楽では、欧米から輸入されたロックやダンス調の流行音楽に、アラブやエチオピア風のエキゾチックなテイストを加え、ヘブライ語の歌詞をのせる試みが行われた。種々の文化を融合させた音楽や芸術は、イスラエルならではの若者文化のオリジナリティーとして位置付けられ、幅広い支持を獲得した。

また1990年代初頭に、旧ソ連諸国からのユダヤ人移民が急増し、「お酒文化」が普及したのに伴い、若者文化を発信受信できる洋風の居酒屋パブやクラブなどが増えた。それまでのイスラエルでは、アルコール消費量は低く、都市部でさえ酒類店舗数は少なかっただけに、大きな変化だ。その結果、1990年代には想定されなかった若者の飲酒問題がこのところ、社会問題にまで発展している。2009年、ネタニヤフ首相は閣議で飲酒問題をとりあげ、過去3年間でアルコール消費量が15％も急増し、18歳以下の3分の1の未成年が飲酒経験済みとの報告書に基づいて、若者の飲酒問題を「流行病」と警告した。こうした問題があるにせよ、「お酒文化」の定着で、夜も賑やかなテルアビブの街に代表されるような若者中心の活動の場が増えたことにより、サブカルチャーの浸透が促進された。

さらに、1990年代にみられた最もユニークな特徴は、若者が兵役直後に、世界各地にバックパッカーの旅に出掛けるという現象だろう。イスラエルでは一般に18歳から、男性は3年間、女性は2年間、兵役の義務が課せられている。家族と友人から離れ、紛争激化の危険性と厳しい訓練の下で絶えず緊張を強いられれば、当然ながら元気の良い若者でも不安やストレスを覚える。そこで、ストレスの発散も兼ねて、兵役直後から進学や就職の前に、手持ち少ない資金で長期間旅して、広い世界を見て見聞を広めようとするバックパッカーの現象が大流行した。

1990年代という時期に、若者の間で現実逃避的な動機のもと、バックパッカーの現象が顕著にみられた理由には、政治的要因もあげられる。とりわけ1980年代以降のレバノン占領地と、1987年以降のインティーファーダ（パレスチナ住民の民衆蜂起）が発生したパレスチナ占領地における従軍体験が大きく影響したと指摘する研究もある。民衆蜂起鎮圧は戦争ではない。従軍することに躊躇を示さなかった親世代の過去の国家間戦争とは異なり、正当性を見出すことが困難な占領地での軍事作戦という実体験を経て、若い兵士の間で精神的な不満が増した。また、政治決着以外に終わりがみえないにもかかわらず従軍させられたことで、決着方法を示さない政治への不信が一層高まった。こうして若者の間で、国内の政治や社会問題から遠く離れた異なる世界をみてみたいという願望が広がった。

DJの音楽をヘッドフォンで聞きながら踊る路上パーティーが若者の間で大人気（WI: PARTY 提供）

イスラエル人のバックパッカーの旅先は概ね、アジアルートと南米ルートの二つに分けられる。アジアルートでは、特にインド（西海岸の州ゴアなど）やタイが人気だ。イスラエル人のバックパッカーは好奇心が旺盛であるが、値切り交渉で妥協をしないことなど、強引さでも有名なため、現地の人々などからは不人気であることも多い。また、1990年代、アジア大陸で旅資金が底をついた一部は、日本に「小遣い稼ぎ」にもやってきた。具体的には不法就労だが、路上での絵描きと販売、アクセサリーなどの路上販売、水商売などを行った。不法就労を可能にしたのは、イスラエル人ネットワークの存在が大きい。15年前には日本の都市部のみならず、世界中からバックパッカーが集まるタイ・バンコクの安宿街でさえ、ヘブライ語で書かれた「大阪でバイト募集中！」の張り紙がみられた時期もあった。

バックパッカーをすることより、イスラエル人としてのアイデンティティを海外で再生するという若者文化の特徴は、社会全体にも広く受け入れられた。またこうした海外でのユニークな体験は、若者文化の拡大にも貢献した。

毎年テルアビブで開催される性的少数者による「プライド・パレード」（樋口陽子撮影）

近年、バックパッカーの旅に出掛ける若者は減少傾向にある。その背景には、経済力の向上に加え、親世代の過保護教育も指摘されている。この新たな現象は他の事例でもみられる。以前、若者の間で徴兵拒否の運動がみられた理由は、パレスチナ占領地におけるイスラエル軍の行動に加担したくないという政治的動機に基づくものだった。一方、最近では物質的に豊かな環境で、過保護に育てられた若者の一部が徴兵を忌避する傾向も強まっている。

このような若者の価値観の多様化は、イスラエル社会の重層性を如実に反映している。たとえばテルアビブでは、1990年代以降から開催される性的少数者の存在と文化をアピールする「プライド・パレード」も賑やかだ。パレードは宗教層が多く住むエルサレムでも開催されたが、2005年、これの阻止を目論んだ熱心なユダヤ教徒との間で衝突事件も発生した。ちなみにパレードは、エルサレム市長を長期間務め、右寄りとされたエフード・オルメルトが首相在任中のときにも開催された。このとき、オルメルト首相の娘が同性愛者としてエルサレムのパレードに参加したことが話題を呼んだ。

また2000年の頃から、さまざまな音楽や芸術のアーティストが出演する野外フェスティバルが流行した。なかでも、宗教層が祭典を厳粛に迎えるユダヤ教の過越しの祭(ペサハ)の期間中、南部のビーチにおいて数日間続く野外フェス「ブーム・バ・メーラ」がパーティー好きの若者に人気だ。この名称は、世界最大の宗教的祝祭ともされるインドの「クンブ・メーラ」(沐浴祭)に因む。音楽や芸術を通じた自然との融合などスピリチュアルなテーマを掲げるこのフェスには、国内外からユダヤ教よりもヒンドゥー教の精神に共感を覚える者や、単純にロックやレゲエ音楽などを思う存分に楽しみたいヒッピーや世界中を放浪した者など数万人が集う。

こうしたバラエティに富んだ価値観に基づく若者による賑やかさと自由を満喫するための積極的な行動力は、若者文化を活性化させている。また、若者の多様な主張や行動に対する社会の寛容性も、自由な若者文化の浸透を助長したともいえる。

(辻田俊哉)

VIII

外 交

48

曲折の対外関係

★最近は孤立傾向★

人口900万人弱の国でありながら、イスラエルほど世界の耳目を集めている国はないだろう。『ニューヨーク・タイムズ』紙のネット上の記事検索で「イスラエル」を入力すると、1951年以降で約24万件がヒットする。中国の38万件には及ばないが、同じ中東のエジプトやサウジアラビアなどよりはるかに多い。米国の新聞という特殊事情はあるだろうが、イスラエルへの関心の高さがうかがえる。

そうした関心の高さにふさわしく、イスラエルの対外関係は曲折に富んでいる。1948年の独立宣言からわずか11分後に、米国のトルーマン政権がイスラエルの独立を承認したことはよく知られている。米国とイスラエルの「特別な関係」（第50章参照）はこの時点で始まったともいえるが、米国がイスラエルを本格的に支援するようになったのは1960年代からである。以来、米国はイスラエルの強い味方であり続けてきた。

ソ連も独立宣言から二日後にはイスラエルを承認した。しかし、冷戦構造が次第に中東に拡大し、イスラエルと米国の関係が密接になるにつれ、ソ連はアラブ諸国やパレスチナ支持を強め、1967年の第三次中東戦争を機にイスラエルとの外交関係を断絶した。ソ連がイスラエルとの外交関係を再開したのは、崩壊寸前の1991年だった。その前後に急増した旧ソ連からイスラエルへの移民の存在は、人的なつながりを中心にロシア・イスラエル関係を現在にいたるまできわめて多彩なものにしている。

アラブ諸国はもちろんのこと、イスラム諸国のほとんどは当初からイスラエルと外交関係をもっていなかった。さらに1973年の第四次中東戦争の際、アラブ諸国が「親イスラエル国」に対する石油輸出を停止するという「石油戦略」を発動すると、日本を含む多くの国がイスラエルとの関係を縮小した。この結果、1970年代から80年代のイスラエルは世界の約半数の国家としか外交関係がなく、外交関係があっても限定的で、アパルトヘイト下の南アフリカと並んで「のけ者国家（パーリア・ステート）」と位置づけられていた。

こうした状況が一変したのは冷戦の終焉とソ連の崩壊、1990年代前半の中東和平プロセスの進展だった。旧東側諸国や新しく誕生した旧ソ連の国々、さらにイスラム諸国会議機構（OIC：現イスラム協力機構）加盟国がイスラエルと次々に外交関係を樹立した。アラブの国でもエジプトに次いでヨルダンが1994年にイスラエルと平和条約を締結した。他のアラブ諸国も10カ国以上が、外交関係を結ばないまでも国際会議でイスラエルと同じテーブルに着いたり、水面下でさまざまな接触をした。

1990年代前半にイスラエルと外交関係を樹立した国は実に約70カ国に上る。イスラエルは「のけ者国家」から脱却し、外交的な地平を大きく広げた。外交関係樹立で多くの国々が期待したのは、イスラエルと仲良くすれば米国から援助が引き出せるという計算だった。実態として、イスラエルとの良好な関係が米国の援助増加につながることはほとんどなかったが、イスラエルもまた米国との「特別な関係」を売りにしたことは事実である。

しかし、1990年代後半に中東和平プロセスが減速すると、絶好調だったイスラエル外交に影が差しはじめた。まずアラブ諸国がイスラエルとの公式な接触を避けるようになり、イスラム諸国の間でもイスラエルと外交関係を樹立する動きがぐっと低調になった。もちろん、イスラエルが以前のような「のけ者国家」に戻ったということではない。イスラエル外務省によれば2018年4月現在、イスラエルは158カ国と外交関係を結んでいる。国連加盟国が193だから、イスラエルと外交関係がないのは35カ国で、かつてとは様変わりだ。イスラエルはハイテク産業や高度な農業・灌漑技術、さらに兵器部門などでの特殊性を生かし、外交面に限らず経済面でも多くの国々と幅広い関係を維持している。

ヨーロッパ諸国との間には、伝統的に安全保障面や経済面で強い関係があり、ヨーロッパ連合（EU）との貿易は輸出入合計で米国よりも多い（2016年）。ただ近年、西ヨーロッパのNGOや民間企業の間で、入植地製品のボイコット（Boycott）や、入植地に関係している企業に対する投資引き揚げ（Divestment）や制裁（Sactions）措置をとるBDS運動が拡大している（第40章参照）。また政府レベルでも、入植地産品の産地を「イスラエル産」と表示することを禁じる規則が厳格適用されるなど、入植活動批判が強まっている。

2011年の「アラブの春」以来、周辺のアラブ各国では不安定な情勢が続いている。特に7年以上も内戦が続くシリアで、アサド政権を支援しているイランが軍事的プレゼンスを拡大していることに、イスラエルは強い脅威を感じている。他方で、イランを「共通の脅威」ととらえているサウジアラビアなどのアラブ諸国はイスラエルに接近しており、安全保障面の協力を水面下で拡大しているようだ。ただパレスチナ和平プロセスが行き詰っているため、これらアラブ諸国はイスラエルと公式の外交関係を結んでいない。

経済面を含めアジア諸国との関係も拡大している。特にイスラエルは中国との関係を重視しており、2015年には中国が提唱したアジアインフラ投資銀行（AIIB）に加盟した。その一方で中国とライバル関係にあるインドとの経済・戦略的な関係も強化しており、インドはイスラエルの重要な武器輸出相手国となっている（第30章参照）。

ただアラブ諸国との関係に現れているように、パレスチナ問題をめぐりイスラエルは依然として孤立傾向にある。米国のトランプ政権が2017年12月に、エルサレムをイスラエルの首都と認め、在イスラエル米国大使館をエルサレムに移転する決定（第57章参照）を発表した直後に国連安保理に出された非難決議案は、唯一反対した米国の拒否権行使で成立が阻止された。しかしその後の国連総会では、同じ内容の決議が圧倒的多数で可決され、イスラエルの主張と国際社会の認識に大きなズレがあることが示された。

（立山良司）

49

米国のユダヤ人

★政治的影響力の背景にも変化の兆し★

「米国のユダヤ人」については、国内そして世界における政治、経済、文化等々さまざまな分野におけるその大きな影響力が語られてきた。イスラエルとの観点からも、米国とイスラエルの「特別な関係」(第50章参照)や、米国政府の対イスラエル援助(第51章参照)にも影響を与える形で、米国のユダヤ人は大きな影響力をもっている。日本でも、米国のユダヤ人の影響力についての関心は高い。一時期は陰謀論の視点から取り上げるものも多かったが、最近では減ったようだ。良書が出版されてきたことに加え、独自の研究に基づく良質な調査、研究が進んできていることがその背景にあろう。

では米国にはどのくらいユダヤ人がいるのか。2018年にワシントンポスト紙で報道されているように、「ユダヤ人」の定義との兼ね合い等もあり、必ずしも決定的な数字ではないようである。そこで、同紙でも引用されているピュー・リサーチ・センターの2013年の報告書を見てみよう。同報告書は、自らの宗教がユダヤ教と考える者と、宗教はないとしつつもユダヤ人として育てられるかユダヤ人の親に育てられ宗教以外の観点から自らを「ユダヤ人」と考える者(宗教的ではないユダヤ人)

との数をあわせると、その数は全米で530万人に及ぶとしている。そして、この数は全米成人の2・2%を占めているとしている。

では、議会におけるユダヤ人議員の割合はどうだろうか。ピュー・リサーチ・センターの2017年の資料によれば、第115期議会において、上下院議員数535人のうち30人がユダヤ系で、その割合は5・6%となっている。ユダヤ系であることの定義について詳細な検討もさらに必要かもしれないが、5・6%という数字は全体の人口構成率約2%に比べ、大きな数字であることは間違いない。

ユダヤ人の地域的な分布については、ニューヨーク州やニュージャージー州、首都ワシントン（コロンビア特別区）など大都市を抱えた大きな州や、政治中枢に近い地域にかなり集中しているとされる。米国のユダヤ人は特定の場所に集中する傾向があり、一般的に都市生活者といえるようだ。

米国のユダヤ人は、政治的関心の高さ、その資金力、政治に関わる職業分野への進出などを理由に、大きな政治的影響力を有しているとされる。さらには、まさに特定の場所に集中している都市生活者が多いことが、ユダヤ人が人口構成比以上の影響力をもつことにつながったとの見方もある。都市、さらに都市の特定の地区に集中している結果、その都市や地区を代表する各議員にとって地元のユダヤ人票は圧倒的に大きな意味をもつことになるからである。

また、大統領選においては、その独自の選挙制度ゆえに、都市生活者であるユダヤ人が人口比以上の影響力をもちうることが指摘されている。すなわち、大統領選において有権者は形式的には大統領を選出する選挙人を選ぶこととなっているが、この選挙人の数は当然人口がより多い州（大都市を抱える州）により多く割り当てられている。さらにはほとんどの州では、一票でも多くの選挙人を獲得した勝者たる候補者がその州の選挙人団の全ての票を獲得する総取り制になっている。このように大統領選で勝利するためには、大きな州を制することが決定的に重要となってくる。こうして、ユダヤ人が都市生活者であることが、大統領選に人口構成比以上の影響力を及ぼす一つの理由と指摘されている。しかし、これもユダヤ人の意見が統一されていることが前提であり、意見が分かれていれば、影響力は減殺されよう。

米国のユダヤ人のイスラエル認識についてみてみよう。一般に、米国ユダヤ人の親イスラエル的な認識が、米国政府のイスラエル支持政策の源泉の一つといわれている。しかし、最近では米国のユダヤ人のイスラエル認識に変化が出てきており、このことが将来の米国の対イスラエル政策に変化をもたらすのではないかとの指摘もある。この観点から話題になった論考としては、2010年に『ニューヨーク・レビュー・オブ・ブックス』に発表されたピーター・バインナートの「米国ユダヤ人エスタブリッシュメントの破綻」がある。また、2011年にワシントンのシンクタンク、戦略国際問題研究所（CSIS）が出したハイーム・マルカの報告書『岐路――米・イスラエル戦略パートナーシップの将来』も米・イスラエル関係との観点から注目を受けた。

この二つの論考では、それぞれ興味深い動きが紹介されている。まず、米国のユダヤ人が考え方を異にする二つのグループに分かれてきていることが指摘されている。すなわち、宗教的に正統派でシオニストでありイスラエル国家を支持する傾向が強いグループと、より世俗的（非宗教的）でリベラルであり、パレスチナ人をも含む全ての人々の人権を支持する傾向が強いグループである。そして2006年のAJCの意識調査結果によると、40歳以下の米国ユダヤ人のうち「イスラエルに非常に親近感ある」と答えたのは、非正統派では16%、正統派では79%だった。パレスチナ国家樹立を支持している層は非正統派では60%もいるが、正統派では25%にとどまった。イスラエルにおいても指摘されてきている宗教、政治両面における分化傾向が米国のユダヤ人社会でもみられるようになってきているとされているのだ。

他方で、米国のユダヤ人の多くが民主党支持者であり、共和党支持者はより少ないとみられている。2016年の大統領選挙では、当選した共和党のトランプ候補への投票は24%にとどまった（ピュー・リサーチ・センターの資料による）。この数字を見る限り、米国のユダヤ人の立場を少なくとも草の根レベルで代表しているのは民主党支持者だ。ピュー・リサーチ・センターの2017年の資料を見ても、第115議会におけるユダヤ系議員は、下院22名中20名、上院8名中全員が民主党である。しかし、先述の論考が示すような分化傾向が米国の対イスラエル認識を変化させていくこともあり得るとの指摘がなされている。

最近では、「Jストリート（J Street）」と呼ばれる、よりリベラルな新しいイスラエル・ロビー団体がイスラエル政府の入植地政策を批判するといった状況も生まれている（第50章参照）。米国のユダヤ人の対イスラエル認識などに関わる二分化は、それぞれのグループが米国の対イスラエル政策について異なった方向性を指向することを意味する。今後もその動きは注目できよう。

米国の大統領選挙制度との関係で説明したように、ユダヤ人が人口構成比以上の政治的影響力を有することを可能にするには、ユダヤ人が一枚岩であることが前提となる。意見が分かれる場合、特定の地域に集中して生活している都市生活者が多いことを理由として確保されてきた影響力は減殺される。米国のユダヤ人の間の二分化は、米国のユダヤ人の政治的影響力にも一定の変化を生じさせる可能性があるのかもしれない。

（三上陽一）

50

米国との「特別な関係」

★活発に議論されてきた特別さ★

イスラエルでユダヤ系米国人と、また米国でイスラエル人と話してみると、それぞれイスラエル、米国に対して特別な感情をもっていることがわかる。イスラエルにいるユダヤ系米国人は、イスラエルという国の、特に政治について意見を述べることが多く、在米イスラエル人は、米国のイスラエル政策について意見を述べることが多い。

このことは、イスラエルと米国との間に「特別な関係」があるといわれることと関係しているように思える。もちろん国と国との関係の数だけ特別な関係があるともいえるが、それ以上にイスラエルと米国の関係には「特別」な面があるようだ。この「特別」さとは何なのか。

イスラエルの建国時の事情をみてみると、その時点ですでに相当に特別な関係であったことがわかる。米国はイスラエルを最も早く国家承認した国で、承認は独立宣言から11分後になされた。しかし、トルーマン政権下でのこの承認の決定は簡単になされたわけではない。米政府内で賛否両論があり、相当突っ込んだ議論がなされたのである。マーシャル国務長官やアチソン国務次官といった国務省の主要な関係者のほぼ全てが承認に反対の立場に立った。彼らは国家承認がパレスチナ問題の解決を目指した国連の努力に対する干渉となること、イスラエルがどのような国になるかがまだ明らかでないこと、さらには承認行為が米国内政の大きな影響を受けたものであり外交の観点からは好ましくないとして反対した。

トルーマン大統領は、米国内の選挙におけるユダヤ票への配慮もあり、相当早い段階から承認する腹をくっていたとみられている。真否は定かではないが、同大統領は外交・安全保障関係者を前にして、「すまない諸君、しかし私はシオニズムの成功に関心を有する数十万の人々の期待に応える必要がある。数十万ものアラブ人有権者はいないのである」と発言したとされている。この言葉が事実だとするとトルーマン大統領は、少なくとも内政上の考慮を外交・安全上の考慮とは別のものとして判断していたと考えることができるかもしれない。実際、これ以降も、米国の大統領選や議会選挙におけるユダヤ票の重要性が、米国とイスラエルの特別な関係を担保してきたことは否定できない。

しかし、トルーマン大統領による早い承認の背景には米国の外交政策の策定・実施において、しばしば問題になる価値に関わる側面もあったようだ。当時大統領顧問だったクラーク・クリフォードは承認を扱ったホワイトハウスの会議で次のように述べたとされる。

「中東のような不安定で、未だ民主的な政府という伝統が存在しなかった地域において、我が国そして世界の長期的な安全保障の観点から、民主主義的な制度へゆだねることを明らかにした信頼できる国家が創設されることが重要である。新しいユダヤ国家は、そのような場である。早く承認することによって、まだ生まれたばかりの国を強化しなければならない」

それから60年以上が経過した2011年5月22日、オバマ大統領は米国イスラエル公共問題委員会

（ＡＩＰＡＣ）の年次総会で、次のように述べている。

「イスラエルの安全保障に対する米国のコミットメントは断固たるものである。強く安全が確保されたイスラエルは米国の国家安全保障上の国益である。それは両国が戦略上の国益を共有しているからという簡単な理由のみからではない。〔中略〕米国のイスラエルの安全保障に対するコミットメントはより深い場所から来ており、それは我々が共有している価値である」

このオバマ演説から、イスラエルと米国との間の特別な関係において、価値の側面が依然として重要な意味をもち続けていることがわかる。さらにこのことは、米国によるイスラエルへの支持が前提条件なしではないことを示唆しているように思える。もしイスラエルの政策や振る舞いが米国が有する価値と真っ向から衝突する場合には、外交・安全保障の観点から、さらには米国内政の観点からも、そのような政策や振る舞いが米国によって厳しく批判される可能性もあると考えられる。

ＡＩＰＡＣは、米国の中東政策の策定・決定に対して大きな影響力を行使してきた。特に米国議会に対する影響力は非常に大きい。しかし最近では、右派的ともされるＡＩＰＡＣに対抗する形で誕生してきた新しいイスラエル・ロビー団体Ｊストリート（J Street）が、イスラエル政府の入植地政策を批判しており、注目できる。そして、オバマ政権は政権高官をＪストリートの会合にも出席させ、一定の関係を保っている。

イスラエルが米国にとって「戦略的な資産（strategic asset）」であったとの議論自体を全面的に否定する論調が、たとえば戦略国際問題研究所（ＣＳＩＳ）といった有力シンクタンクの研究家・専門家からも最近出てきている。さらにイラクやアフガニスタンを担当する米軍の高官から、中東和平プロセスが進展しないことが米国の安全保障上の国益を害しているといった趣旨の発言も出てきている。イスラエルによる占領の継続、特に入植地政策が米国の価値と対立していることが、このような批判や指摘の背景にあるのかもしれない。

他方で、米国の有権者の相当数を占めるキリスト教福音派の一部は、その宗教的信条ゆえにイスラエルとユダヤ人が聖地の確保を継続すべきだと主張している（第52章参照）。彼らの動向とも関わる形で、イスラエルとの関係についての米国内での議論がどのような方向に向かうのかも引き続き注目される。米国における価値も多様で変化するのだ。

いずれにせよ、イスラエルと米国との間の政府レベルの関係は、米国によるイスラエルに対する援助の実態をみても特別である（第51章参照）。また、米国によるイスラエルの安全保障に対するコミットメントは、政府高官の発言などによって繰り返し確認され、２０１７年には、トランプ大統領が米国はエルサレムをイスラエルの首都とし、米国大使館をエルサレムに移す意向を明らかにしている。

米国そしてイスラエルにおいては特別な関係をめぐり、それぞれの国益は一致しているのか、米国内政が優先されていないか、さらには価値や文化は本当に共有されているのか、といった点に関し真剣な議論が繰り返されてきている。このようにあらゆる角度から特別な関係が議論されてきたこと自体が、「特別」さを維持するうえで大きな意味をもってきたのかもしれない。ある国とある国との関係は静態的ではなく、常にその意味を議論されるべき動態的なものであろう。関係がギクシャクしても、政府や関係者が変わっても、あらゆる角度からの議論を活発に続けられてきたことが、「特別」さを作り出すうえで意味をもっていたのではないだろうか。

（三上陽一）

51

米国政府の対イスラエル援助

★大きな規模を維持★

イスラエルが米国から大きな援助を受けていること、そしてその多くの部分が軍事援助であることは知られている。このような米国の援助がなかったなら、厳しい安全保障環境の中でイスラエルが自国の安全保障を達成することに大きな困難が伴ったであろう。

イスラエルで生活していたときに、土産屋でおもしろいTシャツをみつけた。イスラエル軍の国籍マークをつけたF16戦闘機のTシャツで、戦闘機の絵の上には「米国よ、心配するな（AMERICA DON'T WORRY）」とあり、戦闘機の下には「イスラエルが味方についている（ISRAEL IS BEHIND YOU）」と書かれている。最近、イスラエルを訪問した人もまだ売っていたといっていた。ウェブでチェックしてみたところ、15米ドルだった。どうやら人気の商品らしい。もちろん、F16戦闘機は米国が開発した米国製の戦闘機である。

このTシャツがイスラエルの安全保障のために米国の支援・援助が大きな役割を果たしてきたこと、すなわち「イスラエルよ心配するな　米国が味方についている」という「現実」を自虐的にとらえた結果、人気を保っているのかといえば、それだ

表　米国の対イスラエル援助（**100** 万ドル）

年	合　計	軍事無償	経済無償	移民等関連無償	学校・病院等援助	その他
2005	2,612.2	2,202.2	357.0	50.0	2.95	–
2006	2,534.5	2,257.0	237.0	40.0	–	0.5
2007	2,503.15	2,340.0	120.0	40.0	2.95	0.2
2008	2,423.9	2,380.0	0	40.0	3.90	0
2009	2,583.9	2,550.0	0	30.0	3.90	0
2010	2,803.8	2,775.0	0	25.0	3.8	0
2011	3,029.22	3,000.0	0	25.0	4.225	0
2012	3,098.0	3,075.0	0	20.0	3.00	0
2013	2,943.234（予算一律削減後）	3,100.0	0	15.0	–	0
2014	3,115.0	3,100.0	0	15.0	–	0
FY2015	3,110.0	3,100.0	0	10.0	–	0
FY2016（要求）	3,110.0	3,100.0	0	10.0	–	0
合計	124,300.804	70,523.4	30,897.0	1,673.2	162.75	14,991.9

出所：米国議会調査局資料（2015 年）

けでもないように感じられる。そのような厳しい「現実」をとらえつつも、自虐的な要素以外に、あるいはそれを超えて何らかのメッセージを発信しているからこそ、このTシャツが一定の人気を保っているのではないだろうか。そこには、イスラエルは援助されてしかるべき対象であるがゆえに支援・援助を受けているとの自負と、米国はイスラエルへの支援・援助を米国自身のためにも強く支持しているのだという自信のようなものがあるように思われる。

米国政府の対イスラエル援助は巨額だ。イスラエルは第二次世界大戦後の累計で米国からの最大の被援助国である。そして、1976年から2004年の間は（イラクがイスラエルに取って代わるまでは）、毎年最大の被援助国であり続けた。1985年以降イスラエルは、年間30億ドル前後の援助を

第51章

米国政府の対イスラエル援助

米国より受けてきている。そして、現在そのほとんどは無償の軍事支援によって構成されている。そしてこの巨額の援助を基にして、米国製の兵器がイスラエルに提供・輸出されてきてもいる（表参照）。

しかし、対イスラエル援助、特に軍事援助をみてみると、１９４８年のイスラエル建国以降、イスラエルにとって米国が常に最重要の兵器供給国であったということはできない。第三次中東戦争においてイスラエルが使用した主要な戦闘機がフランス製であったように、建国後しばらくは米国以外の国々がイスラエルの主要な兵器供給国であった。しかし、１９６０年代後半以降、特にケネディ政権やジョンソン政権、そしてニクソン政権は対イスラエル援助を増加させていった。こうして１９７３年の第四次中東戦争では、イスラエル軍の主要兵器のかなりの部分は米国製に置き換わっていた。冷戦のまっただ中であり、米国がベトナム戦争の泥沼の中で他の地域にまでなかなか直接的には手が回らなかったときである。ソ連製兵器を装備した多くの周辺アラブ諸国にイスラエルが対峙するという構図の中で、米国の対イスラエル援助、特に軍事援助が強化されていったとみることができよう。

１９７３年の第四次中東戦争以降もこの流れは継続する。軍事有償援助は１９６７年には７００万ドルであったものが１９７３年の時点では３億７５０万ドルとなり、さらには１９７４年には９億８２７０万ドルとなっている。また、軍事無償援助が１９７４年に開始され、その額はなんと15億ドルに及んだのである。

１９７９年はイスラエルがエジプトとの間でキャンプ・デーヴィッド合意を結び和平を達成した年であり、イスラエルの周辺諸国との関係において大きな節目となった（またこの年は、ソ連がアフガニスタンに侵攻し、またイスラム革命を達成したイランがイスラエルにとって最重要の友邦国から最大の敵国へと変化した年でもあった）。１９７９年は米国の対イスラエル援助の面でも大きな分岐点となったようにみえる。この年の米国の対イスラエル有償軍事援助は前年の5億ドルから27億ドルに増加し、軍事無償援助も前年の5億ドルから13億ドルに増加した。こうして、同年の米国の対イスラエル援助額は、前年18億２２６０万ドルから48億８８００万ドルと２・７倍になった。

その後、１９９１年の湾岸戦争といった中東地域情勢の不安定化や、経済危機、ロシア移民の増加といったイスラエル国内事情などが米国の対イスラエル援助に一定の影響を与えてきたといえる。また、米国の支援を受けたはずのイスラエル軍事技術の中国への流出の懸念や、中東和平の行方に大きな影響を与えるイスラエルの入植地政策といった事情を受けて、米国が対イスラエル援助をどのようにすすめるべきかについて真剣な議論もなされてきた。

イスラエルの経済状況の変化もあり１９９９年の時点で援助総額の約３分の1を占めていた経済無償援助は２００８年に打ち切られている。しかし、２０１４年の時点でも米国の対イスラエル援助は総額約31億ドルとして維持されている。そして、そのほとんどが軍事無償援助となっている。

振り返ってみると、米国の対イスラエル援助がどのようなものとなるかには、当然のことながら米国自身の事情が影響を与えた。米国が自国の国益を考えながら、対イスラエル援助を進めてきた側面はしっかり認識されるべきであろう。冷戦期においてイスラエルは、東地中海地域においてソ連の影響力が大きい国々と対峙していた。また、イスラエルがアラブ諸国との戦闘で捕獲し米国に提供したソ連製武器などに関する情報は米国にとっても非常に貴重なものだったといわれている。Ｔシャツを作ったイスラエル人が込めたメッセージには、そのような自負と自信が含まれていたように思われる。

第51章 米国政府の対イスラエル援助

米国の対イスラエル援助は、協力強化という形で、ミサイル防衛のための研究・開発を目的とした共同プロジェクトにも及ぶようになってきている。たとえば、弾道ミサイル迎撃のためのアロー・ミサイル・システム計画が進められており、米国はそのための相当額を負担しているとされる。また、短い射程の迫撃砲やロケットに対抗するイスラエルの防衛システム「アイアン・ドーム（Iron Dome）」計画への支援がなされてきている。２０１４年のイスラエルとガザ武装勢力（ハマス）との衝突を契機にアイアン・ドームへのさらなる支援について米国議会を中心に議論がなされた。さらには、ミサイル防衛のために非常に高い能力をもっているXバンド・レーダー（X-Band Radar）システムのイスラエルへの展開が進められてきたとされる。さらにイスラエルは、F35戦闘機に関連して、シンガポールとともに一定の協力開発関係をもつ国として位置づけられた。２０１９～２０２８会計年度の期間を対象とする了解覚え書が米イスラエル両政府によって結ばれ、同覚え書は、米国がイスラエルに対して、３８０億ドルの軍事支援を行うことをプレッジしてもいる。

しかし、過去においてそうだったように、米国の対イスラエル援助は今後もその内容を変化させる可能性がある。２０１１年の厳しい米国財政状況や議論に際して、米国内では、イスラエルが自国の経済状況を理由に防衛費を削減できるのであれば、財政赤字を理由に軍事費を減らさなければならない米国もイスラエルに対する援助削減を検討すべきではないか、との議論も出ていた。援助は、各国政府の戦略、政策の中に位置づけられるものであるがゆえに、それを固定的なもの、与件としてみるべきではないだろう。

（三上陽一）

52

白人福音派とイスラエル

★米中東外交を左右するキリスト教シオニスト★

「私はエルサレムをイスラエルの首都と公式に認める時だと決断した。」２０１７年12月６日米東部時間13時（日本時間７日午前３時）過ぎに行われた演説で、トランプ大統領は高らかに宣言した。その背後には一人だけペンス副大統領が立っていた。世界に衝撃を与えたこの演説の様子は米国の現政権の中核的な姿を表しているようでもあった。トランプと彼を大統領の地位につけ政策に影響を与えていると言われるキリスト教福音派（ペンス）である。

米国がイスラエルを強力に支援する背景として「イスラエル・ロビー」の存在が指摘されているが（第49章参照）、最近ではキリスト教福音派の存在、中でもキリスト教シオニストの影響力が見逃せなくなっている。

キリスト教シオニストとは、イスラエル国家樹立は聖書の預言の成就であり、やがて到来する救世主の復活に連なると信じるキリスト教徒である。キリスト教徒だがユダヤ人の民族主義運動シオニズム（第３章参照）を信奉しているため、こう呼ばれている。彼らはユダヤ人の帰還とイスラエル国家を支援することはキリスト教徒の義務であり、支援すれば神の祝福がある、

第52章

白人福音派とイスラエル

逆にユダヤ人を虐待するキリスト教徒には神の裁きが下る、と信じる。その源流は16世紀のイングランドのピューリタンだが、19世紀に米国のプロテスタントの間で思想として次第に確立された。

１９４８年にイスラエルが国家樹立宣言をした際、国務省に反対されながらも直ちにハリー・トルーマン大統領が国家承認を行った（第7章参照）のは、彼がバプテスト派の信者でユダヤ人のイスラエルへの帰還と聖地エルサレムの特別な意味を信じていたからとの指摘もある。１９６７年の第三次中東戦争でイスラエルが6日間で勝利したこと（第8章参照）はユダヤ人の右派を勢いづけたが、米国の宗教右派や福音派の間でもこの勝利を「神の奇跡」と讃え、イスラエルへの支援に目が向けられ、献金運動や現地へのツアーが盛んになっていく。

福音派について定まった定義はなく、①「ボーン・アゲイン」（回心）を経験している、②聖書を忠実に解釈する、③自らを「福音派」とする、といった点が挙げられる。福音派は特定の宗派に属するのでなく、ほぼどの宗派にもみられる宗派横断的な存在で、ペンスは自身を福音派カトリックであると述べている。２０１５年のピュー・リサーチ・センターの統計では、米国民の25・４％が福音派であり、キリスト教徒が7割を占める米国の中で最大勢力である。また指導者が政治にも積極的に関わり、イスラエルとの関係に影響力を及ぼしている。

バージニア州で信徒向けに私立学校を経営していた牧師ジェリー・ファルウエル（バプテスト派）はカーター政権の教育省設置に反対するキャンペーンを展開した。この運動が１９７９年にキリスト教右派組織「モラル・マジョリティ」となり、ロナルド・レーガン当選の原動力となり、ファルウエルは米国内で強大な政治的発言力をもつようになる。

イスラエルの右派政党リクードを率いたメナヘム・ベギンは首相時代、米国内での親イスラエルの世論形成のためにファルウエルに接近した。ファルウエルはイスラエルが占領地であるヨルダン川西岸とガザ地区から撤退することに反対する大イスラエル主義を支持しており、キャンプ・デーヴィッド合意に基づく中東和平交渉（第９章参照）で、同じく占領地返還に抵抗したベギンにとって、ファルウエルへの接近は当然の選択だった。

またベギン政権が１９８１年にイラクの原子炉を爆撃したことに対しては、国際社会のみならず米国内でも批判の声が上がった。この時もベギンから電話を受けたファルウエルは、イスラエルによる攻撃を支持する発言を行い米国の世論に影響を与えた。ベギンはこれによりイスラエル及び米国内で米国がイスラエルの味方であるというイメージ作りに成功した。

テキサス州サン・アントニオの牧師ジョン・ハギーが１９８１年に始めた「イスラエルに敬意を払う夕べ」という集会は２００６年に「イスラエルのためのキリスト教徒連合」（ＣＵＦＩ）になり、現在ではキリスト教シオニストを代表する強力なロビー団体の一つである。ハギーはイスラエルや米国のユダヤ系団体とも密接な関係をもち、頻繁にイスラエルを訪れ歴代首相と面会している。またユダヤ人のロビー団体「米国イスラエル公共問題委員会（ＡＩＰＡＣ）」の年次総会に招かれスピーチを行っており、２０１７年の総会では核開発に関するイランと米国など六カ国との合意に反対する演説を行った。

福音派の指導者は教会で政治や選挙について語り、時には指導者が自らの支持候補を示す。またメガ・チャーチと呼ばれる巨大な教会でミサを行う動員力に加え、メディアを有効活用している。１９

88年に父ブッシュと共和党の大統領候補を争った牧師パット・ロバートソン（南部バプテスト派）は1950年代からラジオ・テレビを通じた伝道を行っている。ロバートソンはインターネットで世界にも発信されている自らの番組「The 700 Club」でハマスやヒズボラを非難し、イスラエルへの支援を訴えてきた。さらにエルサレムの分割反対も表明してきた。

福音派を選挙の票田として最初に利用したのはレーガンだった。その副大統領で後に大統領となった父ブッシュ、そして息子のジョージ・W・ブッシュも福音派を重視した。その結果、ブッシュ・ジュニアが再選された2004年の選挙では、白人福音派の票の約8割を獲得した。

ドナルド・トランプも2016年の大統領選挙で福音派指導層に接近を図り、白人福音派の81%の票を得ることに成功している。トランプがエルサレムをイスラエルの首都と認め、在イスラエル米国大使館をエルサレムに移転したのは、福音派の支持層の主張に応えたものだと言われている（第57章）。

実際、福音派はエルサレム首都認定と大使館移転を大歓迎した。ロバートソンは「The 700 Club」で移転発表を祝う説教を行った。2018年5月に行われたエルサレムでの米大使館開館式典には、ハギーや第一バプテスト教会の牧師ロバート・ジェフレス（南部バプテスト派）も出席した。トランプは大統領就任式の朝ジェフレスの教会でのミサに出席しており、2018年のエルサレム移転についてもその影響力が囁かれている。在イスラエル米大使館移転と前後してトランプが発表したイランの核開発に関する合意からの離脱も、同合意に反対する福音派の影響が指摘されている。

一方、在米ユダヤ人の間では首都宣言や大使館移転問題への反応は割れた。2017年8月の米国ユダヤ委員会（AJC）による調査では、在米ユダヤ人1000人中、大使館移転を直ちに行うべきとしたのは16％に過ぎず、44％は反対だった。首都宣言には正統派ユダヤ教連合（Union of Orthodox）やアメリカ・シオニスト機構（ZOA）が歓迎を表明した一方、在米170名のユダヤ学の研究者や左派系のロビー団体Jストリートが非難声明を出した。AIPACは歓迎を表明したが控えめなもので、移転推進のため積極的に寄付や署名を集めることはしなかった。

ただ福音派も一枚岩ではない。2007年には福音派左派がブッシュ・ジュニアに対し、全ての福音派が二国家解決案に反対しているわけではないとの公開書簡を送った。それでも米大使館のエルサレムへの移転はルビコン川を超えたようなもので後戻りは難しい。1995年に「エルサレム大使館法」が施行された（第26章参照）後も、ユダヤ系団体の指導者でさえ移転先延ばしを容認し、歴代大統領も実施を延期してきた。しかし、福音派の大きな影響力を支えに移転がついに実行された。今後の米国の政治動向そして外交政策について、福音派の影響力は注視していかねばならないであろう。

（林真由美）

53

微妙なドイツとの関係

★「殺人者の国」からパートナーへ★

アウシュヴィッツの後、ユダヤ人にとってドイツは、忌むべき「殺人者の国」となった。当地はユダヤ人不在の、呪われた土地となるはずであった。実際、ユダヤ人たる者がホロコーストの後に好んでドイツに住むとは考えられなかったため、世界ユダヤ人会議（World Jewish Congress）は１９４８年に開かれた大会で、「血に染まったドイツに二度と根をおろしてはならない」とする宣言を採択したほどである。

建国されたばかりのイスラエルにおいては、その反ドイツ姿勢は国是であったといってよい。ドイツとのいかなる関係も望まないという姿勢は、イスラエルのパスポートに記された「ドイツにおいて無効」という但し書きに示されていたし、国内ではドイツと名のつくものは何でも強い拒否反応にあった。公的な場でのドイツ語の使用はタブーであり、ワーグナーの曲がイスラエルで長く演奏できなかったように、反ドイツ姿勢は文化政策にまで及んだのである。

ところが、現実にはドイツ連邦共和国（西ドイツ）は、イスラエルという国の基盤確立に、正確には、中東紛争の中での「生き残り」に、深く関わってきた（東ドイツはイスラエルと国交がなかっため扱わない）。イスラエルと西ドイツの間に国交が樹立されるのは１９６５年だが、それ以前から両国は水面下でつながっていた。

その一例が、１９５２年のルクセンブルク補償協定による経済関係である。ホロコーストによって発生したユダヤ難民の受け入れ費用という名目で、西ドイツはイスラエルに対し30億マルクを物資で支払うことで合意した。ドイツから金銭的な補償を受けることにイスラエルでは強い反対があり、「血のついた金」を受け取って死者の名誉を汚すことは許されないという意見があった。他方、建国当初のイスラエルの経済状況は深刻で、パンやバターといった基礎食料まで配給制になっていたため、政府としては世論を押し切っても、ドイツと交渉せざるを得なかったのである。

補償協定に基づき、イスラエルはドイツから原料、鉄鋼製品、機械、船舶などを年間２億５０００万から３億マルク分買い付けた。これは当時のイスラエルの総輸入の２割から３割に相当した。こうした物資により国内の道路・鉄道網の整備、電気・通信網の拡張がなされ、灌漑設備が作られた。ルクセンブルク協定では補償金による兵器の購入は禁止されていたが、輸入した鉄鋼や機械を加工して軍事目的で転用することは可能であったため、あまり意味がなかった。さらにイスラエルは、補償金の約３割を産業と軍事に不可欠な石油の購入につぎ込んだ。ドイツは産油国ではないため、イスラエルは英国から石油を購入し、その代金をドイツが支払った。補償物資はイスラエルのインフラ整備に大きく貢献したのである。

もう一つの例は、西ドイツによるイスラエルの安全保障への関与である。イスラエルにとって安定的な武器供給源の確保は、建国時から死活問題であった。最初はチェコスロヴァキアから、後にはフランスから武器を調達していたが、どちらも後に親アラブ路線に転換した事実が示すように、いつまでも武器を売ってくれる保証はなかった。こうした状況下でイスラエルは西ドイツとの軍事協力の可能性を探り、国内の反ドイツ世論とは裏腹に、早期の国交樹立を求めてきた。しかし、西ドイツはイスラエルとの国交樹立がアラブ諸国の反発を招き、逆に東ドイツの承認にいたることを恐れ、国交不在の一種の埋め合わせとして、非公式の軍事支援を選択するのである。

ドイツ連邦議会の承認を得ないこの極秘支援の立役者は、シモン・ペレスとアデナウアー政権の国防大臣、フランツ・ヨーゼフ・シュトラウスである。両者は1957年より数回にわたりドイツ内外で秘密裏に会合をもち、支援内容に合意した。それは有償・無償の武器供与を中心とし、武器は機関銃などから高射砲、対戦車砲、潜水艦まで含まれた。またドイツ内のフランス軍駐屯地や、潜水艦内におけるイスラエル軍兵士の訓練もなされた。ただし取引は一方通行ではなく、西ドイツもイスラエルから軍の制服やリュックサック、国産銃ウージーなどの軍需品を購入している。ウージーはライセンス契約でドイツ国内でも生産され、連邦軍だけでなくドイツ警察にも採用されている。

つまり、外交関係が不在のまま、経済的・軍事的な関係が先行し、実質的な国家関係ができ上がっていったのであった。ホロコーストの傷も生々しいうちに、西ドイツからの物資で国を造り、西ドイツの武器で身を守るという選択は、まさにベングリオンらの徹底した現実主義であった。

逆に、西ドイツにとってユダヤ人国家との関係は、常に最大の配慮を要する神経質なものであり続けた。アラブ諸国との戦争でユダヤ人が「海に追いやられ」、「第二のホロコースト」が起こるようなことがあれば、これは自分たちにも間接的に責任があるという意識があった。こうした中でイスラエルへの配慮がドイツの中東外交の基本とされ、特にパレスチナ問題に対する批判を差し控える風潮ができあがっていった。さらに、「反ユダヤ主義」を否定するあまりの「親ユダヤ主義」が政治的に正しい行為とされ、ユダヤ人批判を避ける一種の自己検閲へと化していったのである。しかし、ドイツ人は自ら課した制約のもとで、ユダヤ人に関しては自由な言論が封じられているとしてフラストレーションを募らせ、陰で反ユダヤ主義的な言説がはびこる結果を生んだ。

こうした特殊なドイツ＝イスラエル関係は、戦後半世紀にわたり両者の間を特徴づけてきた。これにようやく「正常化」の兆しがみえ始めたのは、21世紀に入った頃であろうか。その背景には、まずホロコーストが過去へと後退したという事実がある。また、統一ドイツがＥＵの盟主としての地位を固め、信頼される民主主義国家として認められたこともある。さらに、ホロコーストで一度は崩壊したドイツ国内のユダヤ人共同体が、１９９０年代に旧ソ連出身のユダヤ人を受け入れて増強され、10万人を数えるまでに拡大したことも影響しているだろう。ドイツは１９９１年から２００４年末まで、「ユダヤ系」であることを証明できる者を特別な「難民」として移住を許可し、全体で22万人ほど受け入れ、その約半数が現地のユダヤ人共同体に定着した。旧ソ連のユダヤ人が、「ユダヤ人国家」イスラエルではなく、かつての「殺人者の国」を選んだという事実は、イスラエルに冷水を浴びせるものであった。イスラエルはドイツに対して、旧ソ連のユダヤ人を自国へ誘導するよう、強い圧力をかけたといわれている。逆にドイツにとって、国内に強力なユダヤ人社会が存在するという事実は、まさに自国の民主主義の証に違いなく、イスラエルに対する遠慮が不要になりつつあることを示していた。

旧ソ連のユダヤ人のドイツ定住もイスラエル政府には頭が痛かったが、それどころか最近ではイスラエル人のドイツ流入が指摘されている。ベルリンにはイスラエル人の大きなコミュニティがあり、その規模は8000人とも2万人ともいわれる。多くは若者で、この中にはドイツとイスラエルの二重国籍をもつ者も少なくない。ナチ犠牲者の子孫であればドイツ国籍が取得しやすいため、テルアビブのドイツ領事館では、毎年数千件のイスラエル人によるパスポート申請がある。イスラエルが政治的・経済的に住みにくくなった時の「保険」としてドイツ国籍を取得していると考えられる。

こうしたイデオロギーと無縁なユダヤ人の移動こそが、ユダヤ人の意識においてすでにドイツが「普通の国」になっている証拠であろう。そこにおいては、かつての加害者と被害者という関係は、実利的なギブ・アンド・テイクに取って代わられている。

（武井彩佳）

54

日本とイスラエル

★高い関心、でも「遠い国」★

最近はあまり聞かないが、日ユ同祖説が結構語られた時期があった。神道とユダヤ教に類似点があるとか、カタカナとヘブライ文字に共通点があるといったことを「根拠」に、日本人とユダヤ人は同じ祖先をもつといった話だ。若干の類似点があるといっても、起源がまったく異なる両者が同じ祖先をもつとは考えられない。それでもこの話がそれなりに流布されたのは、ユダヤ人やユダヤ教に対する日本人の関心の高さが背景にあったのだろう。その延長線上にあるのだろうか、日本におけるイスラエルに対する関心もかなり高い。ただ、その関心の持ち方は時代とともに変化している。

１９６０年代まで、日本におけるイスラエルのイメージはポジティブだった。キブツが理想社会として語られ、キブツを経験するためイスラエルに渡航する新左翼系の大学生もそれほどめずらしくなかった。イスラエルの独立前後をシオニズムの視点から映画化した『栄光への脱出』もヒットした。

しかし、パレスチナ解放闘争が日本でも大きく報道されるようになる１９７０年前後から、イスラエルに対する日本の見方も変化しはじめた。１９７２年には日本赤軍の岡本公三ら三人

第54章

日本とイスラエル

がロッド空港（現在のベングリオン＝テルアビブ空港）で起こした乱射事件は、イスラエルやパレスチナ問題が決して日本と無縁でないことを知らしめた。同空港の以前の国際線ターミナルにあったパスポート・コントロールの壁には、直径5メートルほどの丸い石で、中央部に斜めにひびが入ったモニュメントが置かれていた。ロッド空港事件の記念碑で、それをみるたびに岡本公三らの犯行は何だったのだろうかと考えさせられた。

翌1973年の第四次中東戦争で、アラブ産油国が「親イスラエル国には石油を輸出しない」という石油戦略を発動すると、日本はパニックに陥った。当時、日本には石油の戦略備蓄は全くなかった。日本政府は占領地からの撤退をイスラエルに強く求める官房長官談話を発表し、談話の最後には「今後の諸情勢の推移如何によってはイスラエルに対する政策を再検討せざるを得ないであろう」という、イスラエルとの関係見直しの可能性を示唆するような厳しい表現が盛り込まれていた。これでは日米関係に悪影響を及ぼすのではないかという懸念が政府内にもあったが、「一歩踏み込んだ声明が必要」という意見が通ったという。石油製品が軒並み高騰し、トイレットペーパーが店頭から消えるなど混乱が続いている最中で、政府もかなりせっぱ詰まった状況に置かれていたのだろう。

結局、関係見直しはなかったが、日本の対イスラエル外交は要人の往来などが全くない最低限のものに限定された。経済界もまたイスラエルとの関係をほとんどもたなかった。当時、アラブ諸国はイスラエルへ投資などをした第三国の企業をボイコットするいわゆる「アラブ・ボイコット」を厳しく実施していた。このため石油取引をはじめアラブ諸国とのビジネスを重視した日本企業のほとんどは、イスラエルとの関係を避けていたのである。

しかし1980年代、日本経済が急成長を遂げると、国際政治の場、特にエネルギー資源の供給元である中東で、日本も経済力に見合った政治的な役割を果たすべきだとの声が強まった。その結果、日本はパレスチナ解放機構（PLO）との関係をもち始める一方で、イスラエルとの関係も次第に拡大し、政府要人の相互交流も行われるようになった。こうした流れは1990年代の中東和平プロセスの進展でさらに促進された。日本は対パレスチナ支援を積極的に行う一方で、イスラエルとの外交を重視する姿勢を示し始めた。アラブ・ボイコットも形骸化し、日本の商社がイスラエルで活動するなど、ビジネスの面でも関係は急速に拡大した。兵役を終えたイスラエルの若者が世界一周の旅の途中、日本に立ち寄りアルバイトを盛んにしていたのもこのころである（第47章参照）。

それ以降も、日本とイスラエルの関係は深化を続けている。今や文化面でも交流が盛んだ。2018年までに日本人11人がノーベル賞への登竜門といわれるイスラエルのウルフ賞を受賞した。そのうち小柴昌俊氏、野依良治氏、南部陽一郎氏、山中伸弥氏の4人が、その後ノーベル賞に輝いている。2009年には作家の村上春樹氏がエルサレム賞を受賞したが、氏の受賞式における「壁と卵」のスピーチは多くの注目を浴びた（コラム11参照）。日本食も人気があり、寿司はテルアビブではブームとなっている。ただそのほとんどは日本人からみると「似て非なるもの」だが。

一方、イスラエル・フィルハーモニー管弦楽団が来日するなど、日本のクラシックファンにとってイスラエルの演奏家はなじみの存在だ。イスラエル映画も日本で盛んに紹介されており、2008年の第9回東京フィルメックスでは、レバノン戦争に従軍した若い兵士の心情をつづった異色のアニメ映画『バシールとワルツを』（邦題は後に『戦場でワルツを』となった）が最優秀作品賞を贈られている。

文化面ではないが2011年の東日本大震災の直後には、イスラエル軍が編成した緊急医療チームが宮城県南三陸町で約2週間にわたり、被災者の診療に当たった。

イスラエル中央統計局の2017年のデータによれば、イスラエルから日本への輸出は8億3490万ドル、輸入は20億8150万ドルで、それぞれイスラエルの輸出全体の1・4%、輸入全体の3%と決して多いわけではない。日本のイスラエルからの輸入品の多くはかつては加工されたダイヤモンドだったが、今ではハイテク技術を使った光学・医療機器や機械・電気機器類がほぼ半分を占めている。日本からイスラエルへの輸出ではやはり自動車が多く、輸送機器が全体の4割以上となっている。また最近では、AI（人工知能）などハイテク関係で、イスラエル企業と提携する日本企業が増えている（第38章参照）。

日本からイスラエルへの観光客も和平プロセスが進展した1990年代には年間2万人近くにまで増え、一時、直行のチャーター便が飛んだことがある。しかし、2000年秋に第二次インティファーダが始まると、旅行者数はぐっと減った。最近は回復基調にあるものの、以前のレベルには戻っていない。世界的な観光資源がありながら日本人観光客が少ないのは、キリスト教徒が少なく巡礼者がそれほどいないということ以上に、「イスラエルは危険」というイメージが強いからだろう。

イスラエル、日本双方にとって、互いにずいぶん「近い国」になった。それでも依然として互いに「遠い国」だ。それも日本製品があふれているイスラエルからよりも、日本からの距離感の方がもっと大きい。危険というイメージに加え、イスラエルの占領政策に対する批判や反発も、イスラエルを遠い存在にしているといえる。

（立山良司）

IX

中東和平問題とイスラエル

55

オスロ和平プロセスとその破綻

★行き詰まった和平プロセス★

1980年代末から1990年代初頭にかけての国際政治情勢の構造的な変動、すなわち冷戦構造の崩壊と湾岸危機・戦争という事態を受けて、アラブ＝イスラエル紛争にも大きな変化が生じた。冷戦と湾岸戦争との「二つの戦後」が切り結ぶところに、1991年10月のマドリード中東和平国際会議が招請され、イスラエルと厳しく対峙していたアラブ側（エジプトを除く）が、唯一残った超大国である米国の圧力の下に、イスラエルと和平交渉に入ることになったからである。しかし、当時イスラエルの政権を担っていたイツハク・シャミール首相は、ヨルダン川西岸・ガザに在住するパレスチナ人の政治的主体性こそ認めはしたものの、彼らの唯一正統な代表がパレスチナ解放機構（PLO）であるとの主張を受けいれず、PLOはどこまでもテロ組織であって交渉相手とはしないとの姿勢を崩さなかった。このためパレスチナ人側は独立した交渉代表を立てることができず、その後の和平交渉はヨルダンの代表団の一部にPLO色の希薄な名望家数名を加えるにとどまり、交渉は迂回を繰り返すばかりとなった。

1992年6月のクネセト総選挙の結果、イツハク・ラビン

第55章

オスロ和平プロセスとその破綻

オスロ合意調印式で握手するラビン首相（左）とアラファト議長（右）、中央はクリントン大統領（駐日イスラエル大使館広報室提供）

率いる労働党連合を中軸とする左派が政権を奪回した。新政権内には、最終的にはPLOとの間に了解を取り付けなければパレスチナ人との間に和平は構築できず、さらにパレスチナ人との和平関係がなければ他のアラブ諸国との関係正常化も困難となるという認識があった。このような認識に立ってPLOとの接触が開始され、それはやがてノルウェー政府の非公式のバックアップを得て同国の首都オスロでの両者間の秘密交渉として結実した。

秘密交渉の存在が明かされたのは93年8月末であったが、それまでには「占領地にパレスチナ暫定自治を担う政体を創出し、これとイスラエル政府との間に紛争の最終的な政治的解決に向けた交渉を開始する」ことについての原則的な合意が成立していた。しかし既述のように、この時点で両者は依然として互いに存在を否認しあう関係であった。このため、ノルウェー政府を仲立ちとしてラビン首相とアラファトPLO議長とが相互承認を行うという手続きを経て（9月10日）、1993年9月13日、米国ワシントンのホワイトハウスにおいて「パレスチナ暫定自治に関する諸合意（オスロ合意）」が調印された。ラビン、ペレス、およびアラファトは、合意達成を評価されて1994年のノーベル平和賞を受賞した。

「勇者の平和」と喧伝されたオスロ合意は、94年5月4日のカイロ協定に基づく同月末のガザ地区全域および西岸エリコ市においてPLOによるパレスチナ暫定自治政府（PA）の創出につながった。以降、イスラエルとPAとは自治の対象地域の拡大をめぐって交渉を続け、95年9月28日には西岸主要都市部をPA管轄下に置くという内容のいわゆるオスロII合意が成立した。これは、西岸地域をA地域（ほぼPAが管轄）、B地域（治安権限のみイスラエルとPAとで分掌）、C地域（ほぼイスラエルが管轄）の三つの類型に区分し、A地域については可及的速やかにPAに移譲、B・C地域についても交渉の進展によってPAへの移譲に含みをもたせるというものであった。

さまざまに曲折がみられたにせよ、占領地を返還して自治を許し、その見返りとしてパレスチナ人側からイスラエル国家の承認をとりつけるという「領土と平和との交換」構想は着実に進展をみせていた。しかし他方で、そのような進展に対して、イスラエル社会には必ずしも「着地点」がみえないことへの不安もまた増大していた。自治開始から二年を経た段階でパレスチナ政体の最終的地位を確定する交渉が始められることが、オスロ合意のもう一方の柱であったが、エルサレムの帰属や難民問題の処理、あるいは占領地に残るユダヤ人入植地の取り扱いといった問題に関して、イスラエル側とPA側との立場の懸隔は絶大で、妥協点は見出せていなかった。これらの争点は、すべて交渉の成り

第55章

オスロ和平プロセスとその破綻

行き次第、いわば「オープンエンド」であった。つまり、パレスチナ人側がいったん土地を掌握して主権国家を樹立するとしても、それですべてが決着するとの保証はどこにもなかった。新国家はイスラエルに対する新たな闘争の根拠地になりかねないとの危惧にも、一定の説得力があったのである。

1995年11月のラビン暗殺は、「エレツ・イスラエル（イスラエルの地）を異教徒に売り渡した」ことに怒りを激発させた狂信的ユダヤ人による犯行で、ラビンやペレスが推進してきたオスロ合意路線への信認をただちに揺るがすものとはならなかった。しかし、自爆テロなどの形でこの頃から激化してきたパレスチナ人側の武装闘争は、もともと先行き不透明であったPAとの交渉の意味やその位置づけに疑問符が付される傾向を拡大した。一方で交渉を行いながら、他方で「テロ攻撃」を続けるPA側の姿勢について、それが意図的であれば交渉相手としての誠実義務に違反するし、PAの意図に反して生起しているのなら、PAには自陣営を統制する能力が欠落していることになる。いずれの場合であっても、PAは交渉相手にならないのではないかという疑念が広がったのである（第56章参照）。

こうした疑念は、ラビン暗殺に続くペレスおよびネタニヤフ政権時代に徐々にイスラエル社会に浸透したが、2000年7月にクリントン米大統領の仲介の下に行われたキャンプ・デーヴィッド交渉において、当時のバラク首相の提案をアラファトPA首長（PLO議長）が峻拒したことによって一挙に顕在化した。バラクは、たとえばエルサレム問題に関して東エルサレムを事実上PAの管轄下に置くことなど、歴代イスラエル政権に比べれば「破格の譲歩」を示した。にもかかわらず、アラファトはこれを一顧だにしなかったという報道は、イスラエル社会に衝撃を与え、浸透しつつあった疑念の「正しさ」が検証された格好となった。もっとも、あくまで「東エルサレムを新生パレスチナ国家の首都とする」ことを目指したアラファト側にすれば、バラク提案はそのまま受け入れられるものではなかったし、それ以前に、占領地での入植活動を止めようとせず、また難民の「帰還権」を認めようとしないイスラエルの姿勢に激しく反発していた。

2000年9月末に勃発した第二次インティファーダ（アル・アクサ・インティファーダ）は、PAがもはやオスロ合意で想定されていた和平交渉の相手として適格を欠いているというイスラエル社会の印象を決定的なものにした。強引に東エルサレム旧市街の聖域に乗り込んでパレスチナ人を挑発し、騒乱を引き起こした張本人であるアリエル・シャロンが、2001年1月の総選挙で勝利し、「アラファトを相手にしない」と明言する新内閣を組閣した背景には、交渉によって紛争を決着させようとしたオスロ合意に対するこのようなイスラエル社会のフラストレーションがあった。そして、このシャロン内閣が、交渉ではなく一方的行動によって問題を封じ込める路線に転換し、それは続くオルメルト政権やネタニヤフ政権でも踏襲された。この間、2007年以降パレスチナ側はイスラム過激派勢力ハマスがガザ地区の実効支配を始め、西岸に拠るPAと決定的に決裂した。かくして、イスラエル側は交渉継続への意志を放棄し、パレスチナ側は交渉能力そのものを喪失して、和平プロセスは行き詰った。そして最後に2018年5月、「仲介役」であったはずの米国トランプ政権が「統一されたエルサレムはイスラエルの首都」というイスラエルの一方的主張を公式に容認し、大使館をエルサレムに移転したことによって、オスロ合意は完全にとどめを刺された格好となったのである。

（池田明史）

56

パレスチナ問題とイスラエル世論

★2000年を境に大きく変化★

イスラエル社会はパレスチナ問題をどうとらえ、その認識はどのように変化してきたのだろうか。ここでは、テルアビブ大学の複数の研究所などが実施してきた世論調査のデータを参照しつつ、パレスチナ問題に対するイスラエル世論の動向をみていきたい。

イスラエル社会においてパレスチナ問題が広く認識され始めたのは、1987年12月に発生した第一次インティファーダ（民衆蜂起）後のことである。1988年10月に実施された世論調査では、イスラエル人の55％がインティファーダの結果、安全保障と政治に対する考え方が変ったと回答した。それまで国民の多くは周辺国との国家間戦争の脅威に関心を寄せていたが、インティファーダの発生はパレスチナ問題が切迫した問題であるとの認識を深めさせた。

1991年の湾岸戦争後、イスラエルと周辺アラブ諸国間の直接交渉を開始するためにマドリード中東和平国際会議が開催され、国内の和平への機運は一気に高まった。1993年1月に実施された調査では、アラブ側と和平を達成できると考える者は71％に達し、今後3年間においてアラブ側との戦争の可能性があると考える者は1986年以降の調査後、初めて50%を下回った。また、アラブ側との平和協定の一部としてパレスチナ国家樹立を支持する者は、過去最高の36%だった。このように90年代初頭、包括的な中東和平に対する前向きな世論が形成されつつあった。

1993年9月のイスラエルとパレスチナ解放機構（PLO）間の「オスロ合意（暫定自治合意）」や、1994年のヨルダンとの平和条約締結を経て、和平に対する国民の期待はさらに高まった。オスロ合意の履行プロセスに関する国民の意識も高まり、オスロ合意を支持する者が不支持を上回る傾向が続いた（図参照）。また、シリアとの和平への期待感も高く、1995年の調査では、占領地ゴラン高原からの撤退と引き換えにシリアとの和平を達成できると考える者は、過去最高の約45%に達した。

図　オスロ合意をどう思うか？

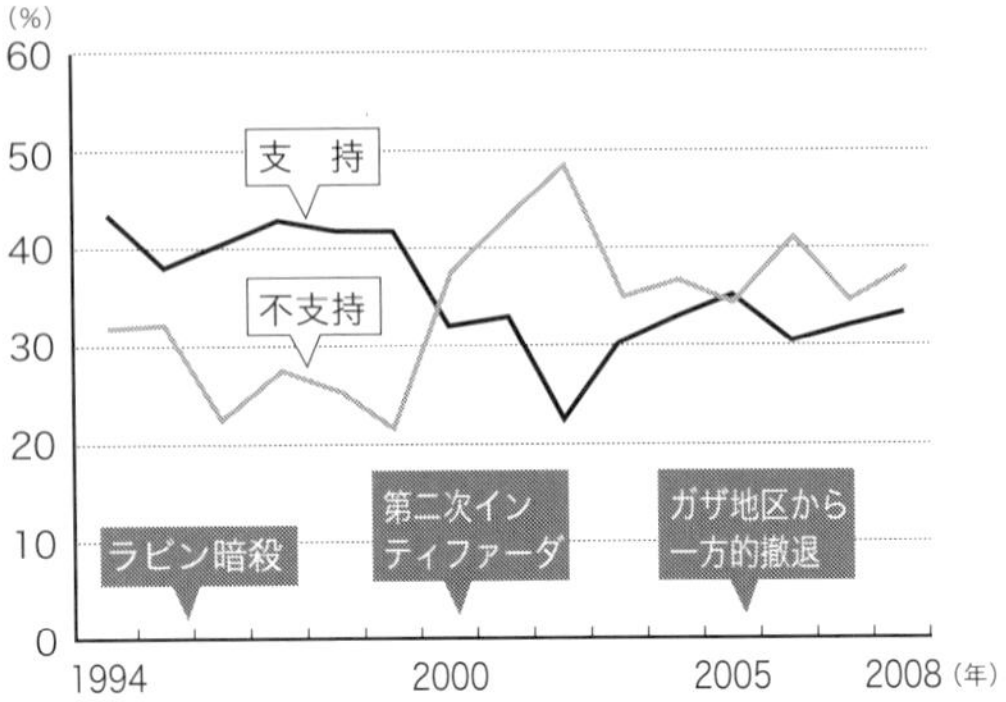

出所：テルアビブ大学 "The Peace Index" より作成。各年6月の調査による。調査は、2008年まで

しかしながら、国民の和平に対する前向きな動向はこの時期がピークであった。1995年11月、ラビン・イスラエル首相が和平反対派のユダヤ人青年に暗殺される事件が発生したことに加え、都市部において和平反対派勢力によるテロ事件などの発生件数が増加し、治安面での不安が広がったためだ。同年の調査では、85%が個人

の安全を懸念していると回答した。1996年2月と3月にテルアビブなどで発生した自爆テロ事件は、その年の総選挙に大きな影響を与え、和平推進派の労働党は敗北した。こうしてこの時期から2000年まで、世論は冷めた目でパレスチナとの和平交渉をフォローするようになったが、和平への期待感も引き続きみられた。実際、1987年に21％だったパレスチナ国家樹立への支持は、1999年には57％に達した。

2000年までには、和平の具体的問題についてもイスラエル人の認識に変化がみられた。交渉で協議すべきテーマについて、1993年と1999年の調査を比べれば、ユダヤ人入植地撤去問題は43％から56％、東エルサレムの地位についても17％から26％と協議支持の増加傾向がみられた。他方で、パレスチナ難民の帰還権については、12％から13％とほぼ横ばいの推移だった。このように90年代後半には、イスラエル社会においてパレスチナ国家樹立に向けた国民的議論も深まった。

しかし、こうした和平への期待感の高まりは2000年を機に後退した。同年7月の米国におけるキャンプ・デービッド・サミットや翌2001年1月のタバでの和平交渉は、決裂に終わった。国民の間では、交渉においてイスラエルのバラク政権がかつてないほど領土を譲歩したにもかかわらず、アラファトPLO議長がその妥協案を拒否したとのイメージが確立され、パレスチナ側に和平にコミットする意思がないとの不信感が増大した。

さらに2000年9月末以降、第二次インティファーダと呼ばれるイスラエルとパレスチナ間の暴力の応酬が始まった。和平への期待が大きかった分、失望感が広がるのも早く、2001年の調査では、オスロ合意の不支持は支持を大きく上回るようになり、その差はさらに広がっていった。

表　交渉に関するイスラエルの世論（2018年３月現在）

問　パレスチナ自治政府（PA）との和平交渉の実施についてどう思うか？	
(1) 強く支持する	28.2
(2) どちらかというと支持する	33.8
(3) どちらかというと反対する	16.1
(4) 強く反対する	14.4
(5) わからない／回答拒否	7.5
問　PAとの交渉は近い将来、イスラエル・パレスチナ間の和平をもたらすと思うか？	
(1) 確信する	5.3
(2) どちらかというと信じる	17.2
(3) どちらかというと信じない	28.8
(4) 全く信じない	44.6
(5) わからない／回答拒否	4.1

出所：テルアビブ大学“The Peace Index”（2018 年 3 月）より作成

治安情勢が悪化するにつれ、イスラエル国民には政府の強硬姿勢を支持する傾向が強まった。２００２年４月、イスラエル軍はパレスチナ自治区内において大規模な軍事作戦（「防御の盾作戦」）を実施したが、その２カ月前の調査では75％が軍事行動によって事態を制御できると考えていた。世論のこうした傾向は近年まで続き、２００８年12月に始まったガザ攻撃では、開戦翌日には81％が同作戦を支持（世論調査機関〈Maagar Mohot〉調べ）し、２０１４年７月に開始されたガザ侵攻では、約１週間後には約95％が同作戦の実施が正しいと答えた。

一方で、２０００年以降から近年まで、パレスチナとの交渉の支持層は５割前後と、パレスチナ問題全般に関する世論の推移に大きな変化はみられない。治安問題に対しては強硬姿勢で臨むことを支持する一方で、根本的な問題解決にはパレスチナ側との交渉が必要との認識は一定程度定着していると考えられる。

ただ、２００５年のイスラエル軍のガザ地区からの一方的撤退後もロケット攻撃などにより情勢が悪化したことや、

２００６年のレバノンのシーア派民兵組織ヒズボラとの衝突（第二次レバノン紛争）、２００７年のハマスのガザ地区武力制圧、２００８～０９年、２０１２年、２０１４年の三度のガザ紛争という情勢のさらなる混迷を受け、交渉による和平達成に対して懐疑的な見方は強まった。２００６年の調査以降では、パレスチナ自治政府（ＰＡ）との交渉が近い将来、イスラエル・パレスチナ間に和平をもたらすと思わない者は６割から７割に達し、２０１８年３月の調査でも約73％であった。

また情勢悪化を受け、２０００年代後半、パレスチナ問題の各論に対しても世論の右傾化がみられた。２００５年と２００９年の調査を比べれば、「領土と平和の交換」原則を支持する者は48％から28％に、「嘆きの壁」の部分を除く「神殿の丘（ハラム・アッシャリフ）」の返還については27％から約17％に減少し、さらに合意に基づく入植地撤去に反対する者は27％から42％に増加した。こうした各論における世論の右傾化は、近年のイスラエル社会の右傾化（第25章参照）を如実に反映している。

２０１８年３月の調査では、政府が取り組むべき最重要課題について、社会経済的な格差の縮小をあげた者は約41％だった一方で、パレスチナとの交渉と回答した者は約10％に留まった。近年のパレスチナ問題に対するイスラエル世論の動向からは、イスラエル社会の内向きと右傾化に加え、90年代とは対照的な中東和平に関する悲観的な見方の根深さがみてとれる。

（辻田俊哉）

57

宗教と政治の複雑な絡みあい

★エルサレム問題とイスラエル★

ディアスポラ（離散）状態にあったユダヤ人はかつて別れ際に「来年こそ、エルサレムで会いましょう」と挨拶を交わした。エルサレムに行きたいというかなうことのない願いを、別れの挨拶に込めたのである。ユダヤ人のエルサレムへの思慕の念は、紀元前6世紀に新バビロニアによる「バビロンの捕囚」の際に、囚われのユダヤ人がエルサレムを想って次のようにうたったことでも、よく知られている。

「エルサレムよ／もしも、わたしがあなたを忘れるなら／わたしの右手は萎えるがよい。／わたしの舌は上顎にはり付くがよい／もしも、あなたを思わぬときがあるなら／もしも、エルサレムを／わたしの最大の喜びとしないなら」（新共同訳『旧約聖書』「詩篇」137篇）

ある聖地が複数の宗教の聖地になっていることは多い。エルサレムも例外ではない。ユダヤ教以前にもエルサレムには「いと高き神」が祭られていたと聖書には記してある。さらに聖書によれば紀元前1000年頃、ダビデがエルサレムを都とし、息子のソロモンが神殿を作った。神殿そのものは新バビロニアによって破壊され、再建された第二神殿も紀元1世紀にローマによって破壊された。その第二神殿の石垣の一部とされているのが「嘆きの壁（西壁）」である。ローマによる破壊後、ユダヤ教は神殿をもたない宗教となったが、「嘆きの壁」はユダヤ教の巡礼と祈りの場となった。ユダヤ教の祭日には、前の広場は祈りに来たユダヤ人でいっぱいになる。

「嘆きの壁」と「岩のドーム」（左奥）

エルサレムはユダヤ教の改革を訴えたイエスが宗教活動を行い、十字架にかけられた場所でもあり、キリスト教にとっても最高の聖地だ。春の復活祭の頃には、イエスが十字架を背負って歩いたといわれる「悲しみの道」から聖墳墓教会にかけて、世界中からの巡礼者でごった返す。イスラム教にとっても聖地だ。ムハンマドは一夜、メッカから天馬でエルサレムに飛来し、「光のはしご」で天に上りアッラーに会ったといわれる。金と銀のドームをそれぞれいただく「岩のドーム」とアル・アクサ・モスクは、古代ユダヤ教の神殿があったといわれる高台にあり、イスラエルは「神殿の丘」、パレスチナ側は「ハラム・アッシャリフ（高貴な聖域）」と呼んでいる。その高台を囲む石垣の一部が「嘆きの壁」だ。金曜礼拝時、高台は祈りをささげるイスラム教徒で埋め尽くされる。

1948年のイスラエルによる独立宣言直後から始まった第一次中東戦争の際、エルサレムをめぐって激しい攻防戦が繰り広げられた。イスラエルはエルサレム新市街地(西エルサレム)を確保したが、旧市街地を含む東エルサレムはトランス・ヨルダン(現ヨルダン)の手に落ち、町は東西に分断された。

東エルサレムをイスラエルが手にしたのは、1967年の第三次中東戦争だった。東エルサレムの占領(イスラエル側は〝解放〟と呼ぶ)直後、イスラエルは拡大したエルサレム市域全域にイスラエル法を適用する新法を制定した。さらに1980年には「基本法―エルサレム―イスラエルの首都」を制定し、「統一された完全なエルサレムはイスラエル国の首都である」と規定した。こうした法的措置を背景にイスラエルは、東を含むエルサレム市全域は自分たちの永遠の首都であると主張し続けている。

だが1967年にイスラエルが新法を成立させた直後、国連総会が「エルサレムの地位変更は無効である」と決議したように、国際社会はイスラエルによる東エルサレム併合を認めていない。国際社会からみればエルサレムはまだ法的に帰属が決まっていない地域であり、イスラエルの首都ではない。そのため日本を含む各国はエルサレム以外に大使館を置いている。

それでもイスラエルの併合以来、エルサレムは大きく変わった。第一にイスラエルが活発な都市開発を行い、旧市街地のユダヤ人地区をはじめ東エルサレムでユダヤ人入植地を次々に建設した。その結果、人口構成も景観も一変した。イスラエル政府などのデータによれば、2015年末現在のエルサレムの総人口約87万人のうち、ユダヤ人は53万人で、このうち20万人が東エルサレムに住んでいる。

　他方、パレスチナ人は32万人で、そのほとんどは旧市街地を含む東エルサレムに居住している。
　東エルサレムには13カ所の入植地があるが、外見はどれも普通の住宅地で、ヨルダン川西岸の入植地のように塀や鉄条網で囲まれ警備のイスラエル兵士がいるわけではない。この十年ほどの間にこれら入植地を結ぶ新しい道路が次々に建設された。２０１１年には北部の入植地から旧市街地の横を通り、西の郊外近くまでを結ぶ路面電車が完成し、エルサレムの交通事情は激変しつつある。

図　エルサレムとその周辺（2017年10月現在）

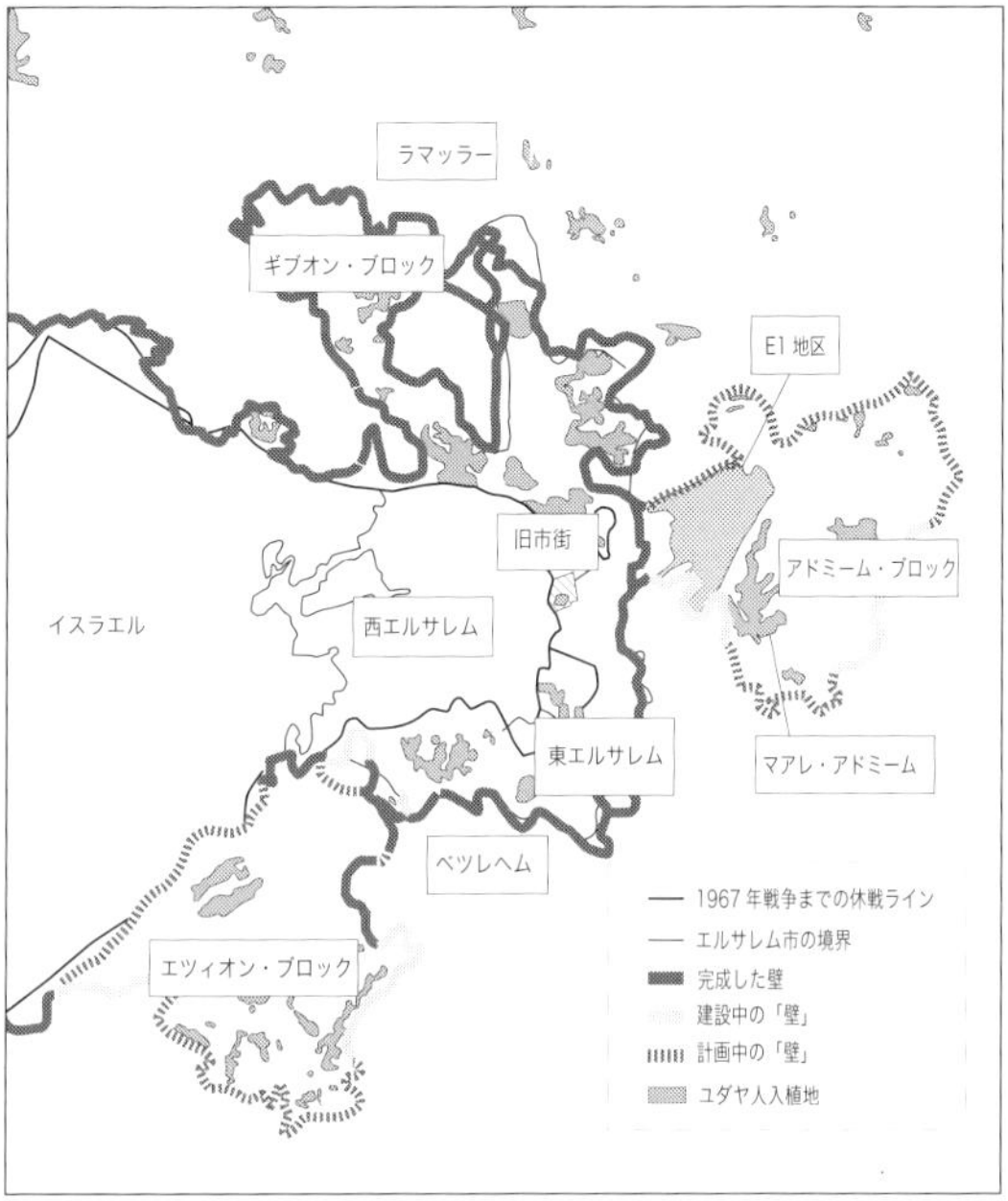

出所：国連人道問題調整官事務所（OCHA）

　第二の変化は、イスラエルが「テロリストの侵入を防ぐ」として２００２年以来、建設している「安全フェンス」（パレスチナ側の呼称は「分離壁」「隔離壁」）の影響だ。壁はエルサレム周辺のヨルダン川西岸にある入植地をエルサレム市域に取り込む形で建設されており、すでにかなりの部分が完成している。東エルサレムのパレスチナ人社会は歴史的にパレスチナ地域全体の政治や宗教、文化、経済などあらゆる面で中心の役割を果たしてきた。しかし、壁ができた結果、東エルサレムのパレスチナ人住民は西岸からほとんど切り離され、日常的な接触は非常に限定されている。その分、東エルサレムのパレスチナ人社会は中心としての地位を失いつつある。

米国のトランプ大統領は2017年12月、エルサレムをイスラエルの首都と認め、テルアビブにある米国大使館をエルサレムに移転すると発表した。

1995年に成立した米国の「エルサレム大使館法」は米国大統領に対し、エルサレムをイスラエルの首都と認め、1999年5月末までに大使館をエルサレムに移転するよう義務付けていた。ただ、大統領には6カ月ごとに安全保障上の理由を根拠に移転を延期する権限が与えられており、クリントン、ブッシュ、オバマ各大統領は移転を延期してきた。中東和平プロセスへの悪影響や、アラブ諸国やイスラム諸国の反発を懸念したからである。

ところがトランプはエルサレムの地位の一方的な変更は認められないという米国の長年の政策を変更し、2018年5月にはイスラエル独立70周年に合わせて大使館をエルサレムに移転した。なぜトランプは政策を転換したのだろうか。よく指摘されるのは、イスラエル・ロビーの働きかけ、特に右派系ユダヤ人からの圧力である。確かに右派系ユダヤ人の団体や有力者は共和党を支持しており、トランプにとっても重要な政治基盤だ。

しかしそれ以上にトランプが重視したのは、白人福音派（エバンジェリカル）の支持だったようだ。福音派の多くは聖書の言葉を字句通りに受け入れ、「約束の地」は神によってユダヤ人に与えられたと信じている（第52章参照）。特に白人福音派はイスラエル支持の傾向が強く、イスラエルの主張通りエルサレムに大使館を移転すべきだと主張してきた。彼らは政治的にも保守で、有権者に占める割合も約25％と高いことから、共和党の重要な支持基盤を形成している

２０１６年の大統領選挙では、白人福音派の実に81％がトランプに投票し、政権誕生の原動力になったといわれている。彼らの多くは労働者階層に属し、外国からの安い輸入品や移民労働者が自分たちの仕事を奪ったと考えている。それだけに「アメリカ第一」を掲げたトランプに強い共感を覚えたに違いない。しかも、マイク・ペンス副大統領は白人福音派の代表的な政治家の一人である。トランプはエルサレムをイスラエルの首都と認め、大使館移転を実行することで、白人福音派の支持をより強固にしたかったのだろう。

イスラエルではテルアビブとエルサレムを結ぶ高速鉄道を建設中で、２０１８年中か２０１９年に開業予定だ。エルサレム市内では旧市街地から約３キロ西に終着駅が設置されている。ところがトランプが新しいエルサレム政策を発表した直後、鉄道を旧市街地の地下にまで延伸する計画が承認された。地下駅の名称は「ドナルド・トランプ＝嘆きの壁」駅になるという。

旧市街地の地下50メートル以上を掘り進む工事が実際に始まれば、宗教や政治を巻き込んだ新たな対立が生じるに違いない。トランプ大統領の政策変更は、エルサレム問題をますます複雑にしてしまった。

（立山良司）

58

増え続ける入植者人口

★パレスチナ人の反対をよそに★

イスラエルの占領地であるヨルダン川西岸には2016年末現在、130カ所の入植地があり、約40万人の入植者が住んでいる。また、ゴラン高原には35カ所、約2万人が住んでおり、東エルサレムにも20万人以上が入植している。ガザ地区にはかつて16の入植地に約8000人が住んでいたが、2005年8月に全て撤退した。

入植地は、人口が数十人、数百人単位から、数万人という大規模なものまである。人口が多い入植地では、ショッピングセンターや学校も備わっていて、通常の都市と変わらない。西岸では、2000年以降新規の入植地開発は行われず、既存の入植地で住宅建設が行われていたが、2016年に新規の開発が再開された。また最近では、イスラエル政府の許可なく土地を占拠し、掘立小屋やトレーラーハウスを建てた「アウトポスト」と呼ばれる入植地が増え、その数は100カ所以上になっている。国際法からすれば、通常の入植地もアウトポストも違法だが、イスラエルは近年法整備を行い合法化した。

パレスチナ側からみれば、将来、自分たちの国となるべき土地が収容され、次々と入植地が作られ、ユダヤ人人口が拡大している事実は看過できない。そのためパレスチナ側は入植活動の完全停止を和平交渉再開の前提条件としており、国際社会もイスラエルに対し入植活動の凍結と違法拠点の撤去を求めている。

入植地活動に影響を与えたのは「アロン・プラン」だ。第三次中東戦争直後、イガル・アロン労相（当時）が占領地について、アラブ系住民の多い所はヨルダンに返還し、その他の所をイスラエル領に併合することを提案した。この提案を基に、当時の労働党政権は、主にエルサレムから南の地域とヨルダン渓谷で入植地建設を進めた。後に政権についたリクードは入植活動を一気に拡大し、アロン・プランではヨルダンに返還するはずだったラマッラー、ナブルス、ジェニン、トゥルカレムなどアラブ系住民の多い集落の近くにも入植地を建設していった。そして現在、国際社会の批判に対し、「人口の自然増」を理由に入植地での住宅建設を続けている。

入植者に「なぜそこに住むか」と尋ねたら、三通りの答えが返ってくるだろう。一人目は、西岸もイスラエルの領土だからと答える、大イスラエル主義支持者だ。二人目は、神から与えられた「約束の地」だからと答える宗教シオニストだ。そうして三人目は、経済的事情を理由にあげる。多くは世俗的な人たちだが、超正統派もいる。家が欲しいが、経済的な理由でイスラエル領内では家を買えないため、優遇措置があり購入しやすい入植地の住宅を購入して住んでいる。入植地には、同じ理由をもつ者が集まっている所もあれば、三者が混在している所もある。入植地数でみれば大イスラエル主義者が集まる入植地が45％、超正統派ユダヤ教徒が住む所が4％程度、世俗的な人々が住む所は21％で、残る約30％は混在、といった割合である。ただし入植者の人口をみると、正統派ユダヤ教徒が子だくさんなこともあってか、入植者の約30％を占める。また２０１５年には、入植者のうち約６万人

図　入植者人口の推移

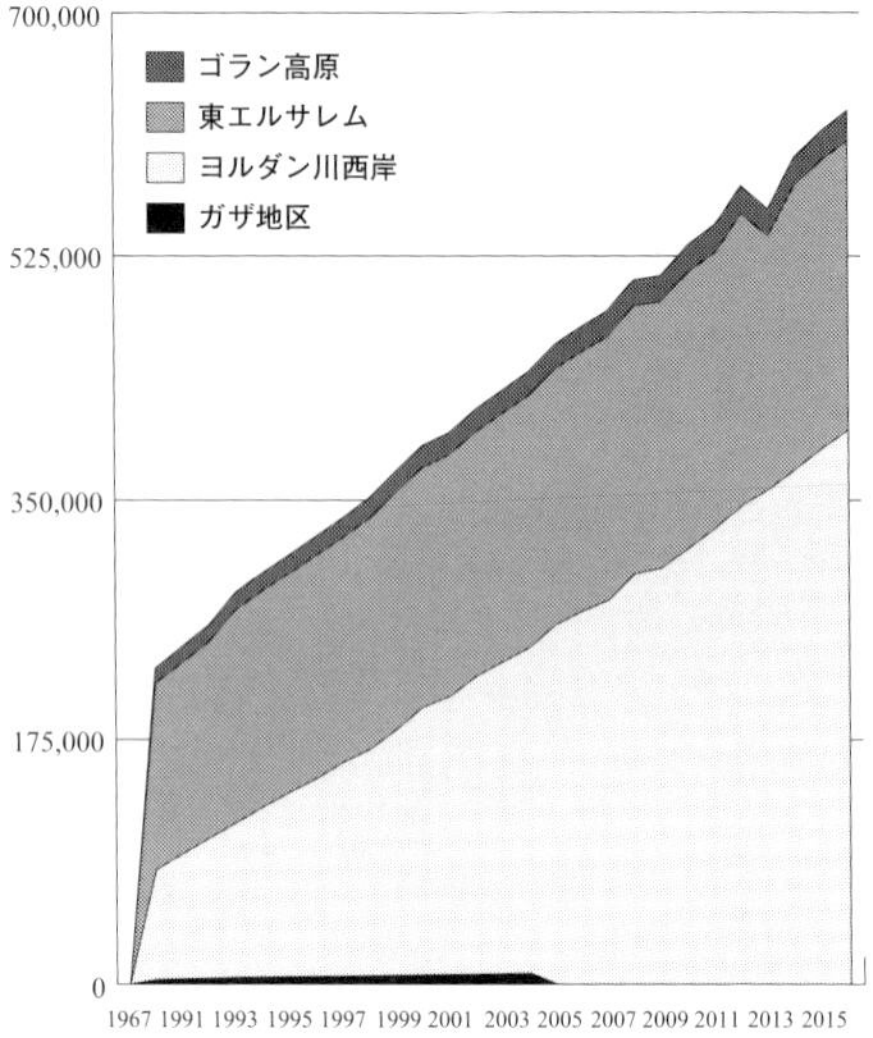

出所：イスラエル中央統計局、エルサレム政策研究所、Peace Now、B'tsleem などのデータをもとに作成。

は米国から移民したユダヤ人であるとの研究結果が報告された。

イスラエルは入植地への移住を推進するため、様々な優遇措置を設けている。個人向けには、住宅購入のための低金利のローンや補助金制度がある。入植地の学生は、大学進学の奨学金が優先的に受けられる。企業向けには産業育成のために、入植地への投資に対する補助金制度や税の優遇措置がある。入植地を管轄する地方自治体への交付金配分や税制措置は、他の地方より優遇されている。

その結果、オスロ合意が結ばれた１９９３年から２０１５年の間に、イスラエル全体のユダヤ人人口は1・6倍増だったのに対し、西岸では3・6倍と倍の伸びだった。結局、入植地での人口増加率は「自然増」よりもはるかに高いといわざるを得ない。その最大の理由はイスラエルが自国民に入植地への移住を奨励しているためであり、２０１５年の新規入植者の25％は、イスラエル領内から移住した人々だというデータもある。

こうした活動は、占領地に自国民を移住させることを禁止するジュネーブ第四条約違反だとして批判されている。国連安保理は、入植地活動は和平の障害であり、入植地の撤去もしくは速やかな建設停止を求める、とする決議４６５を１９８０年に全会一致で採択した。国際司法裁判所も、２００４

第58章

増え続ける入植者人口

年に、東エルサレムを含む全ての占領地内の入植地は違法であり、和平や経済発展の妨げであるとの勧告意見を示した。

こうした批判にもかかわらずイスラエルの入植活動が止まらない要因の一つは、イスラエルの入植活動を米国が容認してきたことにある。2005年に当時の首相アリエル・シャロンはジョージ・W・ブッシュ米大統領に、ガザの入植地撤退と引き換えに、比較的人口規模の大きいエルサレム周辺、アリエル、カルネイ・ショムロンといった西岸の六つの入植地とその周辺地域をイスラエル領に留めることを求めた。これに対しブッシュはシャロンの要求を保証する書簡を出したのである。いわばイスラエルの入植活動に米国が〝お墨付き〟を与えてしまったのだ。シャロンが求めた六つの入植地ブロックはいずれもグリーン・ラインに近いところにあり、分離壁(安全フェンス)で周辺のパレスチナの集落と区切られている。二国家解決に向けて、これらの入植地ブロックとイスラエル領内のアラブ人が多く住む地域をパレスチナとの間で交換する、という案もささやかれている。

西岸に占める入植地の面積の割合は3%程度だが、入植地と入植地の間や、入植地とイスラエル領内を結ぶ道路網も含めると40%ほどになる。パレスチナ人は入植地や入植者用の道路には立ち入ることができないため、西岸の40%が事実上イスラエルの占有状態となっている。西岸、ガザは委任統治領パレスチナの22%でしかない。つまりパレスチナ人は78%の領土を諦め、わずか22%の土地に独立国家を建設しようとしている。またイスラエルは西岸の水資源の90%を管理しているといわれている。これ以上入植地が拡大すれば、ますます自分たちの将来の領土が失われてしまうと懸念する。パレスチナ人の目には、イスラエルが入植活動を続けることは和平に対し本気でないことを示していると映るのである。

２０１７年には、西岸の私有地の収容を合法化する「正常化法」が成立した。イスラエルの立場に立って土地の所有形態を「正常化」するこの法律の制定により、西岸のパレスチナ人の私有地に建てられているアウトポストが合法化されることとなった。２０１７年５月の国連の報告書では、正常化法によって西岸のパレスチナ人の２０００戸から４０００戸に影響が及ぶとしている。イスラエルは東エルサレムを含む西岸で２０１６年４月から一年間にパレスチナ人所有物件７２６件を取り壊した。9月にはゴラン高原で初めて一件の取り壊しを行った。イスラエルは敵対的な行為を行った者の家を取り壊すなどの懲罰的措置で住宅を破壊することがあり、こうした理由で西岸及び東エルサレムでは子どもを含め１１２２人が住むところを失った。

２０１８年3月に行われたパレスチナにおける世論調査では、57％が入植地拡大によりもはや二国家間解決は現実的でないと回答している。また28％が入植地問題がパレスチナ人にとって最も深刻な問題であると答えており、貧困、失業（いずれも25％）を上回っている。和平交渉再開に向けた有効な手立てが打たれないまま、入植活動が進んでいる。

こうした状況は国内の右傾化と、イスラエルに好意的なトランプ大統領の誕生が無関係ではないだろう。大きな後ろ盾を得たイスラエルによる入植地の拡大は和平交渉再開への望みを一層遠ざけるものとなっている。

（林真由美）

59

「世界最大の刑務所」ガザ

★長期化するハマスの実効支配と封鎖★

しばしば「回廊」とも表記されるガザ地区は、地中海に面した約360平方キロメートルの帯状の土地で、イスラエル建国時にはエジプトの支配下にあり、その軍事拠点であった。第一次中東戦争の結果、大量のパレスチナ難民が流入し、現人口約150万人の7割以上は難民およびその子孫である。1956年の第二次中東戦争でガザはいったんイスラエルに占領されるが、国際的圧力の下で翌57年にイスラエル軍は撤収を余儀なくされた。しかし1967年の第三次中東戦争ではシナイ半島全域とともに再びイスラエルの占領支配下に置かれた。それまでエジプトに実効支配されていたものの、併合されたわけではなかったので、実際にはこの戦争を境にガザはエジプトの軍事占領からイスラエルの軍事占領へと移行したことになる。イスラエルもまたガザの併合を忌避した。戦争で獲得した領域の返還を梃子として隣接アラブ諸国との和平交渉に入ること、すなわち「領土と平和との交換」を模索したという一般的な側面もあるにはあるが、むしろ併合によって大規模な難民人口を市民として抱え込むことを嫌ったというのが実情だろう。

「パレスチナ難民であふれかえって」いて、そのことが原因

イスラエルの攻撃で破壊されたガザ市の建物（2010年３月、立山良司撮影）

で「誰からも求められない」土地。ガザは、その必然的な帰結としてパレスチナ民族主義や解放闘争の本拠地となった。１９４９～67年までは、エジプト軍と並んでパレスチナ解放軍（ＰＬＯ正規軍）の前身などが展開し、またＰＬＯ各派のコマンド（民兵）の出撃拠点でもあった。イスラエルの圧勝に終わった第三次中東戦争では、精強を誇ったイスラエル軍もガザ市街戦でてこずり、この方面で最大の犠牲を強いられた。占領当初も散発的な武力抵抗が続いたが、70年代初頭にアリエル・シャロンが南部方面軍司令官として強硬な鎮圧戦を展開し、これを抑え込んだ。しかし、住民の憤懣はくすぶり続け、１９８７年末に第一次インティファーダ（民衆蜂起）の発火点となった。

　このような経緯から、１９９３年のオスロ合意でガザがパレスチナ暫定自治地域の主対象となったのは当然であった。翌94年にＰＬＯ議長ヤセル・アラファトがガザへ「凱旋」入域して始まった暫定自治は、しかし、ガザに自立をもたらすものとはならなかった。占領が既成事実としていたガザの労働人口のイスラエル経済への取り込みが止むことはなく、2000年秋に勃発した第二次インティファーダ直前には労働人口の半数がイスラエルへの出稼ぎで生計を立てていた（第39章参照）。したがって、この騒乱を契機としたイスラエル経済との途絶は、農産品などガザ主要産業の市場喪失とあわせてガザ経済に壊滅的な打撃を与える結果となり、失業率・貧困率ともに激しい上昇をみせることとなった。

もともとガザにはエジプト系のイスラム運動「ムスリム同胞団」が根を張っていたが、第一次インティファーダに際してこれを母胎とするハマス（イスラム抵抗運動のアラビア語略称で、単語としては「激情」「献身」を意味する）が台頭し、ガザ社会の貧困化や閉塞化を背景に勢力を急速に伸張させた。2005年に、今や首相となったシャロンはガザ域内にあったユダヤ人入植地の全面撤去と駐留部隊撤収を決断し、これを一方的に実行したが、閣内にはPLOや暫定自治政府との調整なしに撤退することでハマスのガザにおける奪権を危惧する見方も強かった。はたして、2006年初頭のパレスチナ総選挙で地すべり的な大勝利を収めて自信をつけたハマスは、PLO主流派ファタハと決裂し、2007年にはガザを武力で制圧、ヨルダン川西岸のラマッラーを「首都」とするファタハ主導の暫定自治政府に対抗して、自ら正統政府を名乗ってガザの実効支配を開始した。

カルテット（中東和平仲介四者）をはじめとする国際社会は、ファタハの政権を正統と認め、ガザのハマスを封じ込める姿勢を示した。ここにガザは国際社会の了解の下に、海空をイスラエルによって封鎖され、イスラエル側との境界にあるエレツ検問所はもとより、エジプト側と接するラファハ検問所でもヒト・モノ・カネの出入りが厳しく制約されることとなったのである。ガザを囲い込む格好で建設された「分離壁」の壁面には、「ようこそ、世界最大の刑務所へ！」という落書きがみられた。

イスラエル政府の立場は、ガザにおける「人道的危機」をできるだけ避けるため必要最低限の必需物資の搬入を認めるが、ハマスがイスラエル国家の生存権を認めず、イスラエルとの和平合意を尊重せず、イスラエルに対する「テロ活動」を放棄しない限り、ハマスによって支配されるガザへの戦略物資の流入を阻止する、というものであった。

このような封鎖は、しかし、エジプトとの境界線の地下にガザ側から無数のトンネルの掘削と、これを通じた密輸物流の拡大という状況を招いた。そしてそのトンネルを管理することによってハマスに大きな利得をもたらす結果となったのである。つまり、ハマスを「締め上げる」ための封鎖は、一方でガザの一般民衆の生活をますます困窮させ、他方で密輸管理や物資配給を統制手段とするハマスの権力基盤をむしろ強める効果を生んだ。

こうした展開に苛立ちを募らせたイスラエルは、２００８年末～２００９年初頭にかけて「鋳られた鉛」作戦（以下「鋳鉛」）を、また２０１４年夏には「守りの尖端」作戦（以下「尖端」）を実施し、空爆と地上侵攻とを組み合わせた本格的な「テロ掃討」に踏み切った。ガザからのロケット弾撃ち込みに対する報復としては、イスラエルは再々空爆で応酬しており、とりわけ２０１２年の爆撃は激しかった。しかし旅団規模以上の地上兵力の投入は、この二例に限られる。その後も散発的にロケット弾と空爆の応酬は続き、イスラエル建国70周年にあたる２０１８年にはガザのパレスチナ難民が主体となって「故郷への帰還」を掲げた大規模なデモが繰り返され、そのたびにイスラエル軍の発砲によリ多数の死傷者を出すこととなった。とりわけ同年5月14日の建国記念日を機に米国が大使館をエルサレムに移す式典に抗議して行われたガザ市民のデモに対する発砲では死者61人を数えた。

これら一連の軍事衝突によって、一般市民・非戦闘員を多数含む犠牲者を出し、イスラエルは国際的に孤立を深めた。軍事侵攻を「自衛権の発動」として正当化するイスラエルが直面するのは、「過剰防衛」だとする反発にほかならない。自衛権を認めるにせよ、その行使は必要最小限にとどめられねばならず、イスラエルの大量報復戦略は均衡上許されないと看做されるのである。また、イスラエルという主権国家の軍事力が、非国家主体であるハマスに対して加える攻撃は、明らかに対称性を欠いている。ハマス側戦闘員に対して効果的な打撃を与えるためには、民間人の巻き添えも一定程度やむを得ないとするイスラエル側の軍事優先の姿勢は、政治的には大きな代償を払うことになっている。

いずれにせよ、封鎖が解かれない限りガザは「世界最大の刑務所」であり続ける。そこを実効支配するハマスに、武装を放棄する気配は皆無である。封鎖と武装との「二つの解除」が実現しない限り、ガザは今後ともイスラエルの「喉下に突きつけられた匕首」であることをやめないであろう。

（池田明史）

60

アラブ系国民

★２割を占めるマイノリティ★

ダビデの星が中央に輝く国旗、エルサレムへの帰還を待ち望むユダヤ人の願いを歌った国歌など、イスラエルの国家のシンボルは全てユダヤ的である。また、公式行事は全てユダヤ暦に基づき、国民の祝日も聖書に記されているユダヤの歴史や伝統に基づいている。しかし、イスラエルには、ユダヤのシンボルとも歴史とも全く関係のない、アラビア語を母語とするアラブ系の住民が、全人口の２割を占める約１８５万人（２０１８年４月現在）も生活している。このようなイスラエル国内に居住するアラブ人を、イスラエルの多数派であるユダヤ人は「イスラエルのアラブ人」と呼び、アラブ人自身は「１９４８年のアラブ人」や「イスラエルのパレスチナ人」などと呼ぶ。１９４８年にイスラエルが建国したことにより、現在のような一国家の少数派に位置づけられるようになったからである。

建国以前まで、地中海とヨルダン川に挟まれた土地（現在のイスラエルとヨルダン川西岸、ガザ地区）は、第一次世界大戦以後、英国委任統治領「パレスチナ」で一つの地域だった。パレスチナにはユダヤ人もアラブ人も住んでいたため、今でも「私はもともとパレスチナ人だった」というユダヤ人の証言を耳にする

第60章

アラブ系国民

ことができる。しかし、1948年5月、英国委任統治の終了と同時にイスラエルが建国を宣言し、周辺アラブ諸国が反発して第一次中東戦争へと発展した。その結果、一つの地域がイスラエルと西岸、ガザに分断され、アラブ人の多くは生家を追われてヨルダン、レバノンまたシリアなどへ離散した。その騒動の中で難民とならず、イスラエル側に残ったのがアラブ系国民である。

アラブ系国民は、ユダヤ人と並存はしているが、居住地は別にしており混住していない。ユダヤ人の居住地ではみられないモスクやミナレット（モスクの塔）、またキリスト教会が目印であり、頭にヒジャブ（スカーフ）をかぶった女性を多く目にするのも特徴である。ただ、店の看板にはヘブライ語が並び、店員とはアラビア語だけではなくヘブライ語でも話すことができる。イスラエルで職を得て生き抜くためにヘブライ語の習得が不可欠であり、アラブ系国民の大半はアラビア語とヘブライ語のバイリンガルだからである。

アラブ系国民が多く居住する村や町はイスラエル北部、「トライアングル」と呼ばれる西岸地区との境界に近い中央部、そして南部の三カ所に集まっている。また、古くからアラブ人の港町として栄えたアッコ、ハイファ、さらにテルアビブ南部のヤッフォは、現在もユダヤ人と隣接しながらアラブ系国民の中心的な町となっている。人口7・5万人が居住する最大の町ナザレは、キリストの母マリアが身ごもった場所として知られ、世界各国から巡礼者が訪れる観光地である。

一口にアラブ系国民といっても、83％はイスラム教徒、7・4％はキリスト教徒であり、それぞれが宗教的な慣習に基づく生活を送っている。たとえば、一カ月間にわたり日中断食を続けるイスラム教徒の祭りラマダンの期間中、同じアラブ人居住地内でも全員が断食をするわけではない。ラマダン

テルアビブ南部のヤッフォの目抜き通りを歩くアラブ系女性と子ども（樋口陽子撮影）

とは無縁のキリスト教徒もいるからだ。アラブ系国民の多様性は宗教に限らない。

イスラム教徒ではあるが、独自のコミュニティを形成し、他のイスラム教徒と婚姻関係を結ぶこともなく、生活様式も所属意識も一線を画しているベドウィンと呼ばれる部族集団が主に南部のネゲブ砂漠を中心に約17万人生活している。ベドウィンはアラビア半島から遊牧生活をしながら現在のイスラエルに到着し、部族ごとの集落を形成しながら定住生活を開始した。現在もネゲブ砂漠を中心に遊牧生活を営んでいる。

北部を中心にドゥルーズも約14万人が居住している。彼らはイスラム教より密教的な特徴を維持しながら、ドゥルーズ同士の婚姻関係を継続して独自のコミュニティで生活している。特定の国家をもたず、レバノンやシリアにも点在しているが、イスラエル国内のドゥルーズは兵役にも就き、他のアラブ系国民と比べると感情的にイスラエル人に近い。しかし、ゴラン高原のドゥルーズは複雑な立場にある。

ゴラン高原には約2万人のドゥルーズが生活しているが、１９６７年の第三次中東戦争以降イスラエルの占領下となり、その後、１９８１年にゴラン高原法によりイスラエルが主権を主張したことに

第60章
アラブ系国民

よって、イスラエル永住権を与えられた。しかし、国籍ではないため、選挙権もなく兵役の義務もない。むしろ、今でもゴラン高原がシリアに返還される日を想定し、シリアに対する忠誠心を失っていない（ゴラン高原のドゥルーズについては第61章参照）。

宗教的かつ民族的に多様なアラブ系国民であるが、イスラエルではそれらの多様性は重視されず、「アラブ系イスラエル人」と一くくりにされる。アラブ系国民は少数派であるが、ユダヤ人と同じ国民としての権利が与えられている。海外に行く際にはイスラエルのパスポートを手にし、国政選挙に立候補も投票もできる。社会保険制度にも加入し、同等のサービスを受けている。しかし、タテマエとしての権利は平等であるものの、日々の生活では「二級市民」的な扱いを受けることが多く、アラブ系国民に対する差別や不平等は、シミのように社会に横たわっている。2009年の総選挙において「忠誠心のない者に市民権を与えず」をスローガンとした右派政党「イスラエル我が家」が躍進し、その後も政権の中心に位置しているように、多くのユダヤ人の間では、アラブ人は信用できないという拭いがたい感情が染みついているからである。

一例として、イスラエル北部にあるユダヤ人集落に戸建住宅を建てようとしたあるアラブ人夫妻が、住民により入居を拒否される事件が発生した。その夫妻は基本的人権が侵害されたと最高裁に訴え、2011年春、最高裁は集落に対してこの夫妻を受け入れるよう判決を出した。また、若者が憧れのアパレルショップでアルバイトをしようとしても、応募資格は「兵役後」に限られ、面接も受けられないこともしばしばである。イスラエルでは男女共に兵役が義務づけられているが、アラブ系国民は免除されている。近年は、アラブ人でも志願して入隊する若者がいるものの、兵役が義務化されているドゥルーズを除き、アラブ人は一般的に兵役につかない。そのため、雇用等で履歴書に兵役の経歴の記入が求められる場合には、兵役の経験のないアラブ人はその機会が失われることにもなる。

アラブ系国民とユダヤ人の互いに対する感情は、大規模な暴動や衝突には発展していない。アラブ系国民はイスラエル人としての権利を享受し、義務を果たし、イスラエルという国家の一員であることは否定しない。他方、ユダヤ人が独立記念日と祝福する日、アラブ系国民は、イスラエル建国によって土地や生家を失った「大破局（ナクバ）の日」として後生に語り続けるように、共有できない歴史を抱えている（第7章参照）。

イスラエルで憲法の役割を果たす基本法の一部では、「ユダヤ的かつ民主的な国家イスラエル」と言及されている。民主的な国家であるためには、アラブ人に対するタテマエとしての平等ではなく、日々の生活で感じることのできる平等がますます求められることになろう。

（樋口義彦）

61

占領上の要衝ゴラン高原

★シリアとの最前線★

ガリラヤ湖の西側を走る国道90号を車で北上すると、右手に湖、左手にはユダヤ教のラビの墓、キリスト教ゆかりの遺跡や教会が次々と姿を現し、聖書の世界にいるかのようだ。しかし湖から遠ざかるにつれ風景は変わる。イスラム教の一派ドゥルーズの女性が家の外で、大きな中華鍋を裏返したような鉄板（タブーン）の上でクレープ状のパンを焼く姿が目に入る。戦争で破壊された建物が点在している地域がある。やがて車は平原を進む。ただし車を止めて草むらに入ろうなどと思ってはいけない。道沿いに、草むらの中に、いくつもの看板が並ぶ――「地雷、危険！」。いつの間にか車はゴラン高原を走っている。

前方に国連平和維持活動（PKO）部隊である国連兵力引き離し監視軍（UNDOF）の宿営地がみえてくる。左手には、山頂にイスラエル軍の早期警戒基地のアンテナが林立するアヴィタル山がある。その麓を抜ける道はベンタル山へと続く。イスラエルとシリアの戦闘の最前線だったこの山の上には塹壕の跡があり、観光客に交じり、課外授業だろうか、イスラエルの小中学生の集団もいる。頂上からは、戦争で廃墟となったシリアの村が見下ろせる。その向こうでは、休戦ラインで分断された

シリア側からみたゴラン高原。鉄条網の無効は無人地帯で、さらにその向こうがイスラエル占領地（立山良司撮影）

ドゥルーズの家族が、「叫びの谷」と呼ばれる谷を挟んで、お互いに声を掛け合っているのかもしれない。頂上には、世界各地までの距離を示す看板が立っている。「ワシントン1万1800キロメートル、バグダッド800キロメートル、ダマスカス60キロメートル……」。3時間以上かけてイスラエルの中心部からやってくると、この地がシリアの首都にいかに近いか気づかされる。

　イスラエルは1967年の第三次中東戦争でゴラン高原を占領し、1981年には法的に「併合」したが、国際的には認められていない。67年以来この地域に32の入植地が建設された。人口は約4万8000人、うちユダヤ人入植者約2万2000人、イスラム教徒約3000人、ドゥルーズが約2万3000人である（2017年末現在）。数年前には、フェイスブックでゴラン高原の自治体の国名がシリアと表示されることに対してイスラエルから激しい抗議の声が起こった。

第61章

占領上の要衝ゴラン高原

ゴラン高原は緩衝地帯としては狭い。平均標高約1000メートル、南北に60キロメートルほど、東西に最長でも25キロメートルほどしかない。近代兵器なら問題にもならない距離である。それでもこの地域はイスラエル、シリア双方にとって戦略的に重要な地域であり、激しい戦闘を繰り返してきた。

第一の理由はその地形と位置にある。かつてシリア軍はこの地に砲台を築き、イスラエル北部に何度も攻撃を行った。今ならここからスカッドミサイルを発射すればイスラエルの国土の大部分に一分以内で到達してしまう。1967年の第三次中東戦争でイスラエル軍は、ゴラン高原の小高い山々の急な斜面を戦車で上り攻め落とした。以後ダマスカスから60キロの地点に軍事プレゼンスを示すことでシリアに対し安全保障上の脅威を与えてきた。1973年の第四次中東戦争では、イスラエル軍は休戦ラインを超えてダマスカス近くまで侵攻した。イスラエルにとってもシリアにとっても、ゴラン高原は相手の心臓部に肉薄できるまさに要衝なのである。

第二の理由はゴラン高原にある豊富な水源だ。この地には、シリアから注ぎ込むバニアス川、レバノンを源流とするハズバニ川、イスラエル北部に源流があるダン川の三川が流れ、ヨルダン川に注ぎ込む。中東で水は死活的に貴重な資源だ。その水源の確保はイスラエルにとって重要課題である。1960年代初頭、イスラエルはシリアが川の流れを変えようとしていると主張、アラブ側も1964年のアラブ連盟サミットで、イスラエルが計画している用水路の建設はアラブ世界にとって脅威であるとし、イスラエル国家の抹殺も辞さないとの強硬な声明を発表した。シリアはパレスチナ・ゲリラも巻き込んで休戦ライン付近でイスラエルへの攻撃を繰り返した。こうした争いが第三次中東戦争の原因の一つになった。

図　ゴラン高原

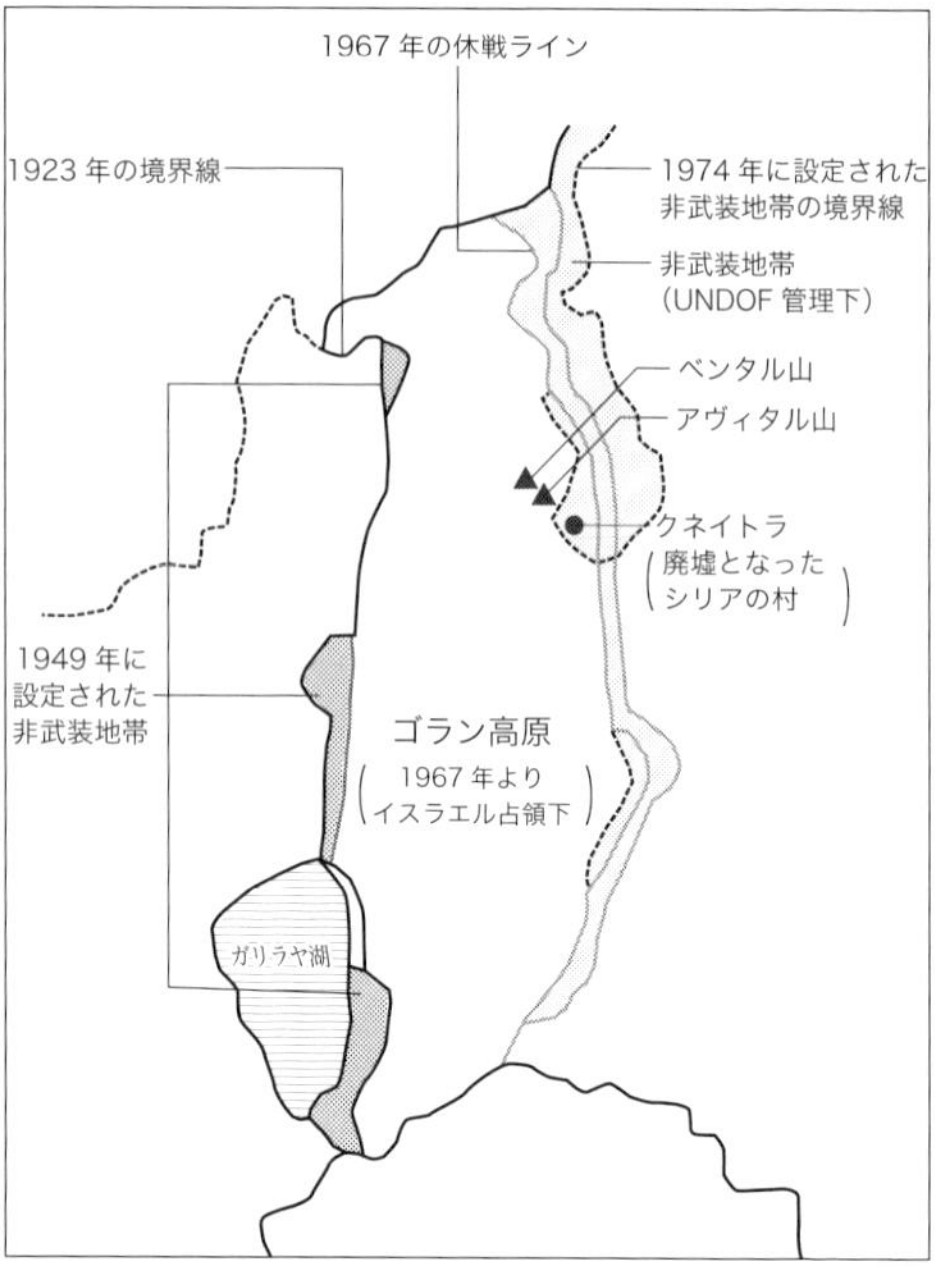

出所：イスラエル外務省、UNDOF ウェブサイト
を参照して筆者作成。

イスラエルとシリアの和平交渉の動きは乏しい。１９９９年、イスラエルのバラク首相とシリアのシャラ外相がクリントン米大統領の仲介の下で初めて二国間の和平交渉を行ったが、翌２０００年1月に交渉は決裂した。同年3月、クリントン大統領がファフェズ・アサド大統領をジュネーブに招いて会談を行ったが、成果は得られなかった。２００８年1月にはトルコの仲介により間接交渉が始められたが、イスラエルの内政の混乱もあり、同年夏には交渉は中断された。

ゴラン高原のこの狭い地帯に、これまで何本もの境界線がひかれた（図参照）。パレスチナ委任統治時代のシリアとの境界線と１９４９年、１９６７年、１９７４年にそれぞれ設定された休戦ラインである。１９７４年の休戦ライン設定の際、非武装地帯にＵＮＤＯＦが配置されることが決定した。日本の自衛隊は１９９６年から２０１３年1月までＵＮＤＯＦに参加していた。

２０１１年に勃発した「アラブの春」とそれ以降のシリアの混乱の影響はゴラン高原にも深く及んでいる。同年には、パレスチナが「ナクバ（破局）」と呼ぶ5月15日と第三次中東戦争が勃発した6月5日の両日、休戦ラインのシリア側にパレスチナ人とパレスチナを支持するシリア人活動家等が集結し抗議活動を行い、一部は休戦ラインを越えようとしてイスラエル軍と衝突し多数の死傷者を出した。さらにシリア内戦の激化に伴い、シリア政府軍と反体制武装勢力との戦闘が休戦ラインのすぐ東側（シリア側）で行われるようになり、2014年夏以降は非武装地帯の80％が反体制側に占拠され、イランやヒズボラの戦闘部隊が入り込んでいるという。イスラエルは休戦ライン沿いにコンクリート壁を作り内戦の波及を防止するなど警戒を強めている。また、2012年以降100回以上もシリア領内への空爆を行い、これらの脅威に対抗している。

一方で、イスラエルの医療機関ではシリア領内で負傷した民間人1000人以上を受け入れ治療した。

2004年に公開された映画『シリアの花嫁』はゴラン高原が舞台だ。イスラエル側に住むドゥルーズの女性がシリアに住む同じドゥルーズの男性に嫁ぐ日の出来事を、二国家間の問題やイスラエルの社会問題も織り交ぜながら丁寧に描いている。一度境界を超えた花嫁は二度と戻ることはできず、叫びの谷で身内とお互いの生存を確認しあう。PKOに参加した自衛隊員も、実際に花嫁が休戦ラインを越え反対側へ向かう祝福と別れの場面に立ち会ったことがあるという。

映画のヒロインは結末で大きな決断をする。身動きが取れなくなった中でとったその行動をみると、現実に横たわる問題を踏み越えてしまえるかのようである。しかし実際には、シリアによる1967年以前の領土の奪回、イスラエルによる安全保障と水資源の確保、両国の思いが衝突したまま、ゴラン高原の分断は続いている。

（林真由美）

62

〈終章〉

イスラエルはどこへ向かうのか

★輝かしい成長と根源的ジレンマ★

「一瞬も退屈のない国」イスラエルらしく、独立70周年を迎えた2018年も内外で大きな出来事があった。初代首相ダビッド・ベングリオンがテルアビブで独立宣言を読み上げたのは、通常われわれが使っている太陽暦（グレゴリア暦）では1948年5月14日だった。ただイスラエルの場合、国の記念日などはユダヤ暦に基づいているため、2018年にはグレゴリア暦の4月18日から19日にかけて多くの記念式典や行事が行われた。リブリン大統領はイスラエル紙への寄稿で、「懸命な努力の結果、我々は砂漠を緑に変え、ハイテク・ブームを作り出した」と70年を振り返り自賛した。

実際、この70年間でイスラエルの総人口は約10倍になり、ユダヤ人人口も10倍近い660万にまで増加した。経済成長も著しく、2017年の一人当たりGDP（国内総生産）は日本を上回る4万ドル超を誇っている。成長のけん引役は高い独自性と発想力を生かして1990年代から始まったハイテク産業の興隆だった。現在もAI（人工頭脳）やサイバーセキュリティなどの分野で世界をリードしている（第37章）。日本企業からの投資額（円）も2011年から2017年までのわずか7年間に

400倍以上に急増した（第38章）。

2018年はさらに特別な年となった。前年12月にエルサレムをイスラエルの首都と認めた米国のトランプ大統領が、独立70周年に合わせて米国大使館をテルアビブからエルサレムに移転したからである（第57章）。5月14日に行われた米大使館開所式典で、ネタニヤフ首相は「エルサレムにとって、さらにイスラエルにとって素晴らしい日」と米大使館の移転を歓迎し、トランプ大統領に謝意を表明した。

しかし、輝かしい成長を遂げたイスラエルの70年の歴史には、いつも暗い影が寄り添っている。米大使館開所式典が行われた5月14日、エルサレムから約80キロ離れたガザ地区では、パレスチナ住民による大規模な抗議行動が展開され、少なくとも60人のパレスチナ人が犠牲となった（第59章）。抗議行動はパレスチナ難民の故郷への帰還と11年も続いているガザへの封鎖解除を求めて2018年3月末に始まり、すでに多数の死者を出していた。米大使館移転がこうした状況に油を注いだのである。

もちろん、イスラエルに寄り添っている暗い影のすべてがパレスチナ問題に起因しているわけではない。しかし、パレスチナ問題が解決に向けて一定の前進を遂げない限り、イスラエルが抱えている根本的な問題が解消することはない。

その一つはイスラエルのユダヤ社会の右傾化である。この20年ほどの間に、かつてイスラエル政治の中枢を担っていた労働党に代表される中道左派はわき役となり、世俗的であれ、宗教的であれ、過激な民族主義を掲げる政党が連立政権を担ってきた（第25章）。宗教的な民族主義はイスラエル軍にも浸透しつつあり、「国防か護教か」という、独立当時にはまったく想定できなかったジレンマを軍、さらに政治に突き付けている（第28章）。

イスラエルのユダヤ社会の右傾化、民族主義化は、米国のユダヤ社会との関係にも変化を及ぼしている。米国のユダヤ人は少数派だけに、リベラルで多様性や政教分離原則を重視している。さらにかつてのイスラエルのイメージは、「巨人ゴリアテに立ち向かう少年ダビデ」だった。つまり「強力なアラブ諸国に囲まれた小さな国」がイスラエルであり、米国のユダヤ人はイスラエル生存のために多大の支援をしてきた。しかし、現在の状況はまるで違う。イスラエルは中東地域で最強の国であり、周辺諸国に対し軍事的な優位を保っている。ダビデとゴリアテのイメージは逆転したといってよい。

この結果、米国のユダヤ社会では２０００年代半ばごろから、イスラエルの占領政策や軍事作戦を公然と批判する若いユダヤ人が確実に増えている。あるいはイスラエルに対する関心を失うユダヤ人も増えている。イスラエル・ロビー団体でありながら、イスラエルの占領政策などを公然と批判するＪストリートが２００８年に誕生したことは（第49章）、米国ユダヤ社会でイスラエルに対する見方が変化していることを物語っている。

その意味で米国ミドルベリー大学ユダヤ学教授のセオドア・サッソンが指摘するように、平等と社会的正義を重んじる米国ユダヤ社会と、民族主義的で宗教的な傾向を強めているイスラエルのユダヤ社会はますます異なった方向に進んでおり、米国のユダヤ社会におけるイスラエル・ロビーの動員力は弱まっていく可能性がある。代わって米国のイスラエル・ロビーを担う主体は近い将来、白人のキリスト教福音派、特にキリスト教シオニストになるのかもしれない（第52章）。

イスラエルの今後により根本的なジレンマを突き付けているのは人口動態である。グラフは２０１

５年にパレスチナ自治政府の中央統計局が発表した、ヨルダン川西岸とガザ地区を含むイスラエルのすべての支配地におけるユダヤ人とパレスチナ人との人口の推移を示している。２０１６年以降は予測だが、２０１８年には僅差とはいえパレスチナ人人口がユダヤ人人口を上回り、それ以降は次第に差が開くと予想されている。

図　イスラエル／パレスチナ全土でのユダヤ人とパレスチナ人の人口推移（単位：100万人）

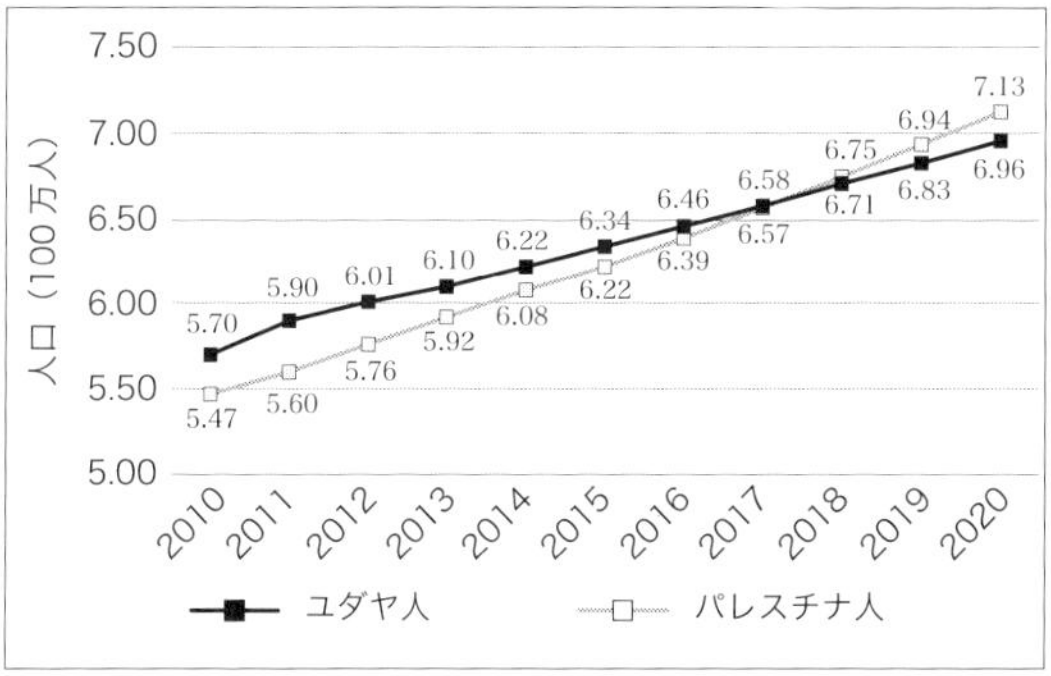

出所：パレスチナ中央統計局、2015年

占領行政を担っているイスラエル軍の部局が２０１８年３月、このデータに基づいてすでにパレスチナ人がユダヤ人より多いとイスラエル国会に報告したところ、右派政党が激しく反発した。その多くは「パレスチナ中央統計局のデータは信用できない」「彼らはパレスチナ人の人口を過大評価している」といった感情的ともいえる批判だった。

パレスチナ社会の人口増加率の方が高いことはよく知られた事実だ。世界銀行によると、イスラエルの合計特殊出生率（女性一人が出産する人数）は３・１と先進国では十分に高いのだが、西岸・ガザ地区のパレスチナ人社会は４・０であり（２０１６年現在）、はっきりと差がある。人口増加率の差は以前から明白で、西岸、ガザを支配し続ければ、イスラエル支配地域でいずれユダヤ人は少数派に転落するという予想はかなり以前からあった。それだけに１９９０

年代初めに多数のユダヤ移民が旧ソ連から来た時には、「これで少数派に転落する時期が先に延びた」といった議論がなされたほど、ある種の高揚感というか安堵感があった。しかし、パレスチナ側の「産めよ、増やせよ」の姿勢がユダヤ側を上回っているようで、残された時間はもうないのかもしれない。

イスラエルは過去70年間、「中東で唯一の民主主義国」をうたい文句にしてきた。そのイスラエルの支配地全域でユダヤ人が少数派になった場合、イスラエルはどうするのだろうか。あくまで「ユダヤ人国家」としてユダヤ人が政治的権力を握り続け、占領地のパレスチナ人の政治参加を拒否し続けるのだろうか。そうなれば文字通り「アパルトヘイト国家」となってしまう。あるいは占領地を含めた一つの国家として生まれ変わり、パレスチナ人にも政治的権利を付与するのだろうか。そうなれば二国家解決案ではなく一国家解決案が実現され、民主主義の原則は維持できるが、「ユダヤ人国家」ではなくなってしまう。

オスロ合意以降の和平プロセスの行き詰りが意識され始めた2000年代半ばごろから、この根源的なジレンマはたびたび指摘されてきた。しかし、政治のレベルではほとんど正面から議論されることはなかった。「和平交渉の相手がいない」といったレトリック、経済の急成長と繁栄、さらにイラン脅威論などの陰に隠れて、問題の先送り、あるいは思考停止状態が続いてきたといってよい。

独立70周年の華やかさに潜む影は次第に大きく、かつ濃くなっているようだ。イスラエルは今後、どこに向かうのだろうか。

（立山良司）

イスラエルを知るための文献・情報ガイド

❖自然（パートⅠ）
安部薫『聖書と花』八坂書房、1992年
H＆A・モルデンケ『聖書の植物〔新装版〕』奥本裕昭編訳、八坂書房、1981年
❖歴史（パートⅡ）

ハンナ・アーレント『イェルサレムのアイヒマン――悪の陳腐さについての報告〔新装版〕』大久保和郎訳、みすず書房、1994年
臼杵陽『イスラエル』岩波書店、2009年
――『世界史の中のパレスチナ問題』講談社、2013年
エレーナ・R・カステーヨ、ウリエル・M・カポーン『図説ユダヤ人の2000年――歴史篇』市川裕監修、那岐一尭訳、同朋舎出版、1996年
マーティン・ギルバート『イスラエル全史（上・下）』千本健一郎訳、朝日新聞出版、2008、2009年
――『アラブ・イスラエル紛争地図』小林和香子監訳、明石書店、2015年
ウェルネル・ケラー『ディアスポラ（上・下）』迫川由和・天野洋子訳、山本書店、1982年
芝健介『ホロコースト――ナチスによるユダヤ人大量殺戮の全貌』中央公論新社、2008年
ポール・ジョンソン『ユダヤ人の歴史（上・下）』石田友雄監修、阿川尚之・池田潤・山田恵子訳、徳間書店、1999年
高橋正男『物語イスラエルの歴史――アブラハムから中東戦争まで』中央公論新社、2008年
武井彩佳『ユダヤ人財産は誰のものか――ホロコーストからパレスチナ問題へ』白水社、2008年
立山良司『揺れるユダヤ人国家――ポスト・シオニズム』文藝春秋社、2000年
鶴見太郎『ロシア・シオニズムの想像力――ユダヤ人・帝国・パレスチナ』東京大学出版会、2012年

沼野充義編『ユダヤ学のすべて〔新装版〕』新書館、２００９年
テオドール・ヘルツル『ユダヤ人国家――ユダヤ人問題の現代的解決の試み〔新装版〕』佐藤康彦訳、法政大学出版局、２０１１年
三井美奈『イスラエル――ユダヤパワーの源泉』新潮社、２０１０年
森まり子『シオニズムとアラブ――ジャボティンスキーとイスラエル右派 一八八〇〜二〇〇五年』講談社、２００８年
ウォルター・ラカー『ユダヤ人問題とシオニズムの歴史〔新版〕』高坂誠訳、第三書館、１９９４年
イツハク・ラビン『ラビン回想録』竹田純子訳、ミルトス、１９９６年

❖暮らしと宗教（パートⅢ）

市川裕監修『ユダヤとは何か。聖地エルサレムへ』阪急コミュニケーションズ、２０１２年
市川裕監修、那岐一堯訳、同朋舎出版、１９９６年市川裕・臼杵陽・大塚和夫・手島勲矢編『ユダヤ人と国民国家――「政教分離」を再考する』岩波書店、２００８年
市川裕『ユダヤ教の歴史（宗教の世界史７）』山川出版社、２００９年
市川裕・臼杵陽・大塚和夫・手島勲矢編『ユダヤ人と国民国家――政教分離」を再考する』岩波書店、２００８年
エレーナ・R・カステーヨ、ウリエル・M・カポーン『図説ユダヤ人の２０００年――宗教・文化篇』市川裕監修、那岐一堯訳、同朋舎出版、１９９６年
山森みか『「乳と蜜の流れる地」から――非日常の国イスラエルの日常生活』新教出版社、２００２年

❖言語と社会（パートⅣ）

上田和夫『イディッシュ文化――東欧ユダヤ人のこころの遺産』三省堂、１９９６年
――――編『ユダヤ・スペイン語基礎１５００語』大学書林、１９９９年
――――『イディッシュ語文法入門』大学書林、２００８年
――――『イディッシュ語辞典』大学書林、２０１０年
臼杵陽『見えざるユダヤ人――イスラエルの「東洋」』平凡社、１９９８年
鴨志田聡子『現代イスラエルににおけるイディッシュ語個人出版と言語学習活動』三元社、２０１４年
キリスト聖書塾編集部編『現代ヘブライ語辞典〔改版〕』日本ヘブライ文化協会、２００６年
河野元美『イスラエル・キブツの生活――バック・パッカー達のフィールド』彩流社、２００９年

佐藤淳一『はじめてのヘブライ語』ミルトス、1993年
ジャン・ボームガルテン『イディッシュ語』上田和夫、岡本克人訳、白水社、1996年
山田恵子『CDエクスプレス　現代ヘブライ語』白水社、2005年
山森みか『ヘブライ語のかたち』白水社、2004年

❖**政治と安全保障**（パートⅤ）

アモス・オズ『贅沢な戦争――イスラエルのレバノン侵攻』千本健一郎訳、晶文社、1993年
奥山眞知『イスラエルの政治文化とシチズンシップ』東信堂、2002年
ペレツ・キドロン『イスラエル兵役拒否者からの手紙』田中好子訳、NHK出版、2003年
ロジャー・クレイア『イラク原子炉攻撃！――イスラエル空軍秘密作戦の全貌』高澤市郎訳、並木書房、2007年
小谷賢『モサド――暗躍と抗争の六十年史』新潮社、2009年
マイケル・バー＝ゾウハー、ニシム・ミシャル『モサド・ファイル――イスラエル最強スパイ列伝』上野元美訳、早川書房、2013年
――『秘録イスラエル特殊部隊――中東戦記1948～2014』上野元美訳、早川書房、2018年
エフライム・ハレヴィ『モサド前長官の証言「暗闇に身をおいて」――中東現代史を変えた驚愕のインテリジェンス戦争』河野純治訳、光文社、2007年

❖**経済**（パートⅥ）

ダン・セノール、シャウル・シンゲル『アップル、グーグル、マイクロソフトはなぜ、イスラエル企業を欲しがるのか？――イノベーションが次々に生まれる秘密』宮本喜一訳、ダイヤモンド社、2012年

❖**芸術・文化・若者**（パートⅦ）

アブラハム・B・イェホシュア『エルサレムの秋』母袋夏生訳、河出書房新社、2006年
牛山剛『イスラエル・フィル誕生物語』ミルトス、2000年
アモス・オズ『スムヒの大冒険』村田靖子訳、未知谷、1997年
――『ユダヤ・スペイン語基礎1500語』大学書林、1999年

――『地下室のパンサー』村田靖子訳、未知谷、1998年
――『わたしたちが正しい場所に花は咲かない』村田靖子訳、大月書店、2010年
A・グゼリミアン編、ダニエル・バレンボイム、エドワード・W・サイード『バレンボイム／サイード 音楽と社会』中野真紀子訳、みすず書房、2004年
ダニエル・バレンボイム『ダニエル・バレンボイム自伝〔増補改訂版〕』蓑田洋子訳、音楽之友社、2010年

❖外交（パートⅧ）

マーク・R・アムスタッツ『エヴァンジェリカルズ――アメリカ外交を動かすキリスト教福音主義』加藤万里子訳、太田出版、2014年
佐藤唯行『アメリカはなぜイスラエルを偏愛するのか』新潮社、2009年
武井彩佳『戦後ドイツのユダヤ人』白水社、2005年
――『〈和解〉のリアルポリティクス――ドイツ人とユダヤ人』みすず書房、2017年
立山良司『ユダヤとアメリカ―揺れ動くイスラエル・ロビー』中央公論新社、2016年
松本志保『熱狂する「神の国」アメリカ―大統領とキリスト教』文藝春秋、2016年
丸山直起『アメリカのユダヤ人社会――ユダヤ・パワーの実像と反ユダヤ主義』ジャパンタイムズ、1990年
ジョン・ミアシャイマー、スティーヴン・ウォルト『イスラエル・ロビーとアメリカの外交政策』副島隆彦訳、講談社、2007年

❖中東和平問題（パートⅨ）

阿部俊哉『パレスチナ――紛争と最終的地位問題の歴史』ミネルヴァ書房、2004年
臼杵陽・鈴木啓之編著『パレスチナを知るための60章』明石書店、2016年
江崎智絵『イスラエル・パレスチナ和平交渉の政治過程――オスロ・プロセスの展開と挫折』ミネルヴァ書房、2013年
マーティン・ギルバート『エルサレムの20世紀』白須英子訳、草思社、1998年
デイヴィッド・グロスマン『ヨルダン川西岸――アラブ人とユダヤ人』千本健一郎訳、晶文社、1992年
――『ユダヤ国家のパレスチナ人』千本健一郎訳、晶文社、1997年
――『死を生きながら――イスラエル1993―2003』二木麻里訳、みすず書房、2004年

ジェイン・コービン『ノルウェー秘密工作』仙名紀訳、新潮社、1994年
高橋正男『イェルサレム（世界の都市の物語14）』文藝春秋、1996年
立山良司『イスラエルとパレスチナ――和平への接点をさぐる』中央公論社、1989年
――『エルサレム』新潮社、1993年
ディーオン・ニッセンバウム『引き裂かれた道路――エルサレムの「神の道」で起きた本当のこと』沢田博訳、三省堂、2017年
船津靖『パレスチナ――聖地の紛争』中央公論新社、2011年

❖ウェブサイト

(1)　イスラエル政府関係

イスラエル外務省（Israel Ministry of Foreign Affairs）▼https://www.gov.il/en/departments/ministry_of_foreign_affairs/govil-landing-page
イスラエル中央統計局（Central Bureau of Statistics (Israel)）▼https://www.cbs.gov.il/en/
イスラエル観光省（Israel Ministry of Tourism）▼https://www.gov.il/en/departments/ministry_of_tourism/govil-landing-page
イスラエル銀行(Bank of Israel)▼https://boi.org.il/en/

(2)　報道

『イェディオット・アハロノット（Ynetnews）』紙オンライン英語版▼https://www.ynetnews.com/category/3083（https://www.ynetnews.com でもリダイレクト可）
『イスラエル・ハヨム（Israel Hayom）』紙オンライン英語版▼https://israelhayom.com
『グローブス（Globes）』紙オンライン英語版（イスラエルの経済紙）▼https://en.globes.co.il
『ハアレツ（Haaretz）』紙オンライン英語版▼https://www.haaretz.com
『イスラエル公共放送局（IBA: Israel Broadcasting Authority）』▼https://www.kan.org.il

(3)　中東和平問題関連（英語版ウェブサイト）

「ベツェレム」（B'Tselem）▼https://www.btselem.org（ユダヤ人による入植活動やパレスチナ人への人権侵害に関するデータや報告書が閲覧可能）

「ピース・インデックス」（ヘブライ語）（Tel Aviv University and the Israel Democracy Institute）▼https://social-sciences.tau.ac.il/peace-index-general（中東和平など、さまざまな世論調査が閲覧可能。タミ・スタインメッツセンターが実施していた調査の直近の記録の英語版は The Israel Democracy Institute の Peace Index (2010-2018) のページにあり。▼https://en.idi.org.il/centers/1159/1520）
「ピース・ナウ」（Peace Now）▼https://peacenow.org.il/en/（イスラエルで代表的な和平推進団体）
「イル・アミム」（Ir Amim）▼https://www.ir-amim.org.il/en/（東エルサレム問題に関する代表的な団体）

(4) 米国のユダヤ人団体
米イスラエル公共問題委員会（AIPAC）▼https://www.aipac.org/
米ユダヤ人委員会（AJC）▼https://www.ajc.org/
Jストリート（J Street）▼https://jstreet.org/

❖イスラエル映画のＤＶＤ（イスラエル映画ないしイスラエルに関する映画、（　）内は日本での販売元）

『イスラエル・フィル&ベルリン・フィル・イン・テル・アヴィブ』２００７年（ジェネオン・ユニバーサル・エンターテイメント）
『いのちの子ども』米国、イスラエル、２０１０年（紀伊國屋書店）
『ジェリーフィッシュ』フランス、イスラエル、２００７年（アットエンタテインメント）
『シリアの花嫁』フランス、ドイツ、イスラエル、２００４（ＣＣＲＥ）
『スペシャリスト―自覚なき殺戮者』イスラエル、フランス、ドイツ、オーストリア、ベルギー、１９９９年（アイ・ヴィ・シー）
世界遺産 イスラエル編『エルサレムの旧市街とその城壁・ヴァティカン市国・ローマ』２０１１年（ファーストトレーディング）
『戦場でワルツを（完全版）』イスラエル、フランス、ドイツ、２００８年（ワーナー・ホーム・ビデオ）
『選択と運命』イスラエル、１９９４年（株式会社シグロ）
『ボーフォート―レバノンからの撤退』イスラエル、２００７年（エスピーオー）
『迷子の警察音楽隊』イスラエル、米国、フランス、２００７年（日活）
『ミラル』フランス、イスラエル、イタリア、インド、２０１０年（アミューズソフトエンタテインメント）

村橋 靖之（むらはし・やすゆき）［35, 36, 37, 38, 39, 40］
日本貿易振興機構（ジェトロ）大阪本部長。テルアビブ事務所長（1999 年 6 月～ 2003 年 11 月）当時、イスラエルとパレスチナ双方の対日貿易投資促進や両者間の経済・ビジネス交流及び信頼醸成プロジェクトに関わる。イスラエル・パレスチナの青少年の対話・交流を促進する NPO 法人 Peace Field Japan 理事長。

屋山 久美子（ややま・くみこ）［13, 42, コラム 12］
国立音楽大学大学院音楽学部（音楽学専攻）修了。ヘブライ大学音楽学科博士課程(民族音楽学、ユダヤ音楽、アラブ音楽専攻)。2004 年シリア・アレッポ系ユダヤ人の宗教音楽に関する論文で PhD 取得。ヘブライ大学「アレッポ歴史・文化研究センター」ポストドク研究を経て、現在ヘブライ大学東アジア学科講師。京都市立芸術大学、同志社大学講師も務めた。エルサレム在住。

〈執筆者紹介〉（**50** 音順、＊は編著者、［　］内は担当章・コラム）

池田 明史（いけだ・あきふみ）［27, 28, 29, 31, 55, 59］
東洋英和女学院大学名誉教授。国際政治学・中東現代政治。主な著書に『イスラエル国家の諸問題』（編著、アジア経済研究所、1994 年）、『大量破壊兵器不拡散の国際政治学』（共著、有信堂、2000 年）、『帝国アメリカのイメージ』（共著、早稲田大学出版会、2004 年）。

鴨志田 聡子（かもしだ・さとこ）［16, 17, 20, コラム 1, コラム 2, コラム 4, コラム 5, コラム 6, コラム 7, ヘブライ語基礎会話・ヘブライ文字］
1979 年静岡県生まれ。フランス国立東洋言語文化学院 中東地中海研究センター（INALCO、CERMOM）客員研究員、東京大学大学院総合文化研究科特任研究員、東京外国語大学非常勤講師（イディッシュ語）。単著『現代イスラエルにおけるイディッシュ語個人出版と言語学習活動』（三元社、2014 年）、共著『Pen BOOKS ユダヤとは何か。』（CCCメディアハウス、2012 年）、ヘブライ語からの単訳『アンチ』（岩波書店、2019 年）などがある。

武井 彩佳（たけい・あやか）［6, 22, 53, コラム 3］
学習院女子大学国際文化交流学部教授。ドイツ現代史、ホロコースト研究。おもな著作に、『戦後ドイツのユダヤ人』（白水社、2005 年）、『ユダヤ人財産は誰のものか――ホロコーストからパレスチナ問題へ』（白水社、2008 年）、『〈和解〉のリアルポリティクス――ドイツ人とユダヤ人』（みすず書房、2017 年）、『歴史修正主義』（中央公論新社、2021 年）、訳書に、ダン・ストーン著『ホロコースト・スタディーズ――最新研究への手引き』（白水社、2012 年）。

立山 良司（たてやま・りょうじ）＊［1, 2, 3, 4, 24, 25, 48, 54, 57, 62］
編著者紹介を参照。

辻田 俊哉（つじた・としや）［8, 9, 21, 30, 32, 33, 45, 46, 47, 56, コラム 9, コラム 13］
大阪大学 CO デザインセンター准教授。国際政治学。2006 ～ 08 年、在イスラエル日本国大使館専門調査員。2011 年、大阪大学大学院国際公共政策研究科博士後期課程修了。博士（国際公共政策）。

林 真由美（はやし・まゆみ）［5, 7, 26, 34, 52, 58, 61, コラム 8］
元北海道教育大学函館校非常勤講師。国際政治学。1999 ～ 2001 年、在イスラエル日本国大使館専門調査員。

樋口 義彦（ひぐち・よしひこ）［10, 11, 12, 15, 19, 23, 41, 43, 44, 60, コラム 10, コラム 11］
外務省職員。国際基督教大学教養学部卒、ベン・グリオン大学行動科学研究科を経て、新潟大学現代社会文化研究科より博士号取得（学術）。2008 年から 2012 年まで在イスラエル日本国大使館専門調査員。

三上 陽一（みかみ・よういち）［14, 18, 49, 50, 51］
在デンバー日本国総領事。1985 年外務省入省。本省では第四国際情報官室首席事務官、中東第一課地域調整官、人物交流室長等を経て、在外では在ニューヨーク総領事館、在イスラエル大使館（2 回）、在アメリカ合衆国大使館、在トルコ大使館での勤務を経て現職。

〈編著者紹介〉

立山 良司（たてやま・りょうじ）

防衛大学校名誉教授、（一財）日本エネルギー経済研究所客員研究員。中東現代政治。在イスラエル日本大使館専門調査員、国連パレスチナ難民救済事業機関（UNRWA）職員、（財）中東経済研究所研究主幹、防衛大学校総合安全保障研究科・国際関係学科教授などを歴任。主な著書に『ユダヤとアメリカ――揺れ動くイスラエル・ロビー』（中央公論新社、2016年）、『エルサレム』（新潮社、1993年）、『イスラエルとパレスチナ――和平への接点を探る』（中央公論新社、1989年）、『中東政治学』（有斐閣、2012年、共著）、『中東の予防外交』（信山社、2012年、共著）、*Adaptive Peacebuilding: A New Approach to Sustaining Peace in the 21st Century*（Palgrave Macmillan, 2023年、共著）など。

エリア・スタディーズ　104
イスラエルを知るための62章【第2版】

2012年7月31日　初　版第1刷発行
2018年6月30日　第2版第1刷発行
2024年1月15日　第2版第4刷発行

編著者　立　山　良　司
発行者　大　江　道　雅
発行所　株式会社 明石書店
〒101-0021 東京都千代田区外神田 6-9-5
電話　03（5818）1171
FAX　03（5818）1174
振替　00100-7-24505
https://www.akashi.co.jp
組版　明石書店デザイン室
印刷　株式会社文化カラー印刷
製本　協栄製本株式会社

（定価はカバーに表示してあります）　ISBN978-4-7503-4693-9

エリア・スタディーズ

エリア・スタディーズ

42 パナマを知るための70章【第2版】 国本伊代 編著

43 イランを知るための65章 岡田恵美子、北原圭一、鈴木珠里 編著

44 アイルランドを知るための70章【第3版】 海老島均、山下理恵子 編著

45 メキシコを知るための60章 吉田栄人 編著

46 中国の暮らしと文化を知るための40章 東洋文化研究会 編

47 現代ブータンを知るための60章【第2版】 平山修一 著

48 バルカンを知るための66章【第2版】 柴宜弘 編著

49 現代イタリアを知るための44章 村上義和 編著

50 アルゼンチンを知るための54章 アルベルト松本 著

51 ミクロネシアを知るための60章【第2版】 印東道子 編著

52 アメリカのヒスパニック＝ラティーノ社会を知るための55章 大泉光一、牛島万 編著

53 北朝鮮を知るための55章【第2版】 石坂浩一 編著

54 ボリビアを知るための73章【第2版】 真鍋周三 編著

55 コーカサスを知るための60章 北川誠一、前田弘毅、廣瀬陽子、吉村貴之 編著

56 カンボジアを知るための60章【第3版】 上田広美、岡田知子、福富友子 編著

57 エクアドルを知るための60章【第2版】 新木秀和 編著

58 タンザニアを知るための60章【第2版】 栗田和明、根本利通 編著

59 リビアを知るための60章【第2版】 塩尻和子 編著

60 東ティモールを知るための50章 山田満 編著

61 グアテマラを知るための67章【第2版】 桜井三枝子 編著

62 オランダを知るための60章 長坂寿久 著

63 モロッコを知るための65章 私市正年、佐藤健太郎 編著

64 サウジアラビアを知るための63章【第2版】 中村覚 編著

65 韓国の歴史を知るための66章 金両基 編著

66 ルーマニアを知るための60章 六鹿茂夫 編著

67 現代インドを知るための60章 広瀬崇子、近藤正規、井上恭子、南埜猛 編著

68 エチオピアを知るための50章 岡倉登志 編著

69 フィンランドを知るための44章 百瀬宏、石野裕子 編著

70 ニュージーランドを知るための63章 青柳まちこ 編著

71 ベルギーを知るための52章 小川秀樹 編著

72 ケベックを知るための54章 小畑精和、竹中豊 編著

73 アルジェリアを知るための62章 私市正年 編著

74 アルメニアを知るための65章 中島偉晴、メラニア・バグダサリヤン 編著

75 スウェーデンを知るための60章 村井誠人 編著

76 デンマークを知るための68章 村井誠人 編著

77 最新ドイツ事情を知るための50章 浜本隆志、柳原初樹 著

78 セネガルとカーボベルデを知るための60章 小川了 編著

79 南アフリカを知るための60章 峯陽一 編著

80 エルサルバドルを知るための55章 細野昭雄、田中高 編著

81 チュニジアを知るための60章 鷹木恵子 編著

82 南太平洋を知るための58章 メラネシア ポリネシア 吉岡政德、石森大知 編著

83 現代カナダを知るための60章【第2版】 飯野正子、竹中豊 総監修 日本カナダ学会 編

エリア・スタディーズ

84 **現代フランス社会を知るための62章**
三浦信孝、西山教行 編著

85 **ラオスを知るための60章**
菊池陽子、鈴木玲子、阿部健一 編著

86 **パラグアイを知るための50章**
田島久歳、武田和久 編著

87 **中国の歴史を知るための60章**
並木頼壽、杉山文彦 編著

88 **スペインのガリシアを知るための50章**
坂東省次、桑原真夫、浅香武和 編著

89 **アラブ首長国連邦（UAE）を知るための60章**
細井長 編著

90 **コロンビアを知るための60章**
二村久則 編著

91 **現代メキシコを知るための70章【第2版】**
国本伊代 編著

92 **ガーナを知るための47章**
高根務、山田肖子 編著

93 **ウガンダを知るための53章**
吉田昌夫、白石壮一郎 編著

94 **ケルトを旅する52章** イギリス・アイルランド
永田喜文 著

95 **トルコを知るための53章**
大村幸弘、永田雄三、内藤正典 編著

96 **イタリアを旅する24章**
内田俊秀 編著

97 **大統領選からアメリカを知るための57章**
越智道雄 著

98 **現代バスクを知るための60章【第2版】**
萩尾生、吉田浩美 編著

99 **ボツワナを知るための52章**
池谷和信 編著

100 **ロンドンを旅する60章**
川成洋、石原孝哉 編著

101 **ケニアを知るための55章**
松田素二、津田みわ 編著

102 **ニューヨークからアメリカを知るための76章**
越智道雄 著

103 **カリフォルニアからアメリカを知るための54章**
越智道雄 著

104 **イスラエルを知るための62章【第2版】**
立山良司 編著

105 **グアム・サイパン・マリアナ諸島を知るための54章**
中山京子 編著

106 **中国のムスリムを知るための60章**
中国ムスリム研究会 編

107 **現代エジプトを知るための60章**
鈴木恵美 編著

108 **カーストから現代インドを知るための30章**
金基淑 編著

109 **カナダを旅する37章**
飯野正子、竹中豊 編著

110 **アンダルシアを知るための53章**
立石博高、塩見千加子 編著

111 **エストニアを知るための59章**
小森宏美 編著

112 **韓国の暮らしと文化を知るための70章**
舘野晳 編著

113 **現代インドネシアを知るための60章**
村井吉敬、佐伯奈津子、間瀬朋子 編著

114 **ハワイを知るための60章**
山本真鳥、山田亨 編著

115 **現代イラクを知るための60章**
酒井啓子、吉岡明子、山尾大 編著

116 **現代スペインを知るための60章**
坂東省次 編著

117 **スリランカを知るための58章**
杉本良男、高桑史子、鈴木晋介 編著

118 **マダガスカルを知るための62章**
飯田卓、深澤秀夫、森山工 編著

119 **新時代アメリカ社会を知るための60章**
明石紀雄 監修　大類久恵、落合明子、赤尾千波 編著

120 **現代アラブを知るための56章**
松本弘 編著

121 **クロアチアを知るための60章**
柴宜弘、石田信一 編著

122 **ドミニカ共和国を知るための60章**
国本伊代 編著

123 **シリア・レバノンを知るための64章**
黒木英充 編著

124 **EU（欧州連合）を知るための63章**
羽場久美子 編著

125 **ミャンマーを知るための60章**
田村克己、松田正彦 編著

エリア・スタディーズ

126 **カタルーニャを知るための50章**
立石博高、奥野良知 編著

127 **ホンジュラスを知るための60章**
桜井三枝子、中原篤史 編著

128 **スイスを知るための60章**
スイス文学研究会 編

129 **東南アジアを知るための50章**
今井昭夫 編集代表 東京外国語大学東南アジア課程 編

130 **メソアメリカを知るための58章**
井上幸孝 編著

131 **マドリードとカスティーリャを知るための60章**
川成洋、下山静香 編著

132 **ノルウェーを知るための60章**
大島美穂、岡本健志 編著

133 **現代モンゴルを知るための50章**
小長谷有紀、前川愛 編著

134 **カザフスタンを知るための60章**
宇山智彦、藤本透子 編著

135 **内モンゴルを知るための60章**
ボルジギン・ブレンサイン 編著 赤坂恒明 編集協力

136 **スコットランドを知るための65章**
木村正俊 編著

137 **セルビアを知るための60章**
柴宜弘、山崎信一 編著

138 **マリを知るための58章**
竹沢尚一郎 編著

139 **ASEANを知るための50章**
黒柳米司、金子芳樹、吉野文雄 編著

140 **アイスランド・グリーンランド・北極を知るための65章**
小澤実、中丸禎子、高橋美野梨 編著

141 **ナミビアを知るための53章**
水野一晴、永原陽子 編著

142 **香港を知るための60章**
吉川雅之、倉田徹 編著

143 **タスマニアを旅する60章**
宮本忠 著

144 **パレスチナを知るための60章**
臼杵陽、鈴木啓之 編著

145 **ラトヴィアを知るための47章**
志摩園子 編著

146 **ニカラグアを知るための55章**
田中高 編著

147 **台湾を知るための72章【第2版】**
赤松美和子、若松大祐 編著

148 **テュルクを知るための61章**
小松久男 編著

149 **アメリカ先住民を知るための62章**
阿部珠理 編著

150 **イギリスの歴史を知るための50章**
川成洋 編著

151 **ドイツの歴史を知るための50章**
森井裕一 編著

152 **ロシアの歴史を知るための50章**
下斗米伸夫 編著

153 **スペインの歴史を知るための50章**
立石博高、内村俊太 編著

154 **フィリピンを知るための64章**
大野拓司、鈴木伸隆、日下渉 編著

155 **バルト海を旅する40章** 7つの島の物語
小柏葉子 著

156 **カナダの歴史を知るための50章**
細川道久 編著

157 **カリブ海世界を知るための70章**
国本伊代 編著

158 **ベラルーシを知るための50章**
服部倫卓、越野剛 編著

159 **スロヴェニアを知るための60章**
柴宜弘、アンドレイ・ベケシュ、山崎信一 編著

160 **北京を知るための52章**
櫻井澄夫、人見豊、森田憲司 編著

161 **イタリアの歴史を知るための50章**
高橋進、村上義和 編著

162 **ケルトを知るための65章**
木村正俊 編著

163 **オマーンを知るための55章**
松尾昌樹 編著

164 **ウズベキスタンを知るための60章**
帯谷知可 編著

165 **アゼルバイジャンを知るための67章**
廣瀬陽子 編著

166 **済州島を知るための55章**
梁聖宗、金良淑、伊地知紀子 編著

167 **イギリス文学を旅する60章**
石原孝哉、市川仁 編著